本书系河北省人力资源和社会保障厅项目"高校人事档案管理数字化建设研究——以河北省为例"（项目编号：JRSHZ-2021-02109）和河北省教育厅青年基金项目"新媒体环境下高校档案价值实现路径研究"（项目编号：SQ191134）的研究成果

信息时代档案管理工作理论及发展探究

◎ 马爱芝　李　容　施林林　著

U0721765

吉林大学出版社

·长春·

图书在版编目（CIP）数据

信息时代档案管理工作理论及发展探究 ／ 马爱芝，
李容，施林林著 ． 一 长春：吉林大学出版社，2021.8
ISBN 978-7-5692-8691-5

Ⅰ．①信… Ⅱ．①马… ②李… ③施… Ⅲ．①档案管
理一研究 Ⅳ．① G271

中国版本图书馆 CIP 数据核字（2021）第 173070 号

书　　名　信息时代档案管理工作理论及发展探究
　　　　　XINXI SHIDAI DANGAN GUANLI GONGZUO LILUN JI
　　　　　FAZHAN TANJIU
作　　者　马爱芝　李　容　施林林　著
策划编辑　魏丹丹
责任编辑　王默涵
责任校对　卢　婵
装帧设计　凯祥文化
出版发行　吉林大学出版社
社　　址　长春市人民大街 4059 号
邮政编码　130021
发行电话　0431-89580028/29/21
网　　址　http://www.jlup.com.cn
电子邮箱　jdcbs@jlu.edu.cn
印　　刷　河北领秀数字印刷有限公司
开　　本　787mm×1092mm　1/16
印　　张　14.75
字　　数　272 千字
版　　次　2022 年 5 月　第 1 版
印　　次　2022 年 5 月　第 1 次
书　　号　ISBN 978-7-5692-8691-5
定　　价　59.00 元

前　言

　　全球范围的信息化建设和现代化管理正在成为科技创新、经济发展和社会进步的重要内容。档案作为人类社会各项活动的真实记录，是社会的宝贵财富、人类的文化遗产。档案资源信息化、档案管理现代化，以及数字档案馆、智慧档案馆的出现与发展，已经成为档案事业与时俱进的重要表现。

　　档案是人类历史最重要的载体之一，向后人揭示了历史的真相。随着时代的变迁，档案的存在形式在不断发生变化，从壁画、石碑、羊皮、丝帛、纸质等传统档案，发展到现在以文本、图形、图像、音频、视频等多媒体形式存在的，依赖计算机系统存取并可以在网络上传输的电子档案。与此同时，档案的管理方式也发生了变化，大数据时代也对现代档案的建设与管理提出了新的要求。

　　本书是作者对多年档案管理工作的总结研究。信息时代的到来意味着信息的高速流通和快速获取，大量的信息将得到及时、精准、快速的处理，信息管理的形式也将更加多元化。如今，信息数据存在的价值已经逐渐被人们所重视，档案管理怎样摆脱传统模式的制约，适应新趋势，已经成为档案工作者面临的新课题。为此，作者结合多年的工作经验，就信息时代背景下档案管理工作的意义、存在的挑战及未来工作的重心与方向进行了探究。

　　本书由马爱芝、李容、施林林共同撰写完成，具体分工如下：马爱芝负责第一章、第六章、第七章内容的撰写和全书的统稿工作，李容负责第二章、第四章、第五章内容的撰写工作，施林林负责第三章以及前言、后记等辅文的撰写工作。

作者在撰写本书的过程中参考并借鉴了一些专家、学者的研究成果和资料，在此特向他们表示感谢。由于写作时间仓促，作者水平有限，本书难免存在不足之处，恳请各位专家和读者提出宝贵意见，予以批评指正，以便作者改进。

作　者

2021年3月

目　录

第一章 档案管理与档案管理工作

第一节 档案管理研究

一、档案概述

在分析档案管理研究之前，有必要了解什么是档案、档案的基本情况，以及档案的作用。

（一）档案的定义及其基本要素

在《档案工作基本术语》中，档案被定义为：国家机构、社会组织或个人在社会活动中直接形成的有价值的各种形式的历史记录。分析其定义，能够发现档案具有四种最基本的要素，如图1-1所示。

1. 档案的来源

档案是由两个方面组成的：一是单位，包括各种机关团体、企事业单位以及部队；二是个人，包括个体本身、个体组成的家庭甚至是家族。因此，档案的来源也有两个方面，一是单位的各项事业，二是个人的各种社会活动。由于档案涉及社会中的各种事业和活动，包括单位的和个人的，档案的来源具有广泛性的特征。

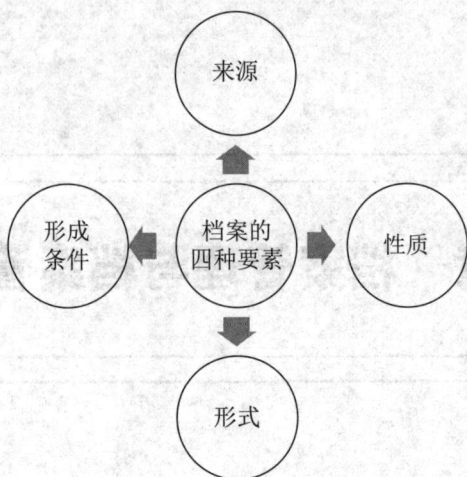

图 1-1 档案的四种要素

如果内容不同的档案的来源相同，那么这些档案的内容一定存在某种必然的联系。这种联系能够将档案的作用充分发挥出来，因此有必要做好对这种联系的维护工作。

2. 档案的形成条件

档案的第二个基本要素是档案的形成条件。档案源于大量的文件，这些文件记录了人与人之间相互交流的信息或者单位的一些事务内容。要想将文件转化为档案，必须对文件的内容进行筛选，因为一些不具备使用价值的文件是不需要转化为档案的。

将文件转化为档案并不是一种随意的行为，而是需要满足一定的条件，具体包括：转变成档案的文件必须经过一定的办理过程，并且已经结束办理；文件必须具有保存、参考和使用价值；文件应该经过整理，而且整理的过程需要遵循一定的规律。

总而言之，档案是文件转化而成的，档案和文件虽然存在不同，但是二者之间存在必然的联系。

3. 档案的形式

档案的第三个基本要素是档案的形式。档案的形式包括很多方面，此处只重点介绍档案载体的形式、档案的文种①以及档案内容的记录方式。

---

① 人们对常用的每一种公文都赋予了一个能概括表明其性质、用途的统一规范的称谓，这种称谓叫作文种。

随着历史社会的变迁以及时代的不断发展变化，档案的各个方面也经过了多种形式的转变。在古代，人们通常会用手写、刀刻等方式将档案内容记录到龟甲、兽骨、青铜钟鼎、竹木板片等各种载体上，其文种通常为诏、谕、奏折、题本等。随着技术的进步和社会生活的变化，记录档案的方式转变为印刷和录制音频或视频，档案的文种变成了命令、协议、计划等，档案的载体也变得丰富起来，如胶片、磁带和磁盘等。

需要注意的是，档案形式的变化并没有停止，随着时代的进一步发展，档案的形式会不断地变化和更新。

4. 档案的性质

档案的第四个基本要素是档案的性质。档案最本质的属性就是原始性，其主要表现在形成档案的文件都是由最原始的文件直接转化而成的，而这些原始的文件都是在各种各样的活动之中直接形成的。除此之外，档案还具有记录性，因为档案本身就是一种历史记录，记录了各类单位和个体在社会上的各种活动。档案的原始性和记录性是图书和文献等资料所不具备的，是档案独有的特性，也是将档案同其他的资料文件区分开来的根本性标志。

除了原始性和记录性之外，档案还具有真实性，其真实性需要通过辩证的眼光来进行判断。这是因为虽然档案记录了人类社会的社会实践活动，但是并不能保证其记录的内容是绝对真实的。档案的真实性并不是指档案所记录的内容的真实性，而是文件转化成档案的这一过程的真实性。也就是说，如果一份文件记录的内容并不是真实的，没有根据客观事实进行描述，又或者是伪造的，但是它转化为档案的过程是真实的，那么档案依旧具有真实性。这是因为相关人员伪造文件的行为证据也是一种事实，而档案将相关人员的这一历史行为记录了下来。

由上可知，档案的使用价值不仅仅在于它能够提供许多真实的信息，还在于档案能够作为一种证据来揭露出社会中的一些历史现象。如在将文件转化为档案的过程中发现了不真实、不可靠的内容，不能直接将这些内容抹去，也不能根据真实情况进行更改，应该在证实文件内容确实不真实之后，在档案卷内的备考表中进行标注并做出说明。

（二）档案的种类

档案的分类方法有很多种，其中最常见的有四种，分别是按照形成时间划分、按照内容性质划分、按照形成领域划分以及按照载体形态划分，如图1-2所示。

```
                    ┌──────────┐
                    │ 档案的种类 │
                    └──────────┘
        ┌───────────┬───────────┬───────────┐
   ┌─────────┐ ┌─────────┐ ┌─────────┐ ┌─────────┐
   │按形成时间 │ │按内容性质 │ │按形成领域 │ │按载体形态 │
   │  划分   │ │  划分   │ │  划分   │ │  划分   │
   └─────────┘ └─────────┘ └─────────┘ └─────────┘
   ┌─────────┐ ┌─────────┐ ┌─────────┐ ┌─────────┐
   │ 古代档案 │ │ 文书档案 │ │ 公务档案 │ │ 纸质档案 │
   └─────────┘ └─────────┘ └─────────┘ └─────────┘
   ┌─────────┐ ┌─────────┐ ┌─────────┐ ┌─────────┐
   │ 近代档案 │ │ 科技档案 │ │ 私人档案 │ │非纸质档案 │
   └─────────┘ └─────────┘ └─────────┘ └─────────┘
   ┌─────────┐ ┌─────────┐
   │ 现代档案 │ │ 专门档案 │
   └─────────┘ └─────────┘
```

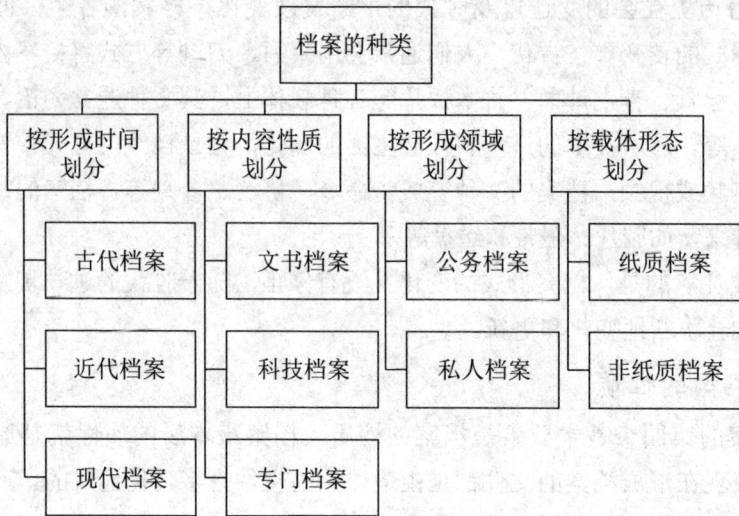

图1-2　档案的种类

1. 按形成时间划分——古代档案、近代档案、现代档案

按照档案的形成时间划分，可以将档案划分为三种。第一种是古代档案，1840年之前的档案都属于古代档案；第二种是近代档案，1840年至中华人民共和国成立之前的档案都属于近代档案；第三种是现代档案，中华人民共和国成立之后的所有档案都属于现代档案。其中，古代档案和近代档案被统称为"历史档案"。

2. 按内容性质划分——文书档案、科技档案、专门档案

按照档案所记录的内容的性质划分，可以将档案划分为三种。第一种是文书档案，其记录的内容是各类单位，包括机关、团体以及企事业单位等的各项活动，也被称为"普通档案"；第二种是科技档案，这类档案比文书档案更具利用价值，其记录的内容是人们在科技中的活动、在生产生活中的活动以及在各类基本建设中的活动，其记录载体有照片、文字、图画等各种类型；第三种是专门档案，其记录的内容是一些部门各类专门的活动，通常具有保存的价值，其管理方式也是特定的。

3. 按形成领域划分——公务档案、私人档案

按照档案的形成领域划分，可以将档案分为公务档案和私人档案两种。公务档案是国家机关单位或者企事业单位在一些公务类型的社会活动中所形成的档案，归社会所有，并被各级各类档案机构保管；私人档案是指个人在普通的社会活动中形成的档案，其内容可以是日记、笔记、信件等，归个人所有，并且由个人进行保管。

4. 按载体形态划分——纸质档案、非纸质档案

档案的载体包括可以进行书写的纸张以及利用不同方式进行记录的其他材质的载体，因此可以将档案分为纸质档案和非纸质档案。纸质档案是档案馆长期保管的一类档案，其载体是纸张；非纸质档案和纸质档案恰好相反，它是用纸张以外的其他各种可记录材质记录的，如甲骨、缣帛，甚至是胶片和磁带（盘）等各种材料，有的在纸张被发明之前就已经出现，又被称为"特殊载体档案"。

（三）档案的作用

档案是一种历史记录，其内容包含各个历史阶段；档案又是对社会各项活动的记录，其内容涉及的领域极其广泛，同社会历史发展密切相关。因此，档案最重要的作用就是它广泛的社会作用。[①]档案所具备的广泛的社会作用主要体现在各类社会活动之中，如行政管理、政治活动以及宣传教育等。

总的来说，档案是按照以下四种规律发挥作用的。

第一种规律是档案作用范围的扩展规律。档案在时间长河前进的过程中，其作用范围会变得越来越广泛，并且随着社会的不断发展，人们对于档案的需要也会逐渐加强。档案在这样的社会环境中成了一份宝贵的财富。由此可见，档案的作用范围和时间成正比。

第二种规律是档案机密程度的递减规律。档案所记录的内容包括人们的社会实践活动、一些团体的社会实践活动以及国家机关的各种相关信息。其中，有一些档案在形成之后就成为机密档案。档案的机密程度是根据文件内容进行区分的，而且经过政治方面和经济方面的考量后，一些机密程度较高的档案的使用范围和使用期限会受到限制。机密档案的机密程度会随着时间的变化以及使用条件的更改逐渐降低，可见档案的机密程度和时间成反比。

第三种规律是档案作用的多元化趋势，主要表现在档案发挥作用的领域。社会在不断进步发展，随着社会的发展，人们的思想层面也逐渐发生了改变，对社会中事物的了解变得越来越深入和全面。因此，档案发挥作用的领域也从

---

① 乔二兵. 大数据背景下信息统计在档案管理中的作用研究——评《档案管理与信息统计》[J]. 人民长江，2021，52（2）：217.

行政管理领域、经济建设领域等领域，逐渐扩展至全社会的各种领域。①

第四种规律是档案发挥作用的条件性，这种条件性分为三个方面。一是社会经济发展水平方面，即档案发挥作用的程度会受到不同历史阶段中各个方面的影响，包括社会经济发展水平、社会制度以及国家的法律法规等。由于我国的经济发展水平较高，档案在我国能够更好地发挥自身的各种作用。二是社会档案意识，即对档案的认识程度，包括个人方面和社会方面。社会档案意识会直接影响人们对档案的利用程度，只有加强社会档案意识，档案的作用才得到充分发挥。三是档案的管理水平。档案通常是由档案馆或者档案室进行管理的，档案馆和档案室对于档案的管理越佳，档案作用的发挥就越充分。

二、档案管理研究在档案学中的地位

档案学这门学科的出现标志着档案与档案管理已经发展到了一定的水平。随着时代的发展和科技水平的提高，人们的社会活动日益复杂，对档案管理的要求也越来越高。在人们思考如何更高效地利用档案来促进自身和社会的发展时，科学的档案学应运而生。如今，档案学已经成为一门独立的科学体系，并且具有十分丰富的内容。

对于档案学，可以从四个方面进行研究。第一，研究档案的基本问题和一般规律，这对于档案学的分支学科具有指导作用；第二，研究档案管理的发展历史、发展现状以及今后的发展趋势，以便对档案进行更科学的管理；第三，研究档案学所运用的技术，包括对信息的记录及复制技术以及保护物质载体的技术；第四，从信息的角度出发，研究如何控制档案这一问题。

上述四个方面并不涉及利用档案的具体方式，也不涉及如何提高档案信息的效用等问题。在现实操作中，档案管理的核心内容和开展目标都是实现档案信息的效用。因此，如何以信息利用的角度控制和管理档案成为必须解决的问题。

要想将信息记录下来，就必须使其依附于一定的载体。这样一来，对于档案的管理反映在现实生活中就是对记录信息的载体进行管理。档案管理有两个优点：一是使档案信息得到系统的统筹和运用，使档案信息的储存和传递更加便利、高效，使各方对档案的使用需求都能得到满足；二是通过分类、排序等

---

① 曹卓瑜. 浅谈数字媒体技术在档案信息化建设中的作用 [J]. 兰台内外，2021（1）：82-84.

诸多手段实现对档案的管理，使档案发挥本身的服务作用，促进其他工作的展开。由此可见，档案管理研究是档案学的核心，档案学中的任意内容都必然与档案管理研究相关，否则其将会失去存在的必要。[①]

三、档案管理研究的内容、目的与特性

档案管理研究也被称为"档案管理学"，主要内容是对档案信息的收集、整理、处置以及档案管理系统运行规律的研究，有利于提高档案管理工作的效率。

档案管理研究的目的是更好地进行档案管理。在社会运行的各个方面，如政治、经济、军事、文化、科研等都依赖于档案的服务功能。良好的档案管理能够为这些方面提供有效的信息支撑，便于这些方面开展活动。

档案管理研究具有很强的实用性与技术性，在档案管理研究的过程中，可以总结、归纳出许多档案管理理论，而这些档案管理理论可以作为档案管理实践的指导。此外，档案管理研究涉及社会科学、数学、管理科学等多种学科的理论，具有坚实的理论支持，因此档案管理研究以综合性的特点成为档案学的重要组成部分。

四、档案管理研究的类型

根据研究性质、研究对象以及研究范围，可以将档案管理研究分为多种类型。

（一）根据研究性质分类

1. 档案特性研究

档案特性研究将档案视为一种流通的社会信息，重点关注档案的信息特征、档案的根本性质、档案工作的实践意义、档案的形成规律、档案信息效用的差异化特征、档案的累积和组织等。

2. 档案管理系统理论研究

要想分析档案管理系统的整体运行情况，不仅要对系统中的各个组成部分进行探索，还要对档案管理系统的内部因素和外界环境的联系进行识别与把握，从而使自己对档案管理系统运动规律的认识达到更高的水平。需要指出的

---

① 蔡梅玉. 档案管理信息系统建设应注意的几个问题 [J]. 城建档案，2021（1）：44-45.

是，档案管理系统理论研究不属于基础理论研究的范围，而是属于理论研究，其得出的结论能够对档案管理实践带来帮助。

3.档案管理技术方法研究

档案管理是一项涉及信息汇聚、分发的工作，因此应当重视信息传输和回收的技术，提高其为社会服务的效率。

4.档案管理系统服务对象研究

档案管理系统的服务对象不仅包括档案管理系统本身，还包括档案用户。如果不清楚档案管理系统服务对象的类型和需要，就不能对档案管理系统的外界环境产生深刻的理解，还容易出现服务错位的现象。因此，有必要研究档案管理系统服务对象，从而提升档案管理水平，提供更具针对性的服务。

（二）根据研究对象分类

1.档案手工管理研究

在过去，手工管理是管理档案的唯一选择。虽然如今科学技术的飞速发展使管理档案的手段越来越多样，但是手工管理仍然占有很大的比重。手工管理是自动化管理的基础和前提，即便有更多的现代化管理手段被引入档案管理领域，手工管理仍具有不可被完全取代的重要作用。

2.档案自动化管理研究

档案自动化管理是档案管理未来的发展方向。随着科技领域的进步和人们对档案工作重视程度的加强，档案管理必然会将自动化管理作为发展目标。档案自动化管理研究的主要内容是开发人机结合的档案管理系统，其中包含的内容有档案信息的自动化收集和生成，在保障信息完整度的前提下压缩储存空间，提高检索速度和效率，实现版本还原和管理、查找等功能。这些研究的开展促进了现代化技术手段与传统档案管理工作的融合，使档案管理工作的效率大大提升。

（三）根据研究范围分类

1.普通档案管理（宏观档案管理）研究

普通档案管理研究主要研究各类档案管理的共性问题，并不以某种特定的档案管理为研究对象，而是将档案管理视为一种信息输入、处理、输出的一般规律。普通档案管理研究的目的是从各种档案管理工作的共性中总结出一套科学的规律，用于指导后续的档案管理工作，使任何一种档案管理工作都能将高度概括的理论与实际工作结合起来，遵循一定的规律与原则，形成属于自己的独特的管理方式。由此可见，普通档案管理研究是一种从宏观角度出发的研究，它并非是简单地将各种档案管理研究拼凑在一起，更不是各种管理方案的简单组合。

2.专门档案管理（微观档案管理）研究

专门档案管理研究是在普通档案管理研究成果的基础上，对某些特定领域的档案管理的规律进行研究，是一种具有特殊性质的档案管理，如针对城建档案的城建档案管理研究。任何档案管理工作都有相似之处，但是根据服务对象的不同，又存在着一定的差别，这些差别和不同之处就是专门档案管理研究的对象。由此可见，专门档案管理研究是一种从微观角度出发的研究，进行专门档案管理研究有利于更好地进行档案管理工作实践。

五、档案管理研究的方法

档案管理研究的方法（如图1-3所示）有很多，下面介绍六种方法。

图1-3　档案管理研究的方法

（一）逻辑方法

档案管理研究要想对过往的档案管理实践工作进行回顾和总结，更好地利用档案管理实践经验，就必须使用逻辑方法。

逻辑方法是指通过抽象的、理念上的形态来阐明研究对象的实质，凭借概念、判断、推理等思维形式分析事物的发展过程，剖析其中贯彻始终的矛盾运动，将其中的事物运动规律揭示出来，并构建一个科学理论体系。逻辑方法无须跟随事物变化的具体进程，在某些情况下，它能够从事物发展的时间顺序中抽离出来，针对某个现象进行深入研究，从而对那些尚处于雏形状态、仍需要一定条件或时间进行发展的事物进行辨认。

归纳和演绎是常见的逻辑方法，除此之外，还有分析和综合等其他方法。在运用逻辑方法进行档案管理研究时，需要根据具体情况选择合适的方法。

（二）历史方法

档案管理研究需要明确自身所处的时期，通过回顾发展历史，对档案管理活动的演变进行深入考察和探索，并凸显其中主导变化的运动规律。这时，就必须采用历史方法进行研究。

历史方法是分析和描述历史的方法，是以总结事物发展的过程为基础的。利用该方法进行研究时，需要厘清历史事件的发展顺序和其在历史发展中的功能，包括历史实践的具体展现形态等内容。总之，历史方法主要是反映研究对象在运动发展中的全部内容，反映历史演变的过程，按照从低级到高级、从简单到复杂的顺序揭示事物在历史发展的特点与规律。其目的是根据总结出的事物规律指导未来的发展，为今后的发展提供依据。

历史方法具有很多优点，其中最为突出的是能够让人们对过往历史产生深刻认识，对于事物发展的本质与规律产生深刻的理解。列宁曾指出："最可靠、最必需、最重要的就是不要忘记基本的历史联系，考察每个问题都要看某种现象在历史上是怎样产生，在发展中经过了哪些主要阶段，并根据它的这种发展去考察这一事物现在是怎样的。"[①]

为了得出正确的结论，必然要将历史方法与逻辑方法有机结合，否则只能得到片面的、机械的结果。

（三）统计学方法

档案管理研究要求研究人员具有出色的实践精神，能够运用调查手段，对档案管理活动进行观察、调查、统计和分析，从中获得数量可观的实际材料，并在此基础上得到普遍规律，然后将其应用在工作实践中。常用的统计学方法包括以下几种。

①大量观察法：在研究中收集规模足够大或数量足够多的信息并对其进行观察分析。信息的收集可以运用许多方法实现，如统计报表、普查、抽样调查、重点调查等。

②统计分组法：在统计目标的要求下，结合事物的内在特征，根据事物的性质或形式设置不同小组，将待研究的事物归入各个小组，使统计能够按照自己的特殊设定来进行，将事物之间的关系梳理清楚。

③综合指标法：又称"综合分析法"，是一个需要分清主次、轻重的分析

---

① 中共中央马克思恩格斯列宁斯大林著作编译局.列宁选集·第四卷 [M].北京：人民出版社，1972：43.

方法。具体而言，综合指标法需要将那些偶然的、次要的或不常见的因素从分析中排除，使其无法影响研究对象的成因和发展过程，从而将那些决定性的、主要的、普遍的因素甄别出来。平均分析法、对比分析法、动态分析法、因素分析法等都属于综合分析法。

（四）控制论方法

控制论是一种理论体系，其研究内容是控制系统的基本规律。控制论方法的特点是把人的行为、目的以及生理基础联系起来，也就是将人类大脑神经的活动与电子和机械的运动联系起来，突破无机界与有机界的界限，将生物有机体、机器和社会中不同物质运动形态的信息联系从混沌的研究对象中提炼出来，通过信息处理的能动过程，解决控制与被控制的矛盾，使系统的运行保持在最佳状态或减少系统波动造成的不稳定现象，从而实现人们事先对系统所规定的控制目标。

在控制系统中，档案管理的身影随处可见。例如，档案管理机制本身就是一种信息控制系统。档案信息的收集、处理、输出是作为控制子系统存在的。因此，在档案管理研究中融入控制论方法具有显著作用，能够为档案管理的科学化发展奠定基础。

（五）信息论方法

信息论方法的重点在于对信息的传递和转换，认为系统运动的过程就是信息传递及信息转换的过程。信息论方法的具体运用方法是分析信息的流程，并对分析得出的结果进行处理，最终探索出复杂系统在运动过程中的规律。信息论方法的特点是：能够不考虑其他因素，直接将系统运动的过程看作是信息转换的过程；信息论方法在研究事物的运动过程以及变化过程时，并不是根据系统的物质形态进行研究的，而是根据可能会出现的变化概率，找出它们之间的内在联系。从整体来看，信息论方法注重活动同外界环境之间的关系，以及输出和输入之间的关系。

将计算机技术引入档案管理工作之后，虽然以往一些无法得到满足的需求得到了满足，但是同时也产生了许多新的需求，如档案管理计算机化、自动化的课题。这时，就需要应用信息论方法。可以说，在档案管理研究中，信息论方法是不可或缺的基本研究方法之一。

（六）系统论方法

系统论方法是指从事物本身的系统性出发，构建一个观察系统，并将事物置于其中加以研究的方法。该方法要求全局与部分之间、整体与要素之间、内部与外部环境之间相互联系和作用，形成一种微妙的制约关系，然后以此观察研究对象并通过这种最佳化的考察来处理问题。系统论方法最突出的特点是整体性、综合性。

系统论方法在现代社会生活中各个方面的应用都十分广泛，它可以将任意一种科研对象视为专门的系统加以考察。档案管理是一个由若干子系统组成的系统，其本身又是整个社会系统的组成部分。因此，可以采用系统论方法对档案管理进行研究，以便施行最有效的档案管理运行方案。

在上述方法中，逻辑方法、历史方法和统计学方法具有悠久的应用历史，在档案管理研究中十分常见，特别是逻辑方法和历史方法，研究人员对它们的掌握程度很高。近年来，统计学方法应用于档案管理研究的次数越来越多，为研究人员提供了很多帮助，而控制论方法、信息论方法和系统论方法则是较为新兴的方法，是档案管理研究领域的后起之秀。它们在档案管理研究中的意义十分重大，具体体现在以下几方面。

第一，能够使研究的精力集中在特定的类型、关系上。以往的研究对象是大量的具体问题，如今可以对它们进行取舍，将那些不重要、非典型的问题剔除掉，从整体上来掌握档案管理活动的规律。

第二，为引进数字方法奠定基础。马克思曾指出："一种科学只有在成功地运用数学时，才算达到了真正完善的地步。"[1]档案管理研究也很好地体现了这一点，因为如果要精确地描绘客观规律和事物发展运动的轨迹，就需要将纯粹的定性分析发展为定性分析与定量分析并举。同时，由于定量分析只有数学方法这一种途径，必须事先处理档案管理研究的对象，将其抽象化为数字、线、图形等形式。在这一过程中，运用控制论、信息论和系统论方法可以使对系统模式的描述变得更利于数学语言和数学方法的使用。

第三，能够较好地适应档案管理活动的复杂性。在社会运转和工作中，档案管理是极为常见的环节之一，它与社会中的各种工作都有着深刻的联系，在一定程度上影响着社会运转的效率。档案管理并非是一项简单的工作，其中有许多复杂的部分，如档案馆藏建设[2]、分类、编目、检索、保护、复制、编

---

[1] 中共中央马克思恩格斯列宁斯大林著作编译局.回忆马克思[M].北京：人民出版社，2005：189.

[2] 档案馆藏建设是指档案馆根据本馆的任务和用户的需求，系统地规划、建设、发展档案馆藏体系的全过程。

研、对外服务等，这些内容都存在内在的密切联系，任意一个因素的变化都会导致整体发生变化，同时改变其他因素的状态。因此，使用传统方法对档案管理进行研究，存在很大的局限性。如果采用控制论、信息论和系统论方法对档案管理进行研究，不仅不会丢失系统中的重要细节，还能充分地把握系统与要素、要素与要素之间和系统与承载系统的关系，发现档案馆管理活动的本质，明确档案管理活动的运动规律；能将其视为一个由各种要素形成的整体，而不是传统观念中的几个组成部分的简单组合，将各个部分的联系切断进行研究；能根据档案管理整体的动态发展考察其中各个要素的作用和变化，使得其中的问题得到妥善解决。

总而言之，控制论、信息论、系统论方法是档案管理研究中十分有效的方法，它们并非是故弄玄虚或彰显独特性，而是时代发展与科技进步的必然选择。唯有如此，才能使档案管理研究符合时代发展的趋势。

第二节　档案管理系统

一、档案管理系统的含义

档案信息由档案管理系统进行管理，需要通过档案管理系统传递给相关的用户。由此可见，档案管理系统是一种职能系统，它的组成部分包括人、档案、设备等。[①]

根据属性对档案管理系统进行分类，可以将其分为人造系统和自然系统。其中人造系统又能够分为物质流系统和信息流系统，物质流系统存在的主要目的是使物质处于流动状态，如交通系统、货物运输系统和生产线系统等。信息流系统可以细分为两种，一种是一般信息流系统，另一种是信息处理系统。这两者的差别在于前者可以使信息本身的形式和结构保持原样，仅作为一个传输方式对信息进行传输，而后者主要是对信息进行加工和处理，改变信息的结构和形态，形成新的信息。例如，通过分析产品销售档案，可以掌握市场的变化，获得最新的信息。

---

① 薛四新. 单轨制模式下电子档案高质量管理的方法体系 [J].浙江档案，2021（2）：23-27.

信息流系统和物质流系统的关系十分紧密，因为信息需要一定的载体，而物质便是一种理想载体。一般信息流系统的特性和信息处理系统的特征是具有双重特性。在过去的档案管理系统中，系统的形式和功能都较为原始，只作为一般信息流系统运行，按照信息的原本样貌对信息进行传递。但是，随着时代变迁和科技进步，人们对档案管理工作愈加重视，档案的社会作用也在不断增强，人们除了对原始的档案信息进行充分利用之外，还需要对原始的档案信息进行一定的加工处理。因此，现在的档案管理系统必须具备信息处理功能。在对档案管理系统进行筹划、设计和建立时，应将这种双重性作为档案管理系统的建设理念与追求，避免建立特性单一的档案管理系统。

二、档案管理系统的功能

档案管理系统是人们为收集、整理、加工、存储、检索、传递、输出档案信息而建立的人工系统。

从档案管理系统的功能结构可知，档案管理系统的功能主要有以下五种（如图1-4所示）。而且，组织规模、结构方式不同的档案管理系统，其功能也不同。总的来说，组成系统的要素越多，功能就越多。也就是说，随着档案管理系统内部的不断改进和完善，档案管理系统的整体功能也会不断增加。[①]

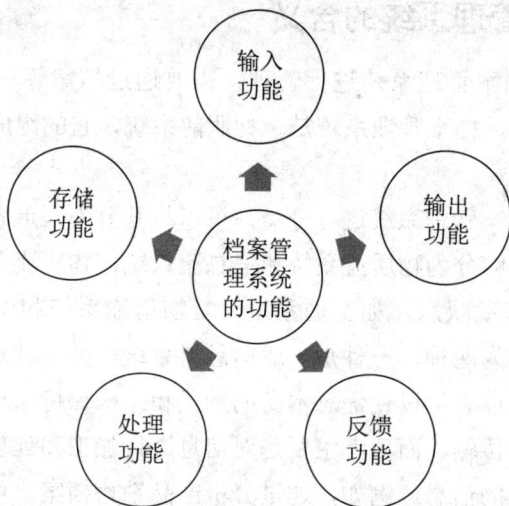

图 1-4　档案管理系统的功能

---

① 杨雅楠，杨雅舒. 大数据时代档案管理价值研究 [J].办公室业务，2020（16）：103，114.

（一）输入功能

档案是档案管理系统中最基本的构成要素，也是档案管理工作得以开展的前提。只有将那些分散形成但又有密切关系的档案整合到一起，在各级各类档案部门中集中管理，才能使得档案管理系统有所作用。因此，在搭建档案管理系统时，首先要考虑如何使档案信息源源不断地输入，从而使档案管理系统得到补充，并保持更新的状态。

在档案管理系统中，输入是最基础的环节。档案信息输入的本质是从社会中收集或接收档案，通过鉴定和筛选工作对档案进行评级，确定其信息质量。对档案进行评级的关键标准包括档案是否具备价值、是否完整、是否可靠。对档案进行评级是一项非常重要的工作，因为档案管理系统的质量与原始档案的质量有着直接关系。

（二）存储功能

在档案管理系统中，输入功能与存储功能的联系十分密切。随着人们对档案的重视程度越来越高，需要存储的档案数量越来越大，这对于档案管理系统的存储功能而言是一个不小的考验，不仅需要解决物理空间的问题，对检索、查找等方面也是一个巨大的挑战。与此同时，巨大的存储量使档案管理系统的输出难度提升。为了解决这些问题，应当在条件允许的情况下对档案管理系统的存储技术进行升级，增加档案信息的密度，优化档案管理系统的存储方式。

（三）处理功能

为了满足长久利用的要求，档案管理系统输入的档案信息必须按照特定的、标准的形式存储。通过设计档案信息的排列方式和组合方式，可以将经过集中的档案信息提供给有需要的用户，使他们获得高效、准确的服务。为此，应当对档案信息进行处理，采取实体控制和智能控制。前者是对存储于原始载体的档案信息的组织，后者是对超出原始载体限制的档案信息的组织。

在任意一个文献科学领域，对存储信息进行实体控制和智能控制是十分常见的，但档案管理系统具有十分突出的特点。在一般的文献信息系统中，信息实体的排列方式和信息内容的组织方式具有一致化的特征；在档案管理系统中，实体控制和智能控制处于分离状态，档案信息内容的组织形态不受档案实体排列方式的桎梏，可以采取多种形态。

（四）输出功能

输出档案信息是档案管理系统的核心功能之一，如果不能有效地实现这一功能，那么档案管理系统的存在将变得毫无意义。档案信息输出是指将档案管理系统中由社会集中输入的、经过系统化处理的档案信息再传输给社会，为人们在社会中开展各种活动或进行决策提供信息支持。档案信息输出的实现方式可以分为多种：第一种是根据提供的档案材料进行分类，包括原件借阅、提供复制品和档案情报资料；第二种是根据服务性质分类，包括为科学研究服务、为解决实践问题服务和为普及型教育服务；第三种是根据档案信息的传输方式分类，包括被动传输（又可分为阅览服务和检索咨询服务）、主动传输（又可分为编研服务、预测服务、档案宣传辅导服务等）。

（五）反馈功能

完善的反馈功能是档案管理系统平稳、健康运行的基础，它能够将档案管理系统运行中出现的消极因素消除，对出现的偏差进行修正，使整个档案管理系统的运行处于良好的状况。用户研究与统计研究是档案管理系统反馈功能的两个组成部分。用户研究是通过研究用户的特质和需求，使档案管理系统所能提供的服务更贴合用户的需求，赢得用户的满意；统计研究是对档案管理活动中出现的操作行为进行统计，分析其中的状态、过程以及各个环节，总结出一个概括性的现象，然后针对这个现象对档案管理系统进行改进，优化系统结构，制定科学合理的发展策略。

三、档案管理系统的结构、组成和应遵循的原则

档案管理系统是集成了多种功能的系统。简单来说，就是将档案管理的多种功能有机结合起来，使它们相互配合、相互影响，形成一个完善的系统。档案管理系统不仅具有档案信息的传递功能，还能实现档案信息的加工。由于档案管理系统集成了多种功能，在设计档案管理系统时需要考虑多种因素，如档案管理系统的结构。因此，相比于单功能系统来说，档案管理系统的设计更为复杂。①

（一）档案管理系统的结构

档案管理系统的结构如图1-5所示。

---

① 李飞荣，邓振华，朱国庆. 基于文档一体化管理的电子公文档案管理系统建设与实践——以国防科技大学为例 [J]. 北京档案，2021（2）：39-41.

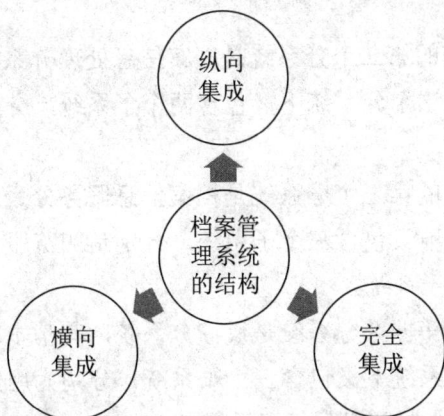

图 1-5　档案管理系统的结构

1. 纵向集成

纵向集成是指按照档案形成单位或内容的纵向关系来组织档案管理系统。例如，将一个单位的全部档案分别按行政业务、人事等线索组成不同的档案管理系统。

2. 横向集成

横向集成是指将同一层次中不同性质、内容的档案或不同部门的档案组合在一个档案管理系统中。例如，将同一企业不同生产车间的档案组合为一个档案管理系统。

3. 完全集成

完全集成是指将一个单位或档案馆内的所有档案信息（纵向集成档案信息和横向集成档案信息）都纳入一个完善的档案管理系统。强大的检索工具是建成这种完全集成的档案管理系统的前提。可以说，完全集成档案管理系统的集成度和集成效果都取决于检索工具的水平。完善的检索工具能够实现健全的系统功能，并且随着信息化技术的不断迭代、计算机系统处理能力的增强以及存储空间的扩大，还可以使档案管理系统的集成度逐渐提高。

（二）档案管理系统的组成

档案管理系统包含四个分系统，每一个分系统都具有不同的基本功能。

①档案管理系统的第一个分系统是馆藏建设分系统，其基本功能是输入功能。这个分系统又包含三个子系统，分别是超前控制子系统、入口控制子系统

以及滞后控制子系统。

②档案管理系统的第二个分系统是档案信息处理分系统，其基本功能是处理功能和存储功能。这个分系统下又包含两个子系统，分别是实体控制子系统以及智能控制子系统。

③档案管理系统的第三个分系统是档案信息服务分系统，其基本功能是输出功能。这个分系统下又包含三个子系统，分别是阅览服务子系统、咨询服务子系统以及编研服务子系统。

档案管理系统的第四个分系统是反馈分系统，其基本功能是对档案管理系统进行控制。这个分系统下又包含三个子系统，分别为用户研究子系统、统计研究子系统以及操作人员随机反馈子系统。

此外，档案管理系统中存在一个控制中心，控制中心的组成部分包括部门的领导、部门的决策者以及部门的管理人员。这个控制中心存在的意义是保证档案管理系统能够正常运行，任何一个档案管理系统都不能缺少控制中心。

（三）设计档案管理系统应遵循的原则

档案管理系统对于信息的处理不仅要能够反映出文件形成的过程及其特点，还要保证能够满足社会的各种需要，这是设计档案管理系统时必须要遵循的原则。

最初，人们的各项社会活动形成的文件是以纸张为载体的，反映了当时的人们在工作活动中的交流和互动方式。因此，在设计档案管理系统时，应当保留文件的特性，尊重事物原本的面貌，维持文件之间的联系，将历史活动及其本源状态真实地反映出来。

社会对于档案的使用具有多种多样的需求，档案管理系统的目的就是尽最大的可能满足这些需求。因此，在设计档案管理系统时，应当对档案管理系统结构的丰富性进行深入思考，使整个档案管理系统的适应性达到较高的水平。

（四）档案管理系统的优化控制

档案管理系统建立后，需要对它进行科学的管理和优化控制，使系统达到最佳运行效果，以保证系统目标的顺利实现。具体而言，档案管理系统优化控制的方法如下。

①统一规划，整体协调，合理地划分与组织档案管理系统的内部结构，保持信息流通渠道的畅通，使系统有目标、有计划地顺利运行。

②通过标准化、规范化等措施提高档案管理系统的工作效率和质量，避免

重复劳动和人力、物力、财力的浪费，使得信息资源得以共享。

③及时引进先进的技术和设备，加快档案管理系统的自动化步伐，进一步增强档案管理系统的功能。

④通过对档案管理系统的运行状况进行分析和评价，可以及时发现系统中存在的问题，提出改进的方法，从而不断完善系统的结构与功能。

⑤保持与外界的联系与沟通，随时吸取其他信息系统如情报系统、图书馆系统的优点和长处，适应外界环境的各种变化，从而达到档案管理系统与外界环境的动态平衡。

总而言之，对档案管理系统进行优化控制，可以使档案管理系统达到结构合理、运行可靠、技术先进、经济合算、效率提高的理想效果，使档案管理步入系统管理的科学轨道。

四、档案管理系统的地位与性质

档案管理系统的存在原因是人们对社会中源源不断产生的档案信息有管理需求和调用需求。人作为档案管理系统的管理者，关注的是人类的劳动成果和记录形式，是人类对信息的把控和保管。由于人类的介入，使得档案管理系统凝结了人类对于社会事务的洞察与智慧，使系统同外界产生密切的联系，包括物质、能量和信息。档案管理系统的核心内容来自社会，在对核心内容进行科学的加工后又将其反馈给社会，为社会发展提供能量。因此，档案管理系统是一个与社会联系密切的开放系统，既与社会相互支撑，又与社会相互制约。换句话说，复杂的档案管理系统与其存在的环境有普遍联系，是所有社会系统中值得人们重视的部分。

首先，国家档案工作系统包含着一系列子系统，包括档案管理系统、档案事业行政管理系统以及档案教育系统等。其中，档案管理系统是最基本的一个子系统，其他子系统都是以它为基础而存在的。因此，档案管理系统在国家档案工作系统中有着重要的地位。

其次，社会信息系统可以分为情报子系统、图书子系统以及档案管理子系统等子系统，这些子系统会通过不同的方式将信息传递给社会。在社会的总信息中，档案是极其重要的一个方面，因为所有的信息都是从档案中获取的。因此，档案管理系统在社会信息系统中具有十分重要的地位。

最后，社会各项工作系统包括社会管理系统、社会生产系统以及社会科研系统等。这些系统同档案管理系统之间是相辅相成的关系，档案管理系统从中而生，同时又反过来为这些系统服务。由此可见，档案管理系统和社会各项工作系统密不可分。

综上所述，档案管理系统具有多重性与边界性的特征，并且具有重要的地位，对人们社会生活的多个方面都有极其深远的影响。

第三节　档案管理工作

一、档案管理工作的基本内容

档案管理工作是指利用科学的原则和方法对档案进行管理。在我国，档案管理工作是为我国政党服务，为我国的各项事业服务。

关于档案管理工作的定义，可以从两个角度进行论述。从广义的角度来说，档案管理工作是一项社会主义事业，具有国家规模，其基础是档案室工作，主体是档案馆工作，组织和指挥中心是档案行政管理工作，并且涵盖了多个方面，如档案教育、档案科研以及档案国际交流等。从狭义的角度来说，档案管理工作是指在档案室或者档案馆开展的工作，包括对档案的收集、对档案的整理以及对档案的保管等工作环节。

档案管理工作的八个环节包括收集、整理、鉴定、保管、统计、检索、编研和利用，每个环节之间都存在着一定的关系。这八个环节可以分为基础工作和利用工作两方面。前六个环节为基础工作，其目的是方便后续工作对档案的利用；后两个环节为利用工作，其目的是在利用档案的同时将档案的作用充分发挥出来。在档案管理工作中，基础工作和利用工作缺一不可，它们的地位是相同的。这一点是在长期的工作实践中总结出来的。①

二、档案管理工作的基本原则与组织体系

（一）档案管理工作的基本原则

档案管理工作的基本原则是根据档案管理工作的实践经验确立的。档案管理工作的基本原则为：在统一领导下，实行分级管理的原则；保证档案的完整

---

① 王宪敏. 档案信息化建设与档案管理的几点思路 [J]. 办公室业务，2017（23）：52.

与安全；能够为社会各界的利用提供便利。

从档案管理工作的原则中能够分析出档案管理工作的三种基本思想：第一种基本思想同组织原则和管理体制相关，即在管理全国档案时，要做到统一领导和分级集中管理；第二种基本思想同工作的基本要求相关，即避免档案发生损坏，保证档案的完整性、安全性；第三种基本思想同根本目的相关，即让社会各界都能更加便利地利用档案。

（二）档案管理工作的组织体系

档案工作的组织体系是由三大主要机构组成的，分别是档案室、档案馆以及档案行政管理部门。这三大主要机构是我国档案事业的主体，其中档案室在我国档案事业中是作为基层组织而存在的，同时又作为一种内部组织机构存在于各单位之中；档案馆最主要的工作是保存和管理档案，既是归属于党和国家的一种科学文化事业机构，又是能够为社会各界和科学研究提供档案服务的机构；档案行政管理部门是一种行政管理机构，归属于党和国家，其主要工作是监督、指导和检查档案管理工作。

在我国，档案馆主要分为两种，分别是各级国家档案馆和部门档案馆。其中，各级国家档案馆又能细分为综合档案馆和专门档案馆；部门档案馆是指中央和地方的一些事业机构，主要是一些专业的主管部门，负责收集和管理本部门的档案和直属单位的档案。除了这两种主要的档案馆之外，我国还有企业单位和事业单位档案馆。

自我国改革开放以来，我国档案机构在不断地发生改变，随着不断的深入发展，在原来的档案机构的基础上增加了许多新的档案机构。在这些新型的档案机构中，更为优化的机构包括用于寄存档案的档案寄存中心以及能够进行咨询的档案整理咨询服务机构。这些新型档案机构的出现有利于推动我国的档案管理工作，为我国探索档案管理的新形势提供帮助。

总的来说，我国档案管理工作组织体系在结构上具有合理性，在管理上具有科学性，并且其规模较大。

三、档案管理工作的性质

档案管理工作的性质包括三个方面：一是档案管理工作的服务性和条件性，二是档案管理工作的政治性和机要性，三是档案管理工作的科学性和管理性。

（一）档案管理工作的服务性和条件性

档案管理工作存在的基础在于它的服务性，这种服务性也是科学研究以及社会各项工作能够得以发展的条件。档案机构作为一种信息服务部门，它所提供的服务主要针对社会中的各项实践活动，它所提供的内容主要是各类档案信息，这也是档案管理工作同其他服务性工作最主要的区别。档案管理工作之所以具有服务性，是因为它只能够提供服务。例如，档案管理工作不能创造财富，但是它能够为创造财富提供服务；档案管理工作不能参与经济建设，但是它能够为经济建设活动提供服务。档案管理工作在为这些事业提供服务的过程当中，也使自身得到了强化和发展。

档案管理工作还具有条件性，主要原因是它为社会各项业务的建设提供了条件，具有一定的辅助作用。例如，在科学研究中，虽然也有档案管理工作的参与，但档案管理工作的主要任务是提供档案并对研究结果进行汇编，最后为社会中的各项事业提供服务。

（二）档案管理工作的政治性和机要性

档案管理工作的政治性体现在服务方向上。档案管理工作的服务对象和服务方式是十分重要的政治问题。在有阶级关系的社会中，档案管理工作由统治阶级控制，主要服务于社会的各项制度、路线和政策，具有一定的阶级关系，包括阶级利益；在社会新形势下，我国档案管理工作最重要的任务是提升党的执政能力以及政府的管理水平，维护国家的安全，保障社会的稳定，为我国的经济、社会、科学领域提供服务并推动其发展。此外，因为档案是对于历史的记录，其记录的内容有关国家的阶级政党、国家机关和社会团体，这一点也体现了档案管理工作的政治性。

档案管理工作的机要性主要体现在机密档案的管理工作上。档案本身的特点以及档案和国家利益之间的关系决定了档案的机密程度。无论在哪个年代，只要是涉及国家机密，包括国家的经济、政治、军事等方面的档案，都属于机密档案。这需要档案管理工作者具有正确的档案保密观。

（三）档案管理工作的科学性和管理性

虽然档案管理工作只是为科学研究提供服务，但对其进行探究，也能够发现其中的科学性。[①]这种科学性是指管理方面的科学性，具体包括：档案的组

---

① 胡丽娟. 彼得·德鲁克知识管理思想为企业档案工作带来的启示 [J].兰台内外，2021（6）：8-10.

织工作具有科学性；档案的管理手段具有科学性；在管理的过程中用档案学的学科知识，按照档案管理工作的法律法规进行管理。由此可见，档案管理工作中的每一个环节，都是按照科学的原则以及科学的工作方法进行的。此外，档案管理工作作为一项拥有极强专业性的工作，在专业性上也具有科学性。档案中难免会存在科技方面的档案，这就需要档案管理工作者除了掌握档案管理理论和管理方法之外，还要掌握同科技相关的专业知识理论体系。

档案管理工作还具有管理性。要想在管理方面将档案管理工作同其他类型的管理工作相区分，可以比较两者之间的管理对象是否为档案实体和档案信息，判断管理标准是否是通过开发档案信息资源的方式为社会实践提供服务。此外，档案管理工作存在于社会中的各项管理工作中，并且是最不可或缺的一部分，其必然具有一定的管理性。例如，在人事管理工作中有人事档案管理工作，是人事管理工作中不可缺少的一部分；在财务管理工作中有会计档案管理工作，是财务管理不可缺少的一部分；在日常的机关行政管理工作中有机关档案管理工作，是机关日常行政管理不可缺少的一部分。

通过上述内容能够发现，档案管理工作的科学性和管理性之间是相辅相成的关系。在档案管理工作中，能够发现档案管理工作的科学性，同时档案管理工作又以科学性为基础构成了档案管理工作的管理性。

第二章 信息时代档案的信息化与数字化

第一节 档案信息化的概念和内容

在20世纪，计算机技术和信息通信技术被创造出来并成功地结合在了一起，得到了十分广泛的应用。这两项技术的融合对信息生产、信息处理和信息传输等一系列工作的方式进行了革新。这种革新具有巨大的影响和意义，不仅体现在技术层面，而且体现在生产方式和社会经济结构的变化上，使人们的生活方式和工作方式发生了前所未有的改变。这种巨大的改变被人们称为"信息化"。在今天，随着经济全球化的持续推进，全球范围内技术的流动越来越频繁，信息化也成为全球大多数国家和地区的发展方向。许多国家和地区纷纷制定了关于信息化的战略，信息化也逐渐融入了各行各业，并日益发挥着巨大的作用。而档案信息化是国家信息化、地区信息化、行业信息化和机构信息化的重要组成部分，也是当代档案学理论和实践的核心任务。①

一、档案信息化的概念

简单来说，档案信息化是指利用先进的信息技术生成、管理、开发和利用档案的过程。档案信息化又称"档案管理信息化""档案工作信息化"等。具

---

① 曹瑞，罗慧，段毅. 大数据时代医院档案信息化构建研究 [J]. 兰台内外，2021（6）：26-27.

体而言，档案信息化具有以下几个方面的特点。

（一）档案信息化是一个动态的概念

档案信息化的过程不是一蹴而就的，而是一个循序渐进的动态过程。随着经济社会的逐渐发展以及信息技术的逐渐进步，信息资源变得越来越丰富，信息技术的应用深度和广度也在不断地增加，对于信息资源的开发利用也变得越来越深入。在这种量变的逐渐积累下，整个社会发生了巨大的变革。档案信息化作为社会整体信息化的一部分，是跟随着社会整体信息化的进行而进行的。档案信息化取得的每一个成就都是前一个阶段技术经验积累的结果，而新取得的成就又会为下一个阶段的发展注入活力。正是因为档案信息化是一个不断发展的过程，无论是一个国家、一个地区还是一个行业，都无法准确地判断自己是否完成了档案信息化，只能对当前档案信息化的建设情况进行分析和判断。

（二）档案信息化以信息技术的应用为前提

档案信息化的重点在信息化上，而信息化的推进需要利用先进的信息技术。换句话说，信息技术是档案信息化的一个重要基础。在档案管理工作中，先进信息技术的应用是全方位的，从一个档案的生成到一个档案的保存和销毁，都会用到信息技术。例如，生成一个档案的基本电子文件，对图书馆中的纸质书籍进行数字化的处理，以及将档案上传到特定网络都需要用到先进的信息技术。

（三）档案信息化是一个多要素综合作用的过程

在档案信息化的整体过程中，并非只有信息技术这一个要素，从档案的生成到档案最终销毁，存在着多个非技术性的要素。这些要素与信息技术的结合促成了档案的信息化。这些非技术性要素包括档案业务的管理工作、档案管理的专业型人才、档案管理的相关标准和规范、档案管理的政策和法律法规要求、档案管理工作的整体机制体制等。可以说，档案信息化只有30％靠的是信息技术，70％靠的是档案管理工作，档案信息化的成果与非技术性的管理工作具有莫大的关系。需要注意的是，信息技术和非技术性因素之间的匹配程度会影响到档案信息化的结果。

二、档案信息化的内容

档案信息化的覆盖面很广，一切与应用信息技术生成、管理、开发、利用档案有关的活动都属于档案信息化。①如果根据工作性质对档案信息化的内容进行划分，可以将其分为两大类别：环境构建和资源建设。

环境构建是指构建出一种适宜档案信息化的环境，为整个档案信息化的过程提供全面的保障。这项工作包括四方面的内容：一是建立完善的档案信息化机制体制；二是建立健全档案信息化的相关法律法规；三是制定档案信息化的标准和规范；四是培养专门进行档案信息化的人才。环境构建也被视为档案信息化宏观层面的管理工作。负责档案信息化环境构建的主要部门是中央和地方的各级相关主管部门，包括档案管理的行政部门、档案管理法规建设的立法机构、信息化技术的主管部门等。

档案信息化的资源建设包括创建档案的信息资源、对档案信息资源进行管理、设计档案信息系统并进行相关的维护和管理工作。可以将资源建设当作档案信息化微观层面的操作工作。负责档案信息化资源建设工作的主要是各级国家档案馆和相关单位的档案室。

档案信息化的环境构建和资源建设并不是孤立的，二者相辅相成，缺一不可。环境构建是档案信息化的基础，资源建设是档案信息化的核心。一个科学的档案信息化机制体制、一套成熟的档案信息化法律法规、大量的档案信息化专业性人才、高水平的档案信息化服务，都是档案信息化快速发展的重要支撑和保障。在档案信息化的初始阶段，虽然环境构建非常重要，但是档案信息化的重要意义则体现在资源建设的成果上。

综上所述，下面简要介绍如何从档案信息化的内容出发，推进档案信息化建设。

（一）环境构建

1. 理顺管理的机制体制

对于各项事业来说，最关键的问题就是机制体制的问题。科学的机制体制有利于各个要素之间的合理配置，也能够有效激发各方的力量。与此同时，机制体制是复杂的存在，涉及多个部门的权责关系和组织体系，关联甚多，影响甚大。档案信息化作为档案事业的重要组成部分，必须在一定的机制体制内运行。具体而言，各层级档案机构的工作应统一由国家档案行政机关掌管，由地方各级档案行政机关分别进行管理；对于一些专业性较强或者有特殊情况的档

---

① 郭楠. 信息技术在事业单位档案管理中应用存在的问题及对策 [J]. 兰台内外，2021（6）：40-41.

案，应由专业的主管部门负责管理。

档案信息化使得档案管理机制体制变得更加复杂，这一点具体体现在以下两个方面。首先，档案信息化是社会整体信息化的一个组成部分，其工作的推进必须经过国家、地方和行业三个层面的统筹兼顾，但是这种三方负责的机制体制目前尚未建立起来，政出多门的问题依旧存在。其次，目前人们对电子文件一体化的需求越来越迫切，为此档案机构和文化工作主管部门的工作要进行相互衔接，但是这项工作遇到了不小的阻碍。由于党、政、军三个系统有不同的文件工作主管部门，档案管理机制体制仍然存在多头指挥的现状。

2. 法规政策的健全

档案信息化是一项新颖的工作，该项工作的主要对象是具有新特点的档案。档案信息化使用的技术包括与电子化、自动化和网络化相关的高新技术，因此在工作方法和工作的具体内容上，与传统的档案管理工作相比发生了巨大的变革。这一变革涉及方方面面，因此在档案信息化的过程中不可避免地会产生许多新的问题。新问题的解决需要采用不同的方式，如涉及权利和义务之间的关系时，需要用相关的法律法规进行规范；涉及档案工作的定位和发展途径时，需要国家层面的政策提供引导和支持。在现阶段，档案信息化最迫切的工作是获得相关政策的支持，这需要国家将档案信息化作为整个社会信息资源开发利用的重要一环，并将其纳入各个层级的信息化发展战略当中，并及时制定档案信息化的相关上层规划。

3. 标准规范的制定

在档案信息化的过程中，不可避免地会产生诸多问题，其中一个较为突出的问题就是操作过程的问题。这个问题需要依靠标准规范来解决，具体的方法是将优秀的档案管理实践经验普及开来，使档案管理方法在一定程度上实现统一，并在管理过程中对低水平的重复工作进行删减，增强有效信息的共享。数字档案管理对于标准化的要求比传统的档案管理更高，而这种高要求是必然的，因为档案信息化会面临许多新的风险。例如，现阶段，在全国范围内尚未形成标准的、统一的档案信息交换格式标准，导致全国上下的各级档案机构使用的是不同的档案信息交换格式，各个档案机构之间的信息交流不通畅，建设出来的档案数据库会成为一座座数据孤岛；同时，如果档案信息的电子文件储存格式不统一，会导致档案信息无法有效输入，造成档案数据缺失，难以弥补。因此，在推进档案信息化的同时，还要同步进行档案标准化，甚至在推进档案信息化之前就进行档案标准化。

4. 社会服务体系的完善

档案信息化是一个系统性的工作，也是一个庞大的工作，单靠档案馆和相关档案机构是难以完成全部的档案信息化工作的。因此，档案信息化工作需要社会多方参与、共同努力。促成档案信息化的主要社会力量包括用于管理档案的计算机软硬件的提供商、档案信息化网络安全服务商、相关咨询机构、开设了信息技术相关专业的高等院校、相关领域的科研机构、负责档案管理的行业协会等。缺少了这些社会力量提供的产品和服务，档案信息化将难以进行。为了促使这些社会力量加入档案信息化，政府相关部门应加快出台相关的办法，制定相关的标准并投入一定的资金。

5. 人才的培养

人才的问题始终困扰着档案机构，因为同时懂得信息技术与档案管理专业知识的人才实在过于稀少，这也是档案信息化难以快速有效推进的根本原因。这一问题造成了三种现象：一是档案机构的信息化水平较低；二是许多档案管理软件都不适用，也没有更合适的替代品；三是大部分专门负责档案管理的人才不能准确地描述出需要怎样的档案管理软件。随着经济社会的不断发展，档案管理和信息技术的相关专业知识也在不断地发展，这对人才整体素质提出了更高的要求，不仅需要一大批具有深厚扎实档案专业理论知识的人才，还需要一大批精通计算机、网络、数据库、多媒体、缩微等高新技术，以及懂管理、勇于创新的高素质复合型人才。只有这样才能适应新形势的需要，为档案信息化建设提供强有力的人才保障和技术支持，才能最大限度地满足社会各行各业对档案利用的需求，不断开拓档案事业的新局面。为此，在实际管理当中，要重视对档案信息化人才的培养，健全档案信息化人才培养计划，加强对档案信息化人才的考核和反馈，最终提高档案信息化水平。此外，在培养出优秀的档案信息化人才之后，还要保证有足够广阔的发展空间和发展前景，从而将人才留在档案管理领域。

（二）资源建设

1. 资源创建

资源创建是指通过各种手段形成数字档案及其加工信息的过程。这里的数字档案及其加工信息被统称为"数字档案信息资源"，这些信息以二进制代码存在，可以在计算机上进行处理，也可以通过网络传递。数字档案信息资源是档案信息化工作的立身之本，没有资源，信息化就无从谈起。在手段、方法持续更新的背景下，资源本身的重要性逐渐得到了彰显。[①]

数字化档案蕴含着丰富的信息，而且信息种类繁杂。根据信息的加工程度，可以将信息分为原文信息、目录信息和编研信息。原文信息比较容易获得，可以在计算机系统中直接生成，也被称为"电子文件"或者"电子档案"，主要有文本、图像、音频和视频等形式。计算机系统中一般都有机读目录，其存在形式主要是数据库。机读目录的来源主要有两种：一是人工输入；二是在捕获文件的过程中形成元数据，再根据这些元数据自动生成机读目录。构成机读目录的基本元素就是目录信息。编研信息是在档案原文信息和目录信息的基础上形成的。在数字环境下编研的信息，无论是在种类上还是表现形式上，都具有多样化的特征，这是传统的编研信息无法比拟的。

2. 资源管理

在一份档案信息资源创建之后，必不可少的工作就是对其进行有效的管理，以维护档案信息资源的真实性、完整性和可用性。档案管理工作的具体内容要根据档案信息资源的种类进行确定。近年来，信息技术领域的发展日新月异，新旧技术之间的交替愈发频繁，这就导致数字信息十分容易失真和丢失，也有可能无法进行识读，这是国际范围内信息资源领域相关理论研究的重点，也是档案信息化的难点。

3. 资源服务

通过一定的方式，将档案信息资源提供给用户利用就是资源服务。在过去，传统的档案资源服务主要由用户亲自到相关档案机构进行阅览，或由相关档案机构提供出借服务。在网络信息化时代，提供档案资源服务的主要方式或途径是网络。各层级的档案机构可以在互联网中建立自己的官方网站，为用户提供档案信息的目录检索服务、档案原文的浏览服务和在互联网中的展览服务等。

4. 系统设计与管理

系统设计与管理是指对档案管理系统进行设计、实施和维护工作。在档案信息化的过程中，系统设计与管理是一个重要且富有特色的内容。从本质上讲，档案管理系统是一个计算机系统，其最主要的功能是管理档案信息资源，主要由硬件基础设施、操作系统和数据库管理系统组成。

[①]　倪丽娟. 档案治理问题思考［J］. 档案学研究，2021（1）：58-63.

系统设计与管理的任务主要是购置档案信息化需要用到的计算机服务器等基础设施，部署路由器、交换机和防火墙等网络安全运行需要的设备，开发和维护档案管理软件，确定存储介质和存储方案，确定认证、备份等安全保护技术等。其中，最主要的任务是开发和维护档案管理软件。

如果按照管理对象划分，可以将档案管理系统分为三类。

第一，档案辅助管理系统。该系统主要是凭借计算机强大的数据处理能力实现的，主要工作任务是对档案进行整理、保管和利用，主要管理对象是处于非现行阶段的传统档案及其数字化版本。

第二，电子文件管理系统。该系统的管理对象是电子文件，涵盖了一个电子文件从生成到保存再到销毁的全过程。在电子文件管理系统中，发挥功能的基本工具是元数据。

第三，集成档案管理系统。集成档案管理系统是前两个系统的集成，它在多载体档案并存的状况下，可以统一管理和利用传统实体档案和电子文件档案。

第二节　我国档案信息化的发展阶段

划分我国的档案信息化发展阶段有利于对档案信息化发展规律产生更深层的认识，也有利于对过往的经验进行总结，为档案信息化在未来的发展提供经验。具体而言，我国档案信息化的发展可以分为三个阶段，如图2-1所示。

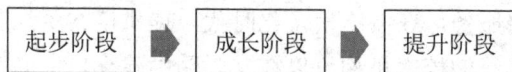

起步阶段 ➡ 成长阶段 ➡ 提升阶段

图 2-1　我国档案信息化的发展阶段

一、起步阶段

我国档案信息化的起步阶段是20世纪70年代末到20世纪90年代初，其特点如下。

（一）档案信息化推进方式为自发式

我国的档案信息化最早出现在个别单位的自行研究和试验中，并非是全国层面统一进行的。1979年，以中央档案馆和国家档案局为代表的一些机构开始陆续购买计算机设备，并陆续开展了对计算机在档案管理中的应用研究工作和可行性论证工作，还逐步开展了档案管理实验性应用系统的开发工作。我国档案信息化就是由此起步的。

（二）以单机系统为主要的技术工具

在20世纪80年代初期，我国档案管理的信息技术装备主要是单机系统，研发设计出的档案管理软件也是单机版。因此，在20世纪80年代，我国的档案信息化有一个别称——档案计算机管理。

（三）以基于机读目录的档案辅助管理系统为建设重点

在这个阶段，计算机只是档案管理的一个辅助性工具，在整个档案管理工作中只负责某一个具体环节的工作，如建立机读目录，在机读目录的基础上实现对档案的编目和对目录的检索。这时，档案辅助管理系统的出现具有重要的意义，不仅为档案管理工作带来了积极影响，而且为国内档案管理软件市场的发展提供了契机，使通用性软件逐渐出现在人们的视野之中。

在20世纪80年代末，以文档一体化为代表的辅助管理软件被创造出来。这种软件可以将有关文件处理和档案管理的各项活动进行有效的整合。

（四）档案信息化建设的规模较小，相对封闭

在我国档案信息化的起步阶段，我国刚刚开始实行改革开放，社会主义市场经济体系尚未建立，拥有计算机的档案机构只占少数，而且这些拥有计算机的档案机构的数据量严重不足，建库量不足5万条，档案管理专业型人才也十分欠缺。

此外，在这一阶段，档案管理系统应用效果的局限性非常大。这主要是由以下三个原因造成的。

①档案管理系统的主要应用场景是档案机构内部。

②档案管理系统没有与任何其他系统相连接。

③操作和使用计算机进行档案管理工作的只是极为少数的专业人员。

二、成长阶段

在20世纪90年代，无论是信息技术还是网络应用技术都还处于推广初期，但其发展十分迅速。在这个特殊的时代背景之下，我国档案信息化也水涨

船高，实现了快速的发展。具体而言，我国档案信息化成长阶段的主要特点如下。

（一）自发开展，分头探索

在这一阶段，我国档案信息化的建设可以用八个字进行总结——自发开展，分头探索。这种由各个机构自发进行的档案信息化推进工作，无论是规模和速度都十分惊人。根据相关统计，20世纪90年代末，所有档案机构在档案信息化工作中使用到的计算机数量已逾万台。除了机构自发进行档案信息化的推进之外，国家层面也出台了一些推动档案信息化发展的举措。即便如此，当时我国档案信息化的情况仍然不够理想，因为国家、地方、机构这三个层面还没有形成一个相对统一的规划供各个层级的档案机构执行。

（二）社会化服务水平没有跟随基础设施同步发展

在这一阶段，有越来越多的档案机构购置了计算机，部分档案信息化发展较快的档案机构已经开始着手部署自己的内部网络，以便与其他系统进行连接。

21世纪初，我国档案机构共拥有26 000多台计算机、1 500多台服务器、1 000多种档案管理软件。我国档案信息化虽然在设备方面的进展非常快，但是在外部支持上，则显得十分孤立无援，且社会化服务水平也较低。具体表现有：在运作档案信息化项目时，向外部进行咨询的档案管理机构实属凤毛麟角；承接档案信息化的外包公司的业务主要集中在数字化操作和数据录入等手工劳动领域。在商业化发展方面，有所发展的是通用性的档案管理商业软件，但是这种商业软件的市场还不够成熟，具体体现在每一种软件的用户数量都很稀少，导致了重复投资的现象，档案信息化的质量也难以有效提升，造成了严重的浪费。

（三）拓展辅助管理软件功能，改进传统档案管理方法

在档案信息化成长阶段，档案辅助管理软件的建设是一个不可回避的重点。条形码、二维码、网络多媒体等层出不穷的新技术，使档案辅助管理软件的功能不断拓展，具体表现在以下几个方面。

①在起步阶段，档案辅助管理软件是以单机版的形式存在的，后来发展到了客户机/服务器模式，再后来又发展到了浏览器/服务器模式，也就是网络版的档案辅助管理软件。网络版的档案辅助管理软件能够实现互联互通，与其他应用系统相连接。

②档案辅助管理软件从档案的编目和检索，逐渐发展到档案的归档和立卷，乃至库房管理等工作环节。

③档案辅助管理软件的检索功能从之前的机读目录自动编目和联机检索两个功能逐渐发展为档案全文信息的存储与检索功能。

④以往的档案辅助管理软件处理的只是一般的文本和数据，后来逐渐发展到对文本、图像、音频和视频等多媒体档案信息的综合性处理。档案辅助管理软件的革新归根结底是档案管理方法的革新。在先进的计算机技术的辅助下，用户没有必要逐个检索实体档案，实体档案内部各个要素之间的联系也逐渐淡化，这对于传统实体档案的处理来说是一个好消息。

⑤档案辅助管理软件还有文档一体化的功能，该功能可以同时完成登记归档、分类立卷等诸多步骤，不必像以往一样逐个进行。

（四）档案信息化建设中电子文件管理的发展

在20世纪90年代中期，产生了大量的电子文件，如果还按照传统的方法管理这些电子文件，档案的原始性和可靠性就会大大降低，甚至可能无法满足用户最基本的检索和查阅需求。因此，电子文件的产生对于整个档案界来说，无疑是一个巨大的挑战。面对此挑战，相关领域的焦点全部集中到了对电子文件的归档和管理上，并形成了大量的科研教学成果。在档案信息化的成长阶段，由于被管理着的电子文件不具备独立的文件属性，在处理的过程中或者处理完毕之后，必须打印出电子文件的纸质版本，将二者共同保存，这在一定程度上使得电子文件管理方式的科学性受到折损。不过，这一弊端很快就得到了解决，有关部门探索了电子文件的全程管理，使得文档一体化的发展得到了深化，一些纸质文件和电子文件一体化管理软件也逐渐出现，并受到了人们的欢迎。

三、提升阶段

进入21世纪之后，信息化在国家层面得到了前所未有的重视，并且被提升至战略的高度上，使档案信息化拥有了一个适宜的发展环境。之前，档案信息化只是个别机构的探索，而在这一阶段，档案信息化已经成为所有具有档案管理需求的机构必须完成的工作。在这种庞大的需求量下，档案信息化的规模和质量不可同日而语，人们的档案信息化意识也得到了提高，档案信息化的方法也得到了改善。

（一）档案信息化开始整体推进

在21世纪初，我国发布了《全国档案信息化建设实施纲要》，明确指出了在全国范围内进行档案信息化建设的目标和主要任务。这份文件的出台也标志着在我国开始从国家层面制定档案信息化的整体规划。之后，我国又推出了国家数字档案资源融合共享服务工程，在宏观层面进一步推进了档案信息化的发展。有了中央的示范与引导，各个地方档案行政机关也专门制定了符合当地情况的档案信息化相关规划。

（二）信息化投入增加，信息基础设施进一步完善

随着人们对档案信息化的重视程度不断提高，对档案信息化的投入也开始增加。各地、各行业都有多项投资不菲的馆藏数字化、电子文件管理、数字档案馆项目立项，有些项目的投入金额甚至达到数百、数千万。由此可见，档案信息化建设的外部条件得到了较大改善。[①]此外，我国的档案信息基础设施也得到了进一步完善，国家综合档案馆拥有的计算机数量在5年内增长了142%，服务器数量在5年内增长了269%。

（三）数字档案馆成为新的发展焦点

数字档案馆的建设离不开三股力量的推动：一是馆藏数字化；二是电子文件管理；三是档案信息服务网络化。2000年，广东省深圳市作为改革开放的窗口之一，率先进行了数字档案馆工程的研究与开发工作。2003年，山东省青岛市建成了我国第一个数字档案馆。2004年，江苏省电力公司数字档案馆通过了验收。在第十一个五年规划之后，我国一些经济基础发展较好、信息化程度较高的地区也开始进行档案数字化的改革，数字档案馆建设开始在全国各地如火如荼地展开。

在网络环境高度发展的情况下，数字档案馆成为档案信息整体处理的最佳模式。从管理对象的角度来看，数字档案馆涵盖的档案类型十分齐全，既包括所有种类的数字档案信息资源，又包括数字化的档案、相关的电子文件以及其他加工信息。从技术的角度来看，数字档案馆融合了多种技术，由众多分系统构成，如档案辅助管理系统、电子文件管理系统、档案网站等。从建设目标的角度来看，数字档案馆的建设目标是让所有的档案信息都能够长时间、完好无损地保留下来，并且将有价值的信息进行共享以及提供相关的社会服务。从建设内容的角度来看，建设数字档案馆是一个长期、系统的工程，必然会遇到一

---

① 刘佳. 新时期档案管理信息化建设创新研究［J］.中国高新科技，2020（22）：17-18.

系列的问题，包括数字档案馆标准和规范的制定、相关机制体制的构建、基础设施的建设、应用系统的开发等。

（四）培养档案信息化人才，提升社会服务水平

在21世纪初，出现了一批专业的档案信息化教材，如《档案计算机管理教程》《电子文件管理教程》等；同时，各个开设了档案专业的高等院校也逐渐在专业课程中加入了档案管理软件设计、计算机管理和电子文件管理等相关专业课程，为培养出可堪大任的档案信息化高素质人才奠定了基础。

在档案信息化推行过程中，基层单位和档案行政主管部门开始主动出击，就档案信息化进行对外咨询。他们的主要咨询对象是专业的数字化公司、高等院校和相关领域的研究机构，主要咨询问题是档案信息化具体方案的设计和整体、全面的规划。与此同时，我国档案管理系统行业逐渐呈现出扩大的趋势，逐渐形成了社会服务体系。

第三节　档案信息化的意义与发展原则

在信息技术发挥日新月异的今天，档案信息化已经成为档案行业发展的必然趋势。在这种趋势下，档案管理部门需要积极做出反应，推动档案信息化的发展。这样做有多方面的好处：一是使档案管理的效率和服务的质量得以提高；二是开阔档案管理人员的视野，使其档案管理观念得以革新，专业素质得以提高；三是使社会大众的信息生活得以丰富；四是使信息产业得以继续发展。

一、档案信息化的意义

（一）催生新理论

档案信息化的开展，尤其是电子文件管理的探索，孕育出了后保管模式、文件连续体等一批新的基础理论。这些理论如今已经对档案管理实践产生了全面而深刻的影响。[①]

1. 后保管模式

后保管模式中的"后"字意味着对某个对象的否定。在保管模式中，档案

---

① 杨咪咪. 基于大数据环境下的高校档案信息化建设分析 [J]. 兰台内外，2021（5）：7-9.

管理的重心是对实体档案的保管；而在后保管模式中，以往注重的实体保管逐渐让位于档案信息的利用，档案具体内容逐渐让位于档案形成的过程、档案各个部分之间的联系等，档案管理工作人员也从过去的档案保管员变为了主动提供业务职能和文件联系的专业人员。

2. 文件连续体

文件连续体对文件生命周期理论中适应时代发展的精华予以保留，对不符合时代发展的过时要素予以抛弃。文件连续体理论构建了一个理论模型，这个模型有着四个坐标轴和四个维度。其中，四个维度分别是生成、捕获、组织、利用；四个坐标轴分别是文件形成者、业务活动、价值表现、文件保管。这个理论模型的作用是描述一个文件从生成到保存所需要的各种要素，以及要素之间的相互关系。从文件连续体理论的角度来看，文件管理是一种往复的活动。这与文件生命周期理论有着巨大的差别，文件生命周期理论将文件的生命阶段和管理活动完全割裂开来。文件连续体理论还有一个重要的作用就是告知档案工作者，在管理文件和档案时，应当使用全面的、相互联系的观点，应该提前介入文件管理工作，最好可以在文件生成之前就介入。文件连续体这一理论对于那些使用文件生命周期理论的国家来说是一种提醒，提醒它们需要对文件生命周期理论进行完善。

以往的文件价值形态与其被保管的场所有着莫大的关系，但是在文件连续体理论出现后，这种关系就被打破了，继而开始在文件的管理方面采用全程管理和连续不间断的管理。

（二）促进管理效率的提高

使用更少的人力、物力和时间，更好、更快地完成档案管理工作，意味着管理效率的提高。在档案信息化推行过程中，档案管理工作效率的提高主要表现在以下两方面。

1. 档案管理的自动化和档案实体管理的简化

首先，整个档案管理的过程实现了自动化，以往需要单独操作的档案归档工作、档案存储工作、档案鉴定工作以及档案统计和分析工作如今都可以自动运行。

其次，档案的实体管理实现了简化，如以往较为烦琐的立卷和实体分类工作得到了简化，从而最大限度地减轻了档案管理工作人员在手工劳动上花费的时间，将整个档案管理工作的时间缩短，提高了档案管理工作的效率。

2.历史档案原件得到保护

在档案管理工作中引入先进的信息技术的一个显著好处就是可以对珍贵的历史档案进行保护，这一点具体体现在以下两个方面。

首先，经过先进的信息化技术处理的历史档案可以直接代替原件，即档案的查阅者可以直接阅读电子档案，从而最大限度地减少对原有文件的损害。这种方式也不是对原有历史档案完全没有伤害，在对原件进行处理的过程中不可避免地会对原件造成一定的损害，但这种损害要比频繁查阅历史档案造成的损害小得多。

其次，历史档案中的字迹会逐渐消退，影像也会逐渐模糊，这是即便采取最严密的保护措施也无法避免。这一弊端在先进的信息技术面前可以迎刃而解，在科学合理的设置下，档案信息将永远存在。

（三）促进服务水平的提高

在档案信息化以及相应的管理过程中，提高服务水平是指将丰富的档案信息资源以更加合理的方式提供给用户。下面是档案信息化推行过程中服务水平提高的具体表现。

1.多元化利用需求的满足

在档案信息化之前，检索档案只能依靠手工进行，即使有检索工具的辅助，每次也只能从一个检索角度出发，极大地限制了用户对档案的利用。而档案管理系统在数据处理方面具有毋庸置疑的强大实力，对于目标数据可以取得输出多次的理想效果，从而能够更好地满足用户的检索需求。

2.查询效率的提高

以往查阅档案需要用户亲临现场，并使用多种手工工具进行翻找，往往需要翻阅多个柜架才能找到查阅对象。由此可见，这种查阅方式会耗费大量的时间和精力。在档案信息化之后，这个问题可以得到有效的解决，用户只需要在计算机中输入档案的关键词，就可以通过检索系统得到实体档案的位置或者电子档案。由此可见，在档案信息化之后，除了档案检索更加方便、检索时间大大缩短之外，检索的准确率也可以得到提高。

3.服务内容和手段的丰富

在日益发达的网络环境中，档案信息服务可以更好地发挥主动性，具体方法如下。

第一，档案管理工作人员可以在所属机构的网站上发布所有可以公开的档案。

第二，档案管理工作人员可以将档案信息以多媒体的形式进行公开，如文字、图片、音频、视频等。

第三，档案管理工作人员可以将档案信息与其他数字信息进行整合，并利用超链接等方式，为每个用户提供更加便捷的信息检索途径。

第四，档案管理工作人员可以利用电子邮件和社交媒体，如微信公众号和微博等，为用户提供更加便捷的服务。

（四）促进交流与合作

无论是对于档案管理工作人员还是档案管理工作本身，档案信息化都是一个机遇，也是一个挑战。这一点具体体现在，无论是档案管理的技术应用，还是档案管理的系统设计，或是用户对档案的利用需求，都在随时随地发生变化，新的问题将应接不暇地涌现。面对这种复杂严峻的情况，档案界需要加深与外界的交流与合作，多多向外界学习先进的经验，在管理理念、管理制度以及管理的方法和手段方面寻求社会各界的帮助与支持。近年来，档案界不断与外界进行交流合作，特别是在产业、科研和教学方面展开了国际合作，已经取得了丰硕的成果。

（五）促进档案管理工作人员素质的提高

档案的信息化不仅提高了档案管理工作的便利性，还提高了档案管理工作人员的专业素养、信息素养以及综合素养，使档案管理工作人员的视野得到了拓宽，能力得到了提升，观念得到了革新。从过去的实体纸质档案管理到电子文件管理，再到数字档案馆的建设，档案管理工作人员在档案管理方面做出了不少创新性的工作，并取得了可喜的成果。

（六）有助于公众信息生活品质的提升

对于一个国家、一个民族的文化来说，档案是一个重要的载体。档案不仅记录着大量的历史事件和国家在各个时期做出的重要决策，还记录着许多反映百姓日常生活的事件以及各个地方独特的风俗和特色文化等。随着信息技术的发展，一些新的技术逐渐涌现出来，以这些技术为载体，产生了一大批档案管理平台，提供了大量且充足的文化产品和文化服务，可以服务大量的用户。这些档案管理平台在公众信息生活方面的重要意义包括：一是为专业的历史研究者提供大量可以研究的资料；二是可以满足普通民众对历史爱好的需求，使他们在根据档案进行追根溯源的过程中，提高对中华民族优秀文化的归属感和认同感；三是提高人民群众在信息方面的生活品质；四是为全面建设信息化社会奠定基础。

（七）使信息产业的发展得到推动

档案信息化推行过程必然会用到各种软件和硬件，而档案信息化对于软件和硬件的需求又会推动信息产业的发展，使存储设备和归档软件的市场需求逐渐扩大。同时，档案这种蕴含着大量信息的载体也是数字内容产业的绝佳原始素材，一部分有价值的历史档案可以在数字内容产业实现增值开发。在这方面，中国台湾的"数位典藏计划"是一个典型的例子。该计划的主要目的是建立数字文化典藏，使公众的文化素养得以提高；推动多种技术的开发，如知识管理、多媒体和语言处理等；推动数字内容产业的发展。

二、档案信息化的发展原则

档案信息化具有重要的意义，要想实现档案信息化快速、稳定的发展，必须坚持以下原则（如图2-2所示）。

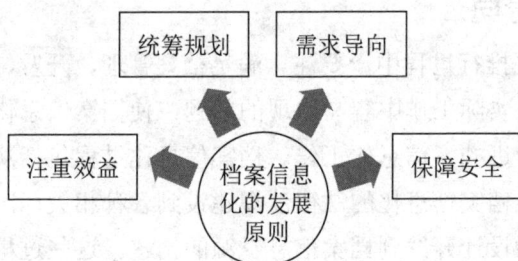

图 2-2　档案信息化的发展原则

（一）注重效益

档案信息化良好发展的前提是确保效益，具体表现为：一是具有比较合理的投入和产出比例；二是在工作成果方面具有可持续性。

在档案信息化推进过程中，无论是国家还是地方都投入了不少的资金，但是这些资金的作用没有得到充分的发挥。此外，档案信息化走了不少的弯路。例如，在对档案进行信息化过程中，格式选择错误导致电子文件无法被阅读；对数字化对象的事前考察不充分、选择失当，导致花费时间和资源进行数字化的档案无人查阅；在档案管理软件的选用上十分随意，在不同的阶段使用了不同的软件，导致档案中的数据零乱分布在不同的系统之中，无法进行有效的互联互通，给用户的查阅造成了极大的阻碍。

这些教训提醒了档案机构，在单个档案机构占有的资源总量较少，外部环境发展较好的情况下，应遵循注重效益的原则，对档案信息化进行较为科学的规划和控制，保证投入的资金能够得到有效的利用，以此推动档案信息化实现可持续发展。

（二）统筹规划

要想坚持注重效益的原则，就必须进行统筹规划。档案信息化是一个长期的、系统性的工程，有着众多的要素，投资也非常大。在具体的工作过程中，需要将各个方面的积极性充分调动起来，尽可能避免出现重复建设和盲目建设的情况，将损失降到最低；还要促进各个部门之间的信息交换和信息共享，使各级部门的档案信息化水平得到提高。为此，需要在较高的层面上，对档案信息化各个阶段的具体目标、具体任务和具体措施进行总体规划和部署，步步为营，扎实推进；无论是中央还是地方，各个层面都需尽早开展档案信息化的规划并逐渐落实。

（三）需求导向

在档案信息化推行过程中，要注意满足档案管理、开发、利用方面的主要需求，从而解决在实际工作中容易出现的问题，使档案信息化项目的实际成果得到体现，扎实推进档案信息化工作。档案信息化过程包括从项目规划的开始到具体的实施，从档案信息化的法律法规建设到各种相关标准的制定，从档案信息化管理系统的设计开发到档案信息资源的构建。这些过程都应该秉持实事求是的原则，坚持以最实际的需求为导向，绝不能为了省事，不做实地调查就做出决策。

（四）保障安全

在以往以手工的形式开展档案安全保护工作时，保密是最主要的任务。这项任务在电子环境中依然重要，除了以往完全依靠手工操作防止泄密的任务之外，还需要防止电子文件中数据信息的丢失、失真以及由其他各种原因导致的信息不可使用的情况。

电子文件所使用的光学载体的最大特点是存储密度相当高，在一个载体中存储的信息量十分庞大，但是这种便利性的背后也埋藏着巨大的隐患，那就是载体丢失会导致大量信息丢失。此外，互联网作为一个开放性的公共平台，人们在互联网中合法地利用档案信息的同时，不法分子也可以篡改平台上的档案信息。因此，在档案信息化实现之后，档案安全保护工作的难度要远大于手工实体档案的时代。为了解决这一问题，国家层面需要加快建立健全相关的法律法规，利用法律这根准绳，建立一个全国统一的标准，在此基础上加强信息化时代下档案信息的保护工作。这样一来，可以使档案信息的开放与保密之间的关系得到正确、有效的处理，多管齐下地搭建起一个完整、严密的档案信息安全保障体系。

第四节　信息时代档案数字化工作探索

一、档案数字化的概念和工作流程

（一）档案数字化的概念

档案数字化的概念可以从广义和狭义的角度进行理解。

广义上的档案数字化是指需要利用一定的信息技术对档案信息进行转换，将原来存储在纸质或者电子文件中的、存在形式为模拟形态的档案信息转换为可以被计算机有效识别的、以数字形态存在的档案信息。在完成这个转换过程之后，需要妥善保管这种数字形态的档案信息，并经常进行维护，以便用户检索。

狭义上的档案数字化有两个别称，一是对档案信息进行数字化处理，二是对档案信息进行数字化转换。在狭义的档案数字化中，纸质的实体档案、老旧照片档案、录音和录像档案等经过数字化的转换之后，可以变为文本形式、图像形式、音频形式、视频形式等众多多媒体表现形式。

狭义的档案数字化可以被视作广义的档案数字化的基础。

（二）档案数字化的工作流程

对档案进行数字化处理的流程可以分为两个方面：一是管理流程，二是业务流程。下面将对这两个方面分别进行阐释。

①管理流程有着自己的管理对象，这个管理对象就是档案数字化工作本身。管理流程的主要任务是通过设计档案数字化的章程，组织和指挥档案数字化的具体工作，并对这个过程加以一定的控制，保证档案数字化能够顺利地开

展和有效地实施。

②业务流程的操作对象是档案信息资源，具体工作包括将模拟信号转换为数字信号、录入档案信息目录、建设相应的档案数据库、存储数字化档案、设计并使用档案数字化软件进行各项工作、获取可以有效利用的数字化档案信息。

管理流程是业务流程得以顺利进行的必要保障，而业务流程是整个档案数字化工作的主体。因为业务流程是整个档案数字化工作的主体，所以可以站在档案数字化工作内容的角度，从两个方面对业务流程进行分析：一是应用系统的开发流程；二是数字化资源的建设流程。

①应用系统开发流程的具体工作内容包括：对档案管理系统进行设计、实施设计好的档案管理系统、对档案管理系统进行后期维护。应用系统开发流程的主要目的就是制作一个工具（系统），方便数字化档案从生成到加工、存储和处理的一系列工作。

②数字化资源建设流程的具体工作内容包括：利用应用系统开发流程创建好的档案管理系统，对数字化的档案进行管理；利用应用系统开发流程创建好的档案管理系统为用户提供多样化的档案服务。

应用系统开发流程和数字化资源建设流程是相辅相成的，两者是一个密不可分的有机整体。下面将对上述工作流程进行详细的介绍。

1. 档案数字化具体的管理流程

（1）对档案数字化的需求进行调研

在每一项档案数字化工作开展之前，都需要调研该项目对档案数字化的实际需求，具体包括以下内容。

①档案馆中档案资源的数量和质量以及档案管理工作和档案服务工作的现状。

②国内和国外的同类工作中值得借鉴的经验和教训。

③明确档案数字化的目标，同时确定对达成目标需要的资金、人力和时间等诸多具体因素做好充分的准备。

④聘请第三方专业人员对档案数字化进行调查研究，并给出调查研究报告和一些具体的建议。

（2）制订详细的档案数字化计划

在对档案数字化的需求进行调研后，要制订出具体的档案数字化计划，包括档案数字化的目标、档案数字化的具体内容、档案管理工作人员的组织和安排、会用到的相关技术指标和方法、完成档案数字化后验收的主要依据、数字化档案信息的安全管理、档案数字化各项具体工作的进度安排、档案数字化总共需要的经费预算、招标和投标等。需要注意的是，制订出的档案数字化计划要科学合理，能够使各项资源都得到合理的安排，还要能够对档案数字化的质量和进度进行监督和检查。这些工作可以使档案数字化更加合法和标准，从而获得较高的回报。

（3）队伍的组建和条件的配备

队伍组建是指相关人员的组织工作，常见的队伍组建模式有以下几种。

①外包式，即主要承担档案数字化工作的是档案机构以外的人员，他们通常来自专业的数字化公司。采用外包式的方法进行档案数字化的优点包括两点：一是对档案机构内部人员的占用较少，不会影响档案机构日常工作的开展；二是社会上专业的数字化公司经验丰富，通过它们进行档案数字化建设可以大大提高档案数字化的效率。正因如此，在档案数字化工作中，外包式成为比较常用的档案数字化队伍组建形式。但是，在与专业的数字化公司合作的过程中，必须先对其进行考察，因为有些数字化公司可能没有专业的档案专家或者长期从事档案管理工作的技术团队，从而可能导致其档案数字化的质量不符合档案管理的具体要求。因此，必须在合同中明确提出档案数字化的质量要求和验收标准，还要在档案数字化的过程中进行必要的监督。

②自建式，即档案机构自行完成档案数字化。具体的方法是成立专门负责档案数字化的部门，也可以从相关的科室中抽取一部分人员临时组建一个负责档案数字化的小组。这两个方法的适用情况不同：成立专门负责档案数字化工作的部门，适合档案数量十分庞大且档案会频繁增加的档案机构；而组建临时小组，适合档案数字化的工作较为集中、任务比较紧急的情况。自建式具有独特的优势，那就是档案数字化人员来自本机构，对档案管理工作的具体业务十分熟悉，能够保证档案数字化工作的质量。但是，自建式会占用档案机构的人力资源，对档案机构的日常工作造成一定的影响。

③内外组合式，即档案数字化队伍由档案机构内部人员和外部数字化专业公司的人员共同组成。这种内外结合的工作方式兼具了外包式和自建式的优点，因此无论是档案数字化的质量还是具体的工作效率都可以得到保证。此外，这种方式还有利于档案机构培养专门进行档案数字化的工作人员。

需要注意的是，在档案数字化队伍组建完毕后，要为档案数字化工作提供工作场所、所需的各项资金、确定需要的工作时长等。为了保障档案数字化工作的顺利进行，还要建立起明确的规章制度，如档案数字化过程中的加工操作规程和机读目录格式等。这些明确的规章制度有利于保证档案数字化工作的科学性和规范化。此外，在有必要的时候，还应该对有关人员进行相应的培训，让他们对档案管理工作、档案数字化的方法和具体要求更加熟悉。

（4）档案数字化工作开展后的监控

档案数字化的有关责任方要根据档案数字化计划制订具体的工作方案，并开展必要的监督和检查工作，以便及时发现并解决潜在的问题，避免造成较大的损失。

（5）对档案数字化工作质量进行评估

档案机构要在档案数字化工作完成一段时间之后，组织相关的力量，采用科学合理的办法对档案数字化工作的成果进行评估。评估的主要内容包括档案数字化资源的利用率、易用性和保存的状况等。档案数字化工作质量评估人员主要是档案机构的内部人员和第三方机构的人员等。对档案数字化工作质量进行评估是十分重要的，因为评估的结果将成为改进档案数字化工作的关键依据以及档案机构获得更多支持的必要凭据。

2. 档案数字化资源建设流程

（1）预处理

预处理还有一个别称是"前处理"。在档案数字化资源建设中，预处理是所有工作的第一步，其主要工作内容如下。

①鉴选工作。在鉴选工作之前需要明确档案数字化工作的主要目的，这是鉴选工作开始的前提。在明确了档案数字化工作的目的之后，需要按照一定的原则和方法鉴定和选择数字化的对象。数字化的对象必须是符合各项要求的实体档案（如纸质档案、录音、录像和老旧照片）。

②后续的登记整理和清洁修复工作。这一项工作在鉴选工作之后，主要作用是让等待数字化的实体档案更加有序，为数字化转换做好准备，具体工作内容是将待数字化的档案进行规范。对于目录残缺的档案，需要进行相应的补全和修复工作；对于沉积多年的老旧纸质档案，需要将其全部取出，扫除表面积累的灰尘，清除滋生的虫子，然后拆开档案的卷轴对其进行分类；对于陈旧的录音、录像带，需要进行清洁和修复，以便得到完整的、高质量的原始数据。

（2）数字化转换

对档案进行数字化转换是指利用先进的数字化技术，将那些原本记录在传统载体中的档案信息转换为数字化的信息资源。对于载体不同的实体档案，所使用的转换技术和设备也大有不同，具体如下。

①对于纸质的实体档案和照片，进行数字化转换的设备主要是扫描仪和数码相机。

②对于微缩胶片，进行数字化转换的设备主要是微缩胶片扫描仪。

③对于录音，进行数字化转换的设备主要是音频采集卡。

④对于录像，进行数字化转换的设备主要是视频采集卡。

（3）信息处理

信息处理是适当处理经过数字化加工的图像和其他多媒体信息，让这些信息能够更加符合用户的多样化利用需求的过程。信息处理的具体工作内容如下。

①对照原始纸质档案进行核对。

②将原始档案信息进行压缩。

③去掉原始档案信息中多余的部分。

④去除档案中的污浊和噪声，排出各项干扰。

⑤使用光学符号识别技术对档案信息进行识别。

⑥使用矢量化技术将光栅图像转换为矢量图形。

此外，如果有保护知识产权方面的需要，还可以在信息处理的过程中将档案信息嵌入数字水印。

（4）信息组织

信息组织的主要作用有三点：一是建立索引和机读目录；二是创建多媒体、全文等数据库；三是将原文、图像、音频、视频等数字化信息连接到索引和机读目录上。如果在档案数字化之前就已经有机读目录的存在，那么就无须再建立新的机读目录，只需要将原来没有的且必要的项目加入即可，包括经过数字化的档案信息存储文件的名称、存储的具体位置和存储的格式情况等。

总的来说，档案数字化对机读目录的质量要求十分严格，因为机读目录质量好坏关乎数字化档案信息的检查工作和维护工作的难度。

（5）信息存储

信息存储十分简单，是为经过数字化处理的档案本身和档案目录信息选择一种恰当的存储介质、方式和架构。在存储要求和方法方面，数字化档案与电子文件基本趋同。

（6）信息服务

数字信息的优势是信息的传输和利用十分便利，可以在更广阔的范围内为更庞大的用户提供更及时的服务，这也是档案数字化的根本推动力。对于综合档案馆来说，已经经过数字化的、可以公开的馆藏档案，应该在官方网站上对外公布，为用户的检索、查阅提供在线服务；而不能公开的内部信息，应当在内网上对内部用户进行共享。

对经过数字化的档案信息的利用要遵循实事求是的原则，即一切都要依据具体的情况确定。在现阶段，无论是国内还是国外的数字化档案在线服务方式都分为付费与不付费两种，不付费的服务方式只提供在线目录的检索，而且影像的分辨率较低、尺寸较小；付费的服务方式则能够提供原始的影像和高分辨率的影像。

总的来说，通过档案数字化，档案机构的信息服务能力和响应速度都得到了提高，其中一些做得较好的档案机构的信息服务水平甚至超越了商业机构。

（7）信息维护

在档案数字化工作完成之后，需要将档案本身和目录信息长期保存起来，以维护档案信息的完整性、可读性和可用性。

3. 应用系统开发流程

（1）系统设计

开发档案管理系统功能模块是系统设计必不可少的过程。系统功能管理模块可以分为档案数字化业务类和应用系统管理类两种类型。前者是开展数字化档案资源建设的基本工具，具有加工处理、著录发布和检索维护等功能；后者主要是系统管理人员对系统进行维护时使用的工具，可以为维护档案基础数据、自定义元数据和管理日志提供便利。在档案管理系统交付使用之前，软件编程人员必须在具体的设计过程中与用户进行反复沟通，这也是保证档案数字化工作质量的必要手段。

（2）系统实施

安装并使用档案管理系统就是系统实施的具体过程。随着档案管理系统的应用，档案管理的相关标准规范也逐渐得到了贯彻和实施，原有的档案管理工作方式发生了变革。为了使档案管理系统得以顺利地运行，档案管理工作人员必须尽快熟悉档案管理工作的方方面面。在这个过程中，培训是必不可少的。培训的主要方式包括面对面的培训、制作完整且易于接受的操作手册和提供在线指导服务等。另外，在档案管理系统的应用过程中，要注意观察，及时发现问题，并做出相应的调整。通常情况下，档案管理系统的设计和实施工作应当放在数字化加工完成之前。

（3）系统维护

在档案管理系统应用于日常档案管理工作时，要保证该系统能够平稳持续地运行。如果发生灾害，必须在最短的时间内恢复档案管理系统的正常运行。如果档案管理系统的基础设施受损严重，不能继续完成工作，必须尽快进行升级换代的工作。

二、档案数字化工作的要求

档案数字化工作应该满足以下几方面的要求。

（一）目标合理

对档案进行数字化转换是一个庞大的工作，需要投入大量的资源。数字化转换的工作量和相应的投资规模可以占到整个档案数字化工作的二分之一，这给档案数字化的成本方面带来了巨大的挑战。在现实中，有许多单位的档案数字化工作项目本身就缺乏科学合理的论证过程，也没有任何有效的分析，即使取得了一些档案数字化的成果，在事后也往往会被搁置，或者只在内部进行流通，这对于档案利用率的提升来说没有什么实质性的帮助。近年来，档案界从业人员不断提出要加强成本效益的观念，要科学规划档案数字化工作，不能为了数字化而数字化，盲目开展档案数字化工作，造成大量的成本浪费。

要想科学地进行档案数字化，保证档案数字化效益的实现，关键是要制定一个清晰的、合理的档案数字化目标。档案数字化的目标是建立起一套高质量的、便于用户使用的数字化资源，并将这项资源长期地保存下去，而不用担心数据资源的丢失和损耗。

通常情况下，档案数字化的目标包括以下两点。

1. 方便用户查询和利用

数字化档案应可以实现快速检索，省去逐个翻阅实体档案的麻烦；可以在异地之间进行传输，方便用户远程利用档案信息；方便复制和更改。同时，数字化可以使档案信息的利用性大大提升，使档案信息发挥更大的作用。

2. 保护档案原件

对于那些较为珍贵的历史档案，为其制作数字副本，可以最大限度地减少用户翻阅档案原件造成的物理损伤。同时，对于那些保存多年的档案，及时对其进行数字化管理，可以有效延续档案的生命周期。此外，将经过数字化的档案进行异地备份，可以极大地提升档案信息的安全性。

（二）遵守法规

"没有规矩，不成方圆"。在档案数字化加工和服务的过程中，法律法规的约束和行业的规范就是档案数字化的"规和矩"。以下三类法律法规是档案数字化工作必须遵守的。

1. 关于档案公开和保密的法律法规

这一类法律法规的最大作用是限定经过数字化的档案信息的具体服务范围。档案机构为用户提供数字化档案信息服务，既要保障全体公民的知情权，让法定的可以公开的档案信息面向社会，也要将一些涉及国家机密的档案信息限制起来，只对有相应权限的用户开放。关于档案公开和保密的法律法规以下面介绍的两部法律为主。

（1）《中华人民共和国档案法》

这部法律规定：县级以上各级档案馆的档案，应当自形成之日起满25年向社会开放；经济类档案、教育类档案、科技类档案和文化类档案，可以少于25年向社会开放；涉及国家安全或者重大利益以及其他到期不宜开放的档案，可以多于25年向社会开放。

（2）《中华人民共和国政府信息公开条例》

这部法律规定：行政机关制作的政府信息，由制作该政府信息的行政机关负责公开；行政机关从公民、法人和其他组织获取的政府信息，由保存该政府信息的行政机关负责公开；行政机关获取的其他行政机关的政府信息，由制作或者最初获取该政府信息的行政机关负责公开。依法确定为国家秘密的政府信息，法律、行政法规禁止公开的政府信息，以及公开后可能危及国家安全、公共安全、经济安全、社会稳定的政府信息，不予公开。涉及商业秘密、个人隐私等公开会对第三方合法权益造成损害的政府信息，行政机关不得公开；但是，第三方同意公开或者行政机关认为不公开会对公共利益造成重大影响的，予以公开。行政机关不能确定政府信息是否可以公开的，应当依照法律、法规和国家有关规定报有关主管部门或者保密行政管理部门确定。

总而言之，通过上述法律可以看出，当前我国法律对档案数字化工作的支持力度有限，需要在实践的基础上进一步探索和进一步细化。

2. 保护知识产权的法规

关于知识产权保护的法规是《中华人民共和国著作权法》。这部法律中规定法律法规、国家决议和其他立法、司法、行政方面的文件不受著作权法的保护。除了这些明确规定的类型之外，各级档案部门收藏的其他性质的档案，如企业和个人的档案，可能涉及一系列的权利，对这样的档案进行数字化的加工和处理，难免会引起争议。

此外，《信息网络传播权保护条例》规定：图书馆、档案馆、纪念馆、博物馆、美术馆等可以不经著作权人许可，通过信息网络向本馆馆舍内服务对象提供本馆收藏的合法出版的数字作品和依法为陈列或者保存版本的需要以数字化形式复制的作品，不向其支付报酬，但不得直接或者间接获得经济利益。但是，这不是意味着所有的档案机构都可以不受约束地对档案进行数字化的加工。于是，后续的条款对数字化加工的条件进行了规定：陈列或者保存版本需要以数字化形式复制的作品，应当是已经损毁或者濒临损毁、丢失或者失窃，或者其存储格式已经过时，并且在市场上无法购买或者只能以明显高于标定的价格购买的作品。

3. 保护隐私权的法规

在档案的数字化方面，有一点已经得到了社会各界的共识，那就是不得侵犯个人隐私。因此在档案数字化的过程中，要保护好个人的隐私信息，避免个人隐私信息被他人以非法的途径搜集和利用。但是，我国尚没有形成一部专门用于隐私权保护的法律。这就要求我国档案数字化实践应充分尊重国际上关于隐私保护的惯例，将当事人的意见摆在突出的位置进行重点考虑。

（三）遵循标准

在档案数字化建设过程中，有一个问题受到广泛关注，那就是档案数字化标准。虽然各方对于这个问题都十分重视，但是档案数字化标准的制定并不尽如人意，这与档案数字化工作本身的目标定位脱不开干系。档案在经过数字化之后，如果仅在机关内部进行流通和使用，没有跨部门、跨机构和跨地区共享，那么档案数字化标准将变得无关紧要。由此可见，档案数字化标准与共享有关。

1. 标准概览

档案数字化这项工作较为复杂，涉及众多的要素，包括档案信息资源、软件和硬件的基础设施，以及业务过程和业务方法等。这些要素都是形成档案数字化标准时重点关注的对象。在现阶段，已经出台的国际标准、国家标准和行业标准见表2-1。需要注意的是，表2-1中没有信息安全技术的标准，因为仅在国家层面，这类标准就多达50余个。相信，随着档案数字化工作的持续推进，未来将会有更多、更加细致的档案数字化标准出台。

表 2-1　已出台的档案数字化标准

类别	标准代号	标准名称	规范对象
国际标准	ISO 14721：2012	空间数据和信息传输系统——开放式档案信息系统（OAIS）参考模型	系统设计
	ISO/TS 12033：2001	电子成像——文件图像压缩方法选择导则	信息储存
	ISO 19005—1：2005	文献管理——用于长期保存的电子文档文件格式——第1部分：PDF1.4（PDF/A-1）的使用	信息储存
国家标准	GB/T 20530—2006	文献档案资料数字化工作导则	档案数字化整体工作
行业标准	DA/T 18—1999	档案著录规则	信息组织
	DA/T 31—2017	纸质档案数字化规范	数字化资源建设流程
	DA/T 22—2015	归档文件整理规则	信息组织
	DA/T 38—2008	电子文件归档光盘技术要求和应用规范	信息存储
	DA/T 43—2009	缩微胶片数字化技术规范	数字化资源建设
	DA/T 50—2014	数码照片归档与管理规范	信息存储
	DA/T 56—2014	档案信息系统运行维护规范	信息维护
	DA/T 57—2014	档案关系型数据库转换为XML文件的技术规范	数字化资源建设
	DA/T 62—2017	录音录像档案数字化规范	数字化资源建设
	DA/T 71—2018	纸质档案缩微数字一体化技术规范	数字化资源建设

2. 标准的配套与执行

单个标准的制定固然重要，但单个标准与单个标准之间的配套程度是否良好，衔接是否顺畅，标准是否得到了贯彻落实等问题也应引起重视。下面以机读目录为例对这些问题进行分析。在1999年，多个省份制定了文书档案目录数据库结构和著录格式的标准，但是每一个省份制定的标准都不同，因此将来的跨区域、跨省份目录交换和共享的过程一定会遇到重重阻碍，但是，不同省份标准不一这一问题的解决不是一蹴而就的。在当下多个标准共存的现实局面下，档案数字化工作应该遵循有关国家规定的，按照国家规定进行，没有相关国家规定的，按照相关国际标准的原则进行。然而，遵循标准还远远不够，应注意到标准不是固定不变的，可能会出现升级或者发生改变的现象，此时如还按照原先的标准进行，就极易导致风险的发生。下面对数字化档案的兼容和共享问题进行讨论。

首先，数据兼容。标准是一定会升级的，这就要求档案数字化标准一定要适应未来的技术发展，考虑数据兼容问题，这也是一项基础性的要求。具体而言，在建立行业标准或者企业内部的标准时，必须遵循普遍性原则、权威性原则、合理性原则；在信息发布和数据传输部分的设计过程中，必须采用模块化的堆叠设计，因为未来一定会有更新的国家标准或者国际标准出台，那时模块化的堆叠设计会为信息发布和数据传输标准体系的升级工作带来极大的便利。

其次，数据共享，新的国家标准或者国际标准的出台，必然会对遵循原来标准的档案数字化系统造成影响。为了使投入风险降到最低，在采用内部标准设计档案数字化系统时，要考虑设计一个数据共享接口，并且要在二次检索的基础上进行设计。这种接口的模式有两种：一是可以让数据重复使用；二是可以联机或者脱机使用。

（四）管理集成

管理集成是指将档案数字化的过程融入档案馆的所有工作，将档案数字化与日常的档案管理工作相结合。这一点具体体现在以下三个方面。

1.基础工作集成

档案数字化工作是各级档案机构提高自身基础工作质量的良好机会。具体来讲，各级档案机构可以通过档案数字化的预处理工作夯实基础，进而增加综合性效益。实现这一目标的三个主要途径如下。

①进行档案数字化对象的鉴选和档案的鉴定工作，从而将没有用处的、重复的档案清除掉，将具有真正参考价值和利用价值的档案数字化。

②进行数字化档案的鉴选工作和抢救修复已经破损的档案这两项工作，延长珍贵的档案的寿命。

③进行数字化对象和档案本身的整理和编目工作，从而提高档案管理部门在分类、著录和编目等工作上的规范化水平。

2. 信息服务集成

各级档案机构在广泛开展档案数字化工作之前，可以充分通过档案辅助管理工作为用户提供基础的检索服务；在进行档案数字化工作的过程中，可以同时开展对电子文件档案的相关管理工作。此外各级档案机构应当做到统筹兼顾、共同发展，将计算机档案辅助管理、电子文件管理与档案数字化工作结合起来，为用户提供机读目录、数字化档案的原文信息和电子文件信息的集成服务，使用户可以在一个统一的界面上查找到所有可用的档案信息。

3. 管理系统集成

工作集成的手段之一就是管理系统的集成。在这一环节中，档案机构应当将档案辅助管理系统、电子文件管理系统和档案数字化系统集成起来，实现数据集成和功能集成。这样做的好处有两点：一是可以最大限度地避免出现数据不兼容和不关联的问题；二是可以减少重复性的投入，使整个系统的应用成本降低。

（五）互助协作

档案数字化不只是档案机构自己的事情，在档案数字化的进程中，还需要其他机构的帮助，形成互助合作的局面。这里所说的其他机构包括数字化技术机构、业务机构、咨询机构，以及信息资源管理机构。各个机构之间可以通过合作将自身的优势充分发挥出来，同时共享数字化的成果和取得的经验，从而将重复性的、无意义的劳动取消，使档案数字化的效率得到前所未有的提高。以下是档案数字化各方互助合作的体现。

1. 档案数字化成果的交换共享

传统的档案多为纸质的实体档案，再加上过去的交通不如现在便利，因此为了避免档案交换带来的麻烦，各地的档案馆都有一定数量的重复档案。经过数字化的档案可以对所有互联网用户开放，这样各地的档案馆就不必保存重复的档案，从而避免浪费。

2. 档案数字化工作经验的交流共享

负责档案数字化工作的档案机构、图书馆、情报机构以及所有负责信息资源管理的机构都应该积极进行工作经验交流，进行多方交流互鉴，相互学习，共同进步。这样不仅可以积极有效地防范档案数字化的风险，而且可以使信息资源管理机构的整体水平得到有效提升。

3. 档案数字化课题的联合攻关

各级档案机构应集中各方关于档案数字化的经验和智慧，集中力量对档案数字化过程中的重点问题和难点问题进行攻坚克难。这样不仅有利于提升各级档案机构档案数字化工作的技术含量，还有利于提升各方的业务水准，大大减少以往出现的低水平重复建设的问题。

4. 档案数字化业务的外包共建

在档案数字化的过程中，有一些工作环节较为细致和烦琐，工作量也很大，如数字化加工和机读目录录入等。这些工作可以以比较低廉的价格雇用专业化水平较高的数字化公司来完成，从而节省大量的时间和精力，提升档案数字化的速度和质量。

（六）强化核查

档案数字化这项工作覆盖了很多业务内容，如果将档案数字化工作外包出去，会导致外包公司的人员接触到档案原件、目录。此外，在数据录入这一环节，难免会出现质量上的差错，甚至是埋下巨大的安全隐患。为了将可能造成的损失降到最低，必须全面强化监督、审核和检查等诸项必要的工作。

1. 数字化档案原文质量核查

对比数字化档案及其对应的原件，可以判断数字化档案的质量如何。如果在检查的过程中发现存在信息遗漏、数据失真的情况，应该及时进行弥补，避免损失扩大。

2. 机读目录核查

在检索档案时，机读目录是一个重要的依据，因此必须将机读目录完整地保存下来。在这个过程中，可以加强校对工作和审核工作，必要时，甚至可以进行多次校对和审核。在这一点上，有一些档案机构进行了创新，即采用了"一稿双录，人机双校"的模式。这种数据录入和校对检验模式是指一份档案由两个人负责录入，人力和机器共同校对，可以最大限度地保证校对的准确率，降低失误率。

3. 数据挂接核查

在档案数字化完成之后，用户要想获得档案信息，不仅需要一个准确的目录，还需要建立在档案数字化原文和机读目录之间的数据挂接。对数据挂接进行核查通常采用的是抽查的方法，但需要注意抽查的比例不应低于5%。

4.安全审查

安全审查必须贯穿档案数字化工作的全程。在档案数字化的不同阶段，安全审查的方向和重点都有所不同。例如，在预处理阶段，安全审查的重点是检查档案的出库、入库、拆卷和装订，审查的目的是保证原件不被损坏、内容不被泄露；在加工、存储、组织、服务和维护等阶段，安全审查的重点是数字化过程中应用的技术和管理措施是否合适。

三、档案数字化的关键技术

档案数字化是一项较为复杂的工作，这一点具体体现在档案数字化的每一个环节都要用到特定的技术。下面将重点介绍档案数字化用到的数字化加工技术和自动识别技术。

（一）数字化加工技术

档案的数字化加工技术与档案的材质和记录方式有着密切的关联。例如，纸质的实体档案通常会用到扫描技术，但是在无法扫描或者扫描的效果不好时也会使用数码拍摄技术；录音和录像档案通常会用到针对声音和视频的模数转换技术，有时也会用到数字录音和数字摄像的方法。下面简要介绍扫描技术、录音档案的模数转换技术和录像档案的模数转换技术。

1.扫描技术

利用扫描仪获取档案原文图像的技术就是扫描技术。扫描仪的基本工作原理是将光线照射到等待扫描的目标档案上，使产生的反射光线被扫描仪的感光元件接收到，然后将光线转换为数字信息。目前，市场上的扫描仪种类繁多，在选择扫描仪的时候，应当参考各类扫描仪的技术指标，充分考虑档案的特点和持有经费的情况。

（1）扫描仪的技术指标

一是光学分辨率。光学分辨率是一个衡量扫描仪性能高低的一个重要指标，决定了扫描仪在扫描时能达到的精细程度。也就是说，光学分辨率与扫描出来的图像的清晰程度成正比。

二是色彩位数。色彩位数也称为"色深"，是描述一个像素点颜色信息的二进制位数。一般来说，色彩位数表示用到的红、绿、蓝三通道的数值总和。

色彩位数可以反映出扫描仪识别色彩的能力，是判断扫描仪色彩还原真实程度的重要依据。也就是说，色彩位数与扫描的效果成正比。

三是灰度级。灰度级是指扫描仪在扫描过程中从纯黑平滑过渡到纯白的能力。也就是说，灰度级与扫描出来的图像的层次成正比。

四是扫描速度。扫描速度是指扫描仪从预览开始到整个档案扫描完毕时光头移动的时间就是扫描速度。扫描速度可以用扫描标准A4页面需要的时间来表示。

（2）扫描仪的类型

具体而言，档案数字化常用的扫描仪类型如下。

一是平板式扫描仪。平板式扫描仪又称"平台式扫描仪""台式扫描仪"，其主要用处是对纸质实体档案进行扫描。部分平板式扫描仪需要安装透明胶片扫描适配器这个配件；还有极少数的平板式扫描仪可以实现高速扫描，但需要安装自动进纸装置。使用平板式扫描仪扫描纸质版档案的页面大小一般是A4或者A3。在扫描古籍类的珍贵档案时，可以使用一种特殊的平板式扫描仪——零边距扫描仪。这种扫描仪具有不用拆卸档案原件，避免原件受到压迫的好处。

二是胶片扫描仪。胶片扫描仪又称"底片扫描仪""接触式扫描仪"，其最大的作用是扫描各种透明的胶片，包括微缩胶片和底片两种。

三是鼓式扫描仪。鼓式扫描仪又称"滚筒式扫描仪"。在所有扫描仪中，滚筒式扫描仪是一种相对高端的产品，其最大特点是根据点光源逐个地进行采样，扫描效果十分优异。但是，鼓式扫描仪也存在局限性，那就是扫描的速度较慢。

2. 录音档案的模数转换技术

通过由放音设备、音频采集卡（声卡）、音频输入线、计算机等设备以及相应的音频数字化软件组成的录音档案数字化转换系统，可以将模拟声音信号转化为数字音频信号。录音档案数字化转换系统的主要工作内容包括采样、量化和编码。通过系统设置，该过程可以实现批量化、自动化。

（1）采样

采样是指每隔一定的时间间隔，采集模拟声音信号的幅度值作为样本，以样本表示原来的信号。采样频率是采样过程中的重要技术参数，即每秒钟采集多少个声音样本，是用数字信号表达声音精确度高低的参数。采样频率越高，采样的时间间隔越短，声音波形就表达得越精确。

（2）量化

量化是指度量样本幅度值并将其表示为二进制码的过程。量化之前要规定信号的量化精度。量化精度又称"量化比特率"，是指样本振幅值的等级，一般用二进制位数来表示，如8位、16位（CD音质的量化精度就是16位）等。根据量化精度，可以明确每一个量化级别对应的幅度范围；将样本幅度值与之比较，就可以得出离散的量化值。量化精度越高，量化级别就越多，声音的还原效果就越好。除了量化精度外，量化涉及的主要技术参数还有声道数。常见的声道数包括单声道、双声道、5.1声道、7.1声道等。声道数越多，音质就越好。

（3）编码

编码是用预先规定的方法将文字、数字或其他对象转化成数字编码，或将信息、数据转换成规定的电脉冲信号。根据编码方式的不同，音频编码技术分为三种：波形编码、参数编码和混合编码。波形编码是不利用生成音频信号的任何参数，直接将时间域信号变换为数字代码，使重构的语音波形尽可能的与原始语音信号的波形形状保持一致。参数编码是把语音信号产生的数字模型作为基础，然后求出数字模型的模型参数，再按照这些参数还原数字模型，进而合成语音。混合编码是同时使用两种或两种以上的编码方法进行编码，克服了波形编码和参数编码的缺点，并结合了波形编码的高质量和参数编码的低编码率，能够取得比较好的效果。一般来说，波形编码的话音质量高，但编码率也很高；参数编码的编码率很低，产生的合成语音的音质不高；混合编码使用参数编码技术和波形编码技术，编码率和音质介于它们之间。

3. 录像档案的模数转换技术

通过由录像设备、视频采集压缩卡、视频输入线、计算机、编辑机等设备以及视频数字化处理软件组成的录像档案数字化转换系统，可以将模拟视频信号转化为数字视频信号。录像档案数字化转换系统的主要工作过程同样包括采样、量化和编码。但是，录像档案的数字化过程比录音档案的数字化过程复杂，除了采集音频信号之外，还要采集由一系列静止的图像组成的视频信号。限于篇幅原因，这里不再赘述。

（二）自动识别技术

应用于档案数字化领域的自动识别技术主要有两种：一是光学字符识别技术；二是图形矢量化技术。此外，还有一种比较有应用潜力的技术——语音识别技术。下面将分别对这三种技术进行阐释。

1. 光学字符识别技术

光学字符识别需要利用扫描仪等光学输入设备，读取目标档案中的文字和图像信息。光学字符识别技术在确定目标信息的形状时可以检测目标图像的亮度，并在此基础上，将形状转换成计算机文字。光学字符识别技术已经很成熟，可以轻松获取印刷出来或者打印出来的文字和表格等诸多信息，无论是简体字还是繁体字，英文字母还是其他文字的字符，都可以利用光学字符识别技术识别。

在现阶段，光学字符识别技术对手写体的字符识别程度还不能达到自由应用的程度，因此光学字符识别技术主要应用于识别印刷出来或者打印出来的文字。只要档案原文是印刷出来的，光学字符识别技术的识别率就可以达到95%，效率非常高。现在市场上带有光学字符识别软件的扫描仪设备非常多，但如果对光学字符识别技术较有高的要求，为保障工作的质量，可以另外购置专业级别的光学字符识别软件。

2. 图形矢量化技术

图形矢量化是指对扫描所得的光栅图像数据加以分析、识别，最终重建其中的图形对象，形成矢量数据的过程。这里所说的将光栅图像数据转换成矢量图形数据，即以坐标方式记录图形要素的几何形状。经过矢量化之后，可以利用计算机直接调用、编辑、计算、统计、分析图形要素，如点、线、面等，从而提高图形利用的效率。矢量化是图纸复用、自动理解的基础，在工程设计、工程管理、测绘等众多领域得到了较为广泛的应用，发挥了较大的价值。与光学字符识别技术相类似，图形矢量化技术也无法全部由计算机系统自动完成，在自动识别后，还需要经过人工处理、分层、添色，才能达到与原图一致的效果。

3. 语音识别技术

语音识别是将语音信号转变为相应的文本或命令的过程。语音识别是一门交叉学科，涉及领域信号处理、模式识别、概率论、信息论、发声机理、听觉机理、人工智能等领域。语音识别技术的应用容易受到词汇量、清晰度、口音等条件的限制，识别率还有待提高，因此档案数字化领域尚无应用语音识别技术的典型案例。

四、档案数字化案例

为使读者更为深入地理解档案数字化工作中各活动、各要素之间的关联和互动，下面将对中国台湾"内阁大库档案数位化计划"进行介绍和分析。

"内阁大库档案数位化计划"是中国台湾于2002年开始执行的第一期"数位典藏计划"中的一个分支计划。"数位典藏计划"旨在将中国台湾的重要文物典藏数字化，以数位典藏促进人文、社会、产业与经济的发展，下设内容发展、技术研发、训练推广、应用服务、维运管理五个分项计划。"内阁大库档案数位化计划"旨在提升内阁大库档案的学术研究价值与科普价值，同时永久保存重要的文化遗产。

（一）内阁大库档案数字化沿革

在学术价值上，内阁大库档案的文物质量可以与河南省安阳市殷墟的甲骨文、甘肃省敦煌市莫高窟千佛洞的卷轴相比。因此，在历史学界，内阁大库档案深受重视。内阁大库档案中有着数量庞大、内容丰富的材料，其内容主要是行政事务，对于政治制度史、社会经济史的研究来说是一座相当珍贵的宝库。

内阁大库档案的整理最早于1930年开始，但中间停滞了半个世纪。从1981年到1995年，内阁大库档案被陆续整理出来并刊印出版。1996年，内阁大库档案的数字化工作正式开始，其采用的主要方法是将档案文件制作成影像文件并存储在光盘中进行保存。

虽然内阁大库档案的数字化工作已开始多年，但是在最初仅着眼于档案的保存与服务学术研究两项目标，并未开展档案元数据与规范文件的研究，致使该工作在数字文化传承、数字化质量以及国际合作方面存在不足。2002年，为了提高内阁大库档案数据库的质量和检索效率，加强与其他数字信息的互通和共享，"内阁大库档案数位化计划"的重点转为研究档案整理工作、档案著录格式及著录方式，建立符合国际标准的档案元数据及规范文件，规划数据库及著录模块的系统架构。

（二）内阁大库档案数字化的保障

为了提高内阁大库档案的数字化质量，相关工作人员的配备和分工，设备、技术和规范的支持及经费的安排都得到了充分的保障。

1. 人力保障

内阁大库档案数字化工作整合了多方力量，包括"数位典藏计划"的聘任人员、明清档案工作室的人员、计划执行的研究人员等。所有参与人员按照业务分为五组，分别是整理组、摘录组、数字档案组、规范资料组、行政组。各组的分工见表2-2。

表 2-2　"内阁大库档案数位化计划"的组织分工

组名	分工
整理组	扫灰、除虫、补缀、分类、登录、封存上架
摘录组	登记内阁大库目录及全文著录
数字档案组	扫描、数字摄影、校对影像
规范资料组	著录人名、地名等名称
行政组	处理行政业务，制定相关规范，规划、开发、检测系统模块

2. 设备、技术和规范保障

"内阁大库档案数位化计划"的设备、技术和规范保障由"资源共享计划"及"数位典藏计划"中的"技术研发分项计划"支持，内容包括档案管理技术、数字影像技术、检索技术、其他技术、法律要求、其他相关管理规则、其他网络服务功能七个方面。其中，档案管理技术包括档案整理、档案著录、档案著录编码、规范控制、内容分析、修复维护等；数字影像技术包括影像制作方式与格式、硬件规格选择、检测标准、存储环境与载体容量等；检索技术包括索引制作、检索接口、全文检索、影像检索、逻辑运用等；其他技术包括缺字处理、数字水印、网络付费机制、权限管理等；法律要求涉及知识产权、网络行为规范等；其他相关管理规则包括明清档案工作室作业管理规范、内阁大库档案扫描及校验相关作业标准等；其他网络服务功能包括为用户提供档案在线阅览服务等。

3. 经费保障

"内阁大库档案数位化计划"的主要经费被用于档案的增值分析、数字化档案的制作（含影像与目录）以及系统的整合规划上，原有的业务经费则被用于档案的整理维护、管理及提供利用上。

（三）内阁大库档案数字化的流程

内阁大库档案的数字化工作具有一套严谨的流程，可以分为整体规划、实体整理、数字化、应用几个阶段。其中，整体规划阶段是对内阁大库档案数字化业务进行全盘计划，实体整理、数字化、应用阶段则是内阁大库档案数字化业务的三个主要阶段。内阁大库档案数字化的具体工作流程如图2-3所示。

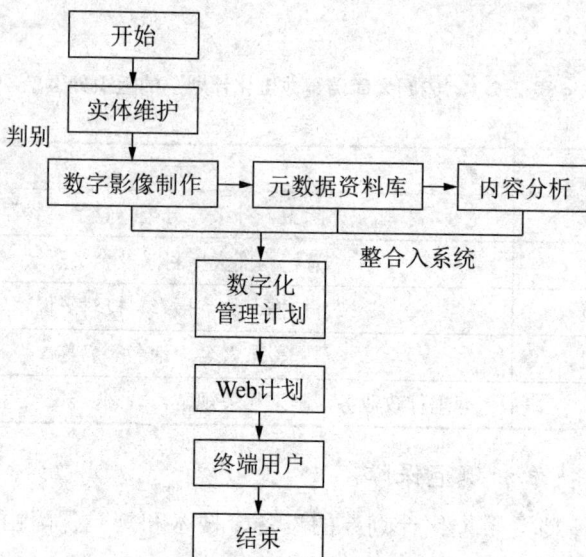

```
        开始
         ↓
       实体维护
判别       ↓
  数字影像制作 → 元数据资料库 → 内容分析
         ↓          整合入系统
       数字化
       管理计划
         ↓
       Web计划
         ↓
       终端用户
         ↓
        结束
```

图 2-3　内阁大库档案数字化的流程

1. 实体整理阶段

①原件检查：检查原件的状况，以决定后续的处理方法。

②原件扫灰：用软刷清除原件上的虫卵、霉斑及灰尘。

③修复、裱褙[①]：档案原件如果较为完整，原则上需要经过补洞、喷水润平等整理过程；如果有破损或残缺，需要进行修补、裱褙，以尽力维护档案原件的完整性。内阁大库档案多采用干裱的方式。

④原件校核登录：数字化加工结束之后，要校核档案的完整性及其排列次序，再钤印[②]典藏章，进行登记编号。

⑤入库上架：登记好原件后，需要以中性纸逐件包装，将一定数量的档案装入典藏箱中，封上典藏标签，将其保存在恒温、恒湿条件的库房中。

2. 数字化阶段

数字化阶段的工作包括影像扫描、目录编制、增值分析三个方面。需要注

---

① 裱褙是指用纸或丝织品做衬托，把字画书籍等装潢起来，或加以修补，使其美观耐久。

② 钤印是中国古代官方文件或书画、书籍上面的印章符号，其意义在于表明所属者对加盖印章之物的拥有权、使用权或认可。

意的是，这三个方面是同步进行的。

（1）影像扫描

影像扫描的方法主要有两种，一是扫描法，二是数字摄影法。前者多用于折件，后者多用于尺寸较大、卷轴型和残缺不全的档案。在具体的工作过程中，扫描这项工作可以外包给厂商完成，而数字摄影必须由档案机构自行完成。

数字影像需要进行校对和修正。这项工作的具体内容包括对影像的准确性、完整性进行校正，仔细检查是否有缺页、漏页、重复的页面，是否有缺字、少字的问题。在发现相关问题时，必须及时进行修正。

数字影像后期制作的主要工作是影像接图。这项工作可以通过两种方法实现：一是扫描法，主要作用是对系统进行自动合档；二是数字摄影法，主要作用是进行人工接图和合档。经过这两项工作之后，就要对通过影像扫描得到的珍贵的数字档案进行降阶转档和嵌入水印（保护知识产权）的工作，以供用户查阅使用。

（2）目录编制

①目录著录：根据《明清档案著录细则》，应以件为单位，编写提要目录。提要目录主要包括档案内容信息、档案载体状况信息和档案管理信息三个方面。其中，档案内容信息包括具奏人、官衔、时间等；档案载体状况信息包括档案是完整还是残缺，装潢、裱褙与否，保存是否良好等；档案管理信息包括摘要撰写人、档案的用途等。此外，要针对档案的内容撰写60字左右的摘要，还要将内阁大库档案的贴黄①全部录入。

②目录校对：完成在线著录之后，由系统打印校对报表，进行校对与修正。

（3）增值分析

①规范文件著录：规范文件著录主要包括四个步骤。第一，确定规范文件是属于人名规范文件还是地名规范文件；第二，从档案中摘录人名与地名；第三，选择考证与参考资料，按照考证的可信度排列，并查找、记录数据来源与位置；第四，进行资料的考证比对并予以著录。

②规范文件校对：规范文件校对分为自校与互校两种，由系统打印校对报表或在线校对，并进行修正。

---

① 唐代诏敕用黄纸，凡有更改，仍用黄纸贴在上面，叫作贴黄。

3. 应用阶段

（1）系统挂接

连接影像文件、目录、规范文件，执行系统功能，提供检索功能，并进行权限控制。档案数字化系统以档案著录编码的标准格式反映内阁大库档案管理全宗等四个层次的元数据项目。目前，已经可以在网络中进行目录检索，但是查看影像部分则需另外付费。

（2）开放利用

制定档案阅览规则，在系统控制下，为用户提供检索、阅览目录及阅览全文影像等服务。

（四）内阁大库档案数字化的成果

内阁大库档案数字化的成果主要表现在系统模块、规范、系统规格、数字化档案数量四个方面。2006年，一期计划结束时，已经建成了整合式档案管理自动化系统与明清档案主题分析WebGIS测试系统，编制了整合式档案管理自动化系统架构、功能需求书、元数据需求规格书等系统规格，提供了已整合好的内阁大库档案目录和影像以及名规范文件。

目前，中国台湾的"数位典藏计划"已进入二期，其中"内阁大库档案数位化计划"的二期计划为"明清档案数位知识网络"。该计划旨在已有数字化成果的基础上继续深入，征集明清档案数字内容，开展数据库系统与网络平台规划，整合明清学术研究资源。

第三章 信息时代人事档案管理工作

第一节 人事档案概述

人事档案是在组织进行人事管理的活动中形成的，是以个人为单位，以文字或音频、视频等形式存在的档案。人事档案经过了组织的审查和认可，反映了个人的经历和相关政绩。简单来说，人事档案是指能反映个人的能力和品德的档案。

人事档案具备一般档案所具有的特征，即原始性和服务性这两种特征，而且是不可替代的。组织成员的个人经历、政治思想、品德作风、业务能力、工作表现、工作实绩、廉政勤政等方面的内容都被完整、真实地记录在人事档案中，从而为人才选拔和工作考察提供相应的依据和凭证。

一、人事档案的历史变迁

人事管理活动是最早的人事档案，这一活动的产生受到管理选拔制度的影响，是用来对文武百官进行选拔、任用、考核、控制的重要工具，能够在人才选拔制度完善、发展的同时不断进步。

（一）古代时期

殷商官制中的相关记载以及商王对官员所发布的册命、诰命、赏赐等可以说是人事档案的鼻祖，类似的人事档案还有西周的"荐书"、春秋战国时期的

"计书"等。

在古代的人才选拔过程中，逐渐形成了"令甲""功令状""铁券"等不同种类和内容的人事档案。在汉高祖刘邦起义时，就已经出现了官兵和将领的个人册籍，其作用是对他们的功绩进行记录，作为后续论功行赏的重要凭证。此外，个人档案的建立有利于调动官兵的积极性，这一方式在两汉的建立中发挥了至关重要的作用。刘邦继位后，他在用人方面非常注重经历和德才两方面，要求将备选的"贤士大夫"的"行"（品行）、"义"（仪表）、"年"（年龄）等方面记录在其个人档案中。

在魏晋南北朝时期，九品中正制是当时官吏选配的主要制度，而考试、试用、考察等汉代选官制度的传统方式被完全抛弃了。同时，谱牒也渐渐代替了人事档案的多方面职能和相应的作用地位，导致人事档案在这一阶段的发展受到了一定的阻碍。

在选官用人这方面，唐朝在隋朝的科举制度的基础上实现了发展，形成了一种全新的方法，要求将名籍、履历、考绩、授官、政绩等入仕官员的详细情况进行相应的归档。归档形成的档案被称为"甲历"，也可称为"官甲"或"甲敕"。在对甲历的保存上，唐朝设置了相应的甲库，还建立了分库保管的管理制度，并提出了甲历副本这一概念。在我国的古代人事档案库中，甲历是最早出现的具有专业性的人事档案。甲历中"常加检点收拾"、违者"条例处分"等规则对于现在的人事档案管理而言依旧具有重大意义。

在宋朝，人才簿这一人事档案是进行人才选拔的重要工具，其内容主要包括四方面。一是家状材料。"家状"是科举或保举所要提交的材料，其作用相当于现在的简历，具有相应的格式。二是保举材料。被高级官吏推荐做官的人都要有一定的文字材料作为相应的证据，即"举状"。三是引见材料。这是在皇帝进行面试时给皇帝看的材料。四是磨勘材料。这一材料也被称为"考核材料"，主要用于审官院、考课院等部门对官员进行考核。

考功历制度建立于有考核官员需求的元朝。具体而言，这一制度是给每位官吏建立一卷印纸历子，当官吏发生调动时在其中标注相应的任职时间和表现情况，然后由吏部对官吏进行判定，从而决定任命情况。现在的履历表和干部档案与考功历有着相似的作用。

贴黄是明朝时期出现的人事文书，是官员的履历表，有吏部贴黄和兵部贴黄两种类型。贴黄中标注着对官员进行考核、任用、封赠的重要依据和凭证。随着官员职位的改变，贴黄也会发生相应的变化。

履历材料、考课材料、投供材料、给凭材料、奖励材料（称作"功牌"）、退休材料等是清朝官员的人事档案材料。在清朝末期，人事档案材料归档中已经出现了照片。宣统三年（1911年）谕旨规定，凡内阁派遣官员，应一律废除以前所采用的填写履历、核对笔迹的办法，改用查对照片的方法。这使得人事档案的内容和制作材料发生了一定的变化。

（二）近代时期

在中国共产党成立初期，各区执委会应党组织的要求开始对党员、团员的情况进行相应的登记和统计，以保证入党、入团人员具有相应的政治忠诚和道德纯洁性，同时对党员和团员起到一定的保护作用。1940年8月发布的《中共中央关于审查干部问题的指示》指明：干部的政治品质是否纯洁，干部的工作分配是否恰当，对于保障党的路线之执行，具有决定意义。虽然中共中央在那个阶段就已经意识到了人事档案的重要作用，但是由于当时严峻的革命战争形势，导致未能及时建立更正规的人事档案制度。如此一来，那些最初就已经存在的小部分党员、团员和干部的基本情况簿册，也因为多种不稳定的因素受到了不同程度的损毁，导致部分内容丢失。

在抗日战争时期，根据地一直在进行不断的发展与完善，使得人事管理工作得以正式开展，人事档案也才开始不断出现。各中央局、省委、县委和各部队政治部、组织部应中央的要求，开展了"设立健全而有能力之干部科"这一工作，其主要任务是对表格、履历、证明书等针对各个干部的人事文件材料进行整理和录入。之后，各地方、各部队又应中共中央组织部的要求，将那些本来就属于中央管理的干部档案材料"陆续送交中央组织部汇存"。从此以后，干部档案在中央和地方都得到了建立，还形成了根据干部权限向上级进行干部档案报送的制度。但是，当时的人事档案没有统一的大小和样式，主要记录的是登记者本身的基本信息和其对于党、团、政治形势的看法与见解。相应资料记载，当时的档案整理方式是按人记载，然后再把档案材料分成多种类型，包括表格、考核、反省、自传、鉴定、信件等，对每一类档案材料根据时间的先后顺序进行排序，再用鞋带或者是细绳等工具对档案材料进行装订，最后放到档案袋中。一般是一人一袋，材料多者，一人数袋，在档案袋上写上姓名、编号。袋内有目录，登记每份文件名称与内容。档案袋依干部的姓氏笔画排列，放置在木箱内。如果发生档案的转移，一般都是人走到哪里，档案便跟到哪里，也就是"档随人走"。如果人事档案材料没有携带至新的单位，则无法分配到新的工作。

中华人民共和国成立之初，人事档案工作的开展相对缓慢，同时出现了不少问题，多在于人事档案的内容有所残缺，记录的内容不够全面等。根据相应的记载，1952年5月，某家单位的档案室中所保存的干部档案对于本单位干部的覆盖程度只有36.9%，而且在那些已有的干部档案中，档案的内容也是不全面的。于是，政府相关部门针对这一情况提出了要把整理和充实档案这一工作放在重要位置的提议，还要根据名单有计划地收集干部档案。在这一阶段，对于人事档案材料的收集范围开始扩大，除了已有的基本的信息、背景、出身等方面之外，还有发明创造、学术著作、理论学习笔记、毕业证书等更多方面的内容，这些都是要进行存档的重要材料。此外，对于转递人事档案材料这一方面也制定了新的规定。比如说，干部调动时不需要携带档案，必须自带档案的情况下，可以对档案材料信进行转递，但要提前将档案进行密封，并且在相应的介绍信中注明干部档案材料已经携带，对于后续的核对工作能相应的减轻负担。

在1956年8月召开第一次全国干部档案座谈会时，就制定了我国第一部全国性的干部档案工作的法规——《干部档案管理工作暂行规定》（简称《暂行规定》）。《暂行规定》的诞生标志着我国人事档案工作开始走上正轨，同时也越来越正规。相比于以前的人事档案制度，《暂行规定》更细致。例如，《暂行规定》在人事档案材料的转递方面规定：干部工作变动时，档案正本一律不可本人自带，须由机要交通转递；干部成批调动时，可以指派专人携带；对于档案材料的副本，可以由机要交通转递，也可以装封加盖密封章由本人自带；转递干部材料时，须办理严格的手续，发出档案的机关要填写"干部档案转递单"，收到档案的机关要清点查收，并将回执盖章后退回发出档案的机关。正是第一次全国干部档案座谈会的召开，才使得1956—1966年的干部档案工作方面取得了巨大的进步。甚至在这十年的时间中，还根据干部档案的建立方法建立了学生和工人的档案。但是，后来受政治因素影响，这些成果不复存在。在文献中有相应的记载，由于档案馆受到了一定的冲击，导致大量的人事档案损毁和丢失，还有很多工作人员被调离本职。

在1980年2月第二次全国干部档案工作座谈会召开时，人事档案又一次进行了更新和升级。此次会议讨论并制定了《中共中央组织部关于加强干部档案工作的意见》《干部档案工作条例》《干部档案整理办法》等相关文件，并对此后的工作进行规划：收集剩余材料，并对新材料进行补充，对于材料出现的老、乱、散、缺的情况进行改正；进行一次普遍性的干部档案的整理；对于一些必需的规章制度进行恢复、建立和健全，保证在进行干部的档案工作的开展中有章可循、有法可依。在这一过程中，人事档案建设的亮点不断出现，同时学历和专业培训材料，任免、工资待遇材料，出国工作、考察、学习材料等内容都写入了人事档案。

在1990年12月召开了第三次全国干部档案工作座谈会。在这场会议召开后15年中，各级人事部门对于《干部档案工作条例》都进行了严格的落实，对相关的规章制度进行了健全与完善，对于干部人事档案的目标管理工作也进行了相应的开展，提高了人事档案的管理水平，使得干部档案的工作手段与方法有相应的改善，进一步夯实了干部人事档案工作基础。

在2005年11月召开的第四次全国干部档案工作座谈会中，提出了要以领导干部档案和公务员档案为重点，大力推进干部档案工作的创新，加强干部档案工作的制度化、规范化和信息化建设，充分发挥干部档案在公道正派的选人用人上的重要作用。我国传统人事档案制度存在重"政治"轻"能力"、重"历史"轻"现实"、重"身份"轻"契约"、重"凭证"轻"信用"、重"控制"轻"服务"的问题。在对这些问题的解决上，就需要向发达国家学习相关经验，重视人事档案的社会服务功能；加强信用档案的建设，个人信用情况等重要问题的记录要相应加入人事档案之中，这些做法对于在经济社会的发展中展现人事档案的重要作用有着一定的意义。这些年来，计算机、扫描仪、数码相机等设备的广泛使用使得人事档案有着向数字化管理而发展的趋势，利用这些设备对不同介质的档案进行数字信息的转化，就形成了计算机可以进行识别的数字图像或是文本，从而实现了人事档案的数字化管理。

中华人民共和国成立至今的人事档案是根据人事管理活动中的需求而形成的新的国家档案体系，对于个人经历和德才表现进行了单独的组合，为之后的考察文件做好了材料方面的准备。干部的德、能、勤、绩、廉等多方面情况都被记录在人事档案中，对于后续的用人和选人来说具有重要的参考意义。完整、准确、安全的人事文档对于准确而全面的干部考察而言是极为重要的。

二、人事档案管理原则

（一）人事档案管理的基本原则

首先，对于干部档案，要实行在干部人事管理范围内的集中管控、分级负责。这既是人事档案管理工作的重要组织原则，又是党管干部原则在人事档案管理工作中的具体呈现。

其次，要保证人事档案是完整与安全的。要想保证人事档案的完整性，就要保证在建立档案时要覆盖到所有干部，并且在日常要对新的信息进行及时的补充与修改，让档案一直处于最新的状态。要想保护好人事档案的安全，就要严格执行防火、防盗、防光、防潮、防蛀、防高温"六防"工作，采取有效的措施，尽量避免档案受到人为或是自然因素的破坏。此外，相应的保密制度也是极其重要的，要将不丢失、不损毁、不扩散、不泄密作为人事档案管理工作推进的重点，以确保人事档案的完整性与安全性。

最后，人事档案管理工作的宗旨是为人事工作而服务，这也决定了人事档案管理工作的内容与过程同人事工作息息相关。人事档案管理工作是否合格的评判标准就是要看它能不能为人事工作提供便利。

（二）人事档案管理各个环节的基本原则

人事档案管理的各个环节如图3-1所示。

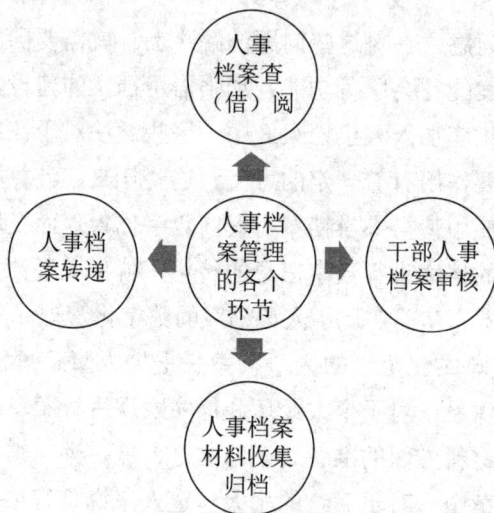

图 3-1　人事档案管理的各个环节

1.人事档案查（借）阅的基本原则

（1）严格管理

要建立借阅人事档案的相关制度，对可以查看、借阅人事档案的单位范围进行划分，对其借阅的事由进行相应的规定，对借阅人员的身份和级别进行一定的限制。

（2）安全保密

一是要严格保密与党和国家相关的重要信息；二是严格保密组织内部的相关信息；三是要严格保密组织成员的私人信息。

（3）规范程序

对于查档人员报批手续的履行、查阅哪些档案内容等问题，需要查档单位的领导进行相应的把关，根据实际需要进行签批和盖章；管档单位要对查档的需求进行审查，确定其符合规定并且有完整的手续。

（4）方便利用

对于人事档案的使用，应该根据不同的情况与需求进行灵活的安排。

2.人事档案转递的基本原则

（1）合格

在转出人事档案时，要对信息进行准确把握，要收集齐全材料，确保手续办理完备，规范人事档案整理，还要对档案的转出进行严格把控和审核，对不符合规定的档案进行相应的整改。内容齐全是人事档案的基本要求，因此扣留人事档案的做法和分批转出人事档案的做法是不可取的。对于已接收到的档案，接收单位要进行严格的审核和评分，其中不符合要求的，要及时进行反馈并退回。在完成复查工作之后方可放入库内。

（2）及时

在发生工作调动或者职务转变的两个月内，人事档案的转出单位要完成对档案的整理和转出的任务；接收单位要在接收到档案的半个月之内完成对档案的审核，并将审核中发现的问题反馈给档案转出单位。然后，档案转出单位应在一个月内完成对反馈问题的整改。

（3）安全

人事档案要密封包装，在进行转递时不可以通过邮寄的方式和本人自带的方式，而是要通过机要交通进行转递或者由专人进行递送。如果发现接收到的人事档案有损坏或是拆封的情况，要向档案转出单位提出异议。

（4）规范

档案接收单位要严格审批、登记转递过来的干部人事档案。

3.人事档案材料收集归档的基本原则

（1）完整

要收集好对于干部本人的德、能、勤、绩、廉等多方面材料；要保证每一份档案材料都是完整的，同时要保证系列材料是成套的，其中的单份材料是不缺页也无损坏的；要适当地收集归档材料，在收集的资料上，要对正、副本都进行收集，并且要收集两份，没有副本要求的可以只收集一份。

（2）真实

档案材料中的材料内容必须符合客观实际，并且保证档案材料是真实的。同时，档案材料应由法定作者进行编写。归档材料中的姓名、年龄、民族、籍贯等信息应与档案记载相符合，而已经确认虚假的信息和未被确认的信息要进行相应的清出。

（3）及时

对于要归档的材料要进行及时的收集，同时要进行相应的随办、随收、随审、随归。

（4）规范

立卷对象是归档材料的归属；材料一定要在《干部人事档案材料收集归档规定》的范围之内；正式材料一定要办理完毕；对于归档材料所办理的手续一定是完备的；档案的载体和材料一定要符合相应的档案保护要求；一般情况下不能用复制件作为归档材料。

4. 干部人事档案审核的基本原则

（1）对于干部人事工作的需要要服从

对于干部的基本面貌、能力素质、成长经历、职务变动等方面的德、能、勤、绩、廉等角度的材料要进行相应的反映，齐全、完整、真实、规范的材料是对干部进行考察、识别、选用的重要依据与凭证。

（2）对档案内容进行审核时要谨慎重视

档案内容的建设是审核工作的重点，对于档案中所缺少的材料要进行及时的完善与补充。同时，为了档案的真实性要对档案材料的审核、鉴别等环节加强监管。

（3）要将要求与实际情况进行紧密联系

要将标准进行严格的制定与掌握，对于问题要从实际情况出发进行具体分析。

三、人事档案管理职能部门及工作人员的主要职责

人事档案管理的职能部门是各个单位的组织部门和人事部门，其肩负的职

责如下。

①对于中共中央组织部、上级单位的人事档案管理法规和规章制度进行贯彻落实。

②制定本单位人事档案管理规章制度并监督执行。

③对于各单位的人事档案管理工作要进行相应的指导、监督、检查。

④对于本单位干部、员工人事档案要根据认识管理权限进行严格的管理。

⑤对于人事档案现代化管理技术进行相应的推广和应用。

⑥指导形成、积累和归档本单位相关部门人事档案材料的过程。

在人事档案建设和管理工作中，人事档案管理工作人员有着重要的责任和地位，这就要求他们具有良好的政治和业务素质。他们的主要职责如下：

①要严格遵守《中华人民共和国档案法》《干部档案工作条例》和相关规章制度，同时做好与人事档案相关的安全、保密、保护工作。

②保管人事档案，为人事工作提供优质服务。

③收集、鉴别和整理人事档案材料。

④办理人事档案的查阅、借阅和转递。

⑤按相关规定为有关部门提供干部、员工的档案信息。

⑥对于人事档案工作的情况进行调查，要根据需要制定相应的规章制度，要管理和指导人事档案的相关工作。

⑦积极创造条件，逐步实现人事档案现代化管理。

⑧办理其他有关事项。

四、人事档案内容

根据《干部人事档案材料收集归档规定》，人事档案主要有25类材料。

①履历材料：履历表和属于履历性质的登记表等材料。

②自传材料：自传和属于自传性质的材料。

③报告个人有关事项的材料：领导干部个人有关事项发生变化的报告表等材料。

④考察、考核、鉴定材料：考察材料；在重大政治事件、突发事件和重大任务中的表现材料；定期考核材料；年度考核登记表等考核材料；工作调动、转业等鉴定材料；后备干部登记表（提拔使用后归档）等材料。

⑤审计材料：经济责任审计结果报告。

⑥学历学位材料：高中、中专毕业生登记表；普通高等教育、成人高等

教育、自学考试、党校、军队院校报考登记表，入学考试各科成绩表，研究生推免生登记表，专家推荐表；学生（学员、学籍）登记表，学习成绩表、毕业生登记表，授予学位的材料，毕业证书、学位证书复印件，党校学历证明；等等。

⑦培训材料：为期两个月以上的学员培训（学习、进修）登记表、考核登记表、结业登记（鉴定）表等材料。

⑧职业（任职）资格材料：职业资格考试合格人员登记表或职业（任职）资格证书复印件；教师资格认定申请表等材料。

⑨评（聘）专业技术职称（职务）材料：专业技术职务任职资格评审表，申（呈）报表，聘任专业技术职务审批表等材料。

⑩反映科研学术水平的材料：科研工作及个人表现评定材料，业务考绩材料；创造发明、科研成果鉴定材料，著作、译著和有重大影响的论文目录；等等。

⑪政审材料：上级批复、审查（复查、甄别）结论、调查报告及主要依据与证明材料；本人对结论的意见、检查、交代或情况说明材料；撤销原审查结论的材料；各类政审表。

⑫更改（认定）姓名、民族、籍贯、国籍、入党入团时间、参加工作时间等材料：个人申请、组织审查报告及主要依据与证明材料、上级批复；计算连续工龄审批材料等。

⑬党、团组织建设工作中形成的材料：中国共产党入党志愿书、入党申请书、转正申请书等材料；中国共产主义青年团入团志愿书；加入或退出民主党派的材料；等等。

⑭表彰奖励材料：县处级以上党政机关、人民团体等予以表彰、嘉奖、记功和授予荣誉称号的审批（呈报）表、先进人物登记（推荐、审批）表、先进事迹材料；撤销奖励的有关材料等。

⑮涉纪涉法材料：处分决定，免予处分的意见，上级批复，核实（调查、复查）报告及主要依据与证明材料，本人对处分决定的意见、检查、交代及情况说明材料；解除（变更、撤销）处分的材料；等等。

⑯招录、聘用材料：录（聘）用审批（备案）表；选调生登记表及审批材料，选聘到村任职高校毕业生登记表；应征入伍登记表，招工审批表；取消录用、解聘材料。

⑰任免、调动、授衔、军人转业（复员）安置、退（离）休材料：干部任

免审批表及相应考察材料；干部试用期满审批表；公务员登记表，参照公务员管理机关（单位）工作人员登记表；公务员调任审批（备案）表，干部调动审批材料；等等。

⑱辞职、辞退、罢免材料：自愿辞职、引咎辞职的个人申请、同意辞职决定等材料；辞退公务员审批表、辞退决定材料；罢免材料。

⑲工资、待遇材料：新增人员工资审批表、转正定级审批表，工资变动（套改）表、提职晋级和奖励工资审批表或工资变动登记表，工资停发（恢复）通知单；等等。

⑳出国（境）材料：因公出国（境）审批表，在国（境）外表现情况或鉴定等材料；外国永久居留证、港澳居民身份证等的复印件。

㉑党代会，人代会，政协会议，人民团体和群众团体代表会议，民主党派代表会议形成的材料：委员当选通知或证明材料，委员简历；代表登记表等。

㉒健康检查和处理工伤事故材料：录用体检表，反映严重慢性病、身体残疾的体检表；工伤致残诊断书，确定致残等级的材料。

㉓治丧材料：生平，非正常死亡调查报告等材料。

㉔干部人事档案报送、审核工作材料：干部人事档案报送单；干部人事档案有关情况说明等材料。

㉕其他材料：毕业生就业报到证（派遣证），人事争议仲裁裁决书（调解书）等材料。

第二节　人事档案数字化建设的重要意义

一、人事档案信息化背景

在中共中央组织部发布的《2006—2010年全国组织系统信息化工作规划》中指出，要加快建好干部数字档案信息库、文书数字档案信息库，实现组织工作文件、信息的网上发布、查询利用和档案的信息化管理。2012年发布的《关于做好文件改版涉及干部人事档案有关工作的通知》对人事档案改版工作做出了规定。2012年以来，中共中央组织部，部分省、区、市党委组织部门，以及国核工程有限公司、中国石油化工集团公司等央企，相继开展了人事档案数字化工作。

近些年来，《全国档案信息化建设实施纲要》和《全国档案事业发展"十三五"规划》等文件多次强调要在国家档案信息化建设的总格局中加入档案数字化。但是，因为档案管理是有一定的复杂程度和保密问题的，同时纸质档案是人事档案的主要方式，导致出现了数字化手段单一、缺乏信息平台、利用效率较低等多方面问题。为此，在开展人事档案数字化的过程中，要保证档案管理平台的统一，对管理流程进行规范化，让查询工作更方便，为干部人事管理工作提供其需要的信息资料。

二、人事档案数字化的必要性

（一）有利于减轻档案管理工作人员的工作量

随着时代的发展，企业的内部与外部环境都有着巨大的变化，使得人员有较大的流动性，从而使档案的调转速度加快、档案的内容增多，这对传统的人事档案管理模式有一定的冲击力。纸质载体是一直以来的档案存储方式，由于经常要通过手工的方法对档案进行收集、整理和利用，使得档案管理工作人员不仅有着较大的工作量，工作效率也不高。[①]如果将人事档案数字化，则可以有效减轻档案管理工作人员的工作量。

（二）有利于人事档案管理效率的提高

在人事档案管理工作中应用数字化技术就是在计算机系统中相应地录入个人档案的信息数据，从而实现对档案反复多次地查阅；同时利用计算机管理系统的功能，对信息的分类、提取和加工进行自动化操作，不仅可以提高工作效率，还可以使保存和查询工作更加便捷，可以降低档案管理成本，提高档案本身的利用率。

（三）可以实现流程合理、闭环管理、在线控制、动态监管

随着时代的发展，信息化对于现代社会来说尤为重要，这使得人事档案管理向着人事档案数字化管理发展着，从现在的针对档案管理进行的改革中可以发现，档案管理改革的大方向已经转向数字化的发展。在对现在的人事档案管理工作的开展中，利用好计算机技术和网络技术这些现代科技新成果和管理新手段，可以更好地编辑、管理、存储和检索人事档案各类信息，进一步为档案

---

① 谢利芳. 加强干部人事档案工作的有效策略［J］. 办公室业务，2020（6）：159.

信息资源共享工作增加前进动力。

三、人事档案数字化管理的途径分析

（一）提高人事档案管理的信息化意识

由于人们不断增加的需求，档案管理工作人员要利用好信息技术，同时提高自身的信息化意识，从而保证档案数字化建设的稳步前进。特别是对于一些还有手工管理方式存在的人事档案管理工作，要加快档案数字化转型工作，增强信息共享的能力。对于目前的人事档案数字化建设，作为人事档案的基础和建设的重点，电子档案为了使人事管理工作更加便捷，就需要加快档案数字化建设，需要提升人事档案管理的科学性和先进性，进而提高人事档案管理工作质量。此外，在人事档案管理工作的推进中，如果能应用好信息技术，就可以提高查阅档案的效率，丰富档案内容，同时实现无纸化阅读人事档案。

（二）加快人事档案全文数据库建设

在进行信息的查询、检索、统计及名册和表格的快速生成等工作时，人事档案信息数据库有着重要作用。但是，人事档案信息数据库无法提供考察和提拔干部过程中必要的且对政历、组织鉴定等多方面进行考核的内容。要想建好人事档案全文数据库，就要对人事档案的利用效率进行相应的提高。人事档案全文数据库的建设对于人事档案的信息资源的深化与开发有着重要作用，同时也能提升相应的档案利用率，并且尽可能地满足使用者的需要，对实体档案有一定的保护作用。有了人事档案全文数据库，只需要一个屏幕，用户就可以对其所需要的信息和资料进行查阅与打印。要想将单位内部的各部门之间、各单位之间和上级主管部门，进行全面的全国范围内的人事档案信息资源共享，就要相应地改进技术，从而完善人事档案信息服务网络的功能。

（三）加强人事档案动态化管理

由于现在人员流动性较大，这就需要提高人事档案管理工作衔接能力，保证人员的流转顺利。这对于动态化管理人事档案有着重要意义，同时也能建立更完善的数字化人事档案，加快人事档案动态化管理的现代化，增加人事档案本身的使用价值。

（四）完善人事档案网络化管理体系

对于现阶段所开展的人事档案管理工作而言，人事档案网络化管理体系的完善是尤为重要的，局域网可以将各单位的人事档案连接起来，从而实现人事档案网络化管理。对于人事档案管理效率的提升以及人事档案现代化管理的实现，人事档案网络化管理体系的构建有着重要的作用和意义。因此，应对人事管理信息中心要进行相应的设置，这样才能保证现代化人事档案管理，才能为后续的数字化管理人事档案的工作开展奠定良好基础。

第三节　人事档案数字化项目管理要点

一、人事档案管理信息系统平台管理要求

第一，B/S模式可以把客户端解放出来，把众多事务交给服务器工作，不仅使网络不会混乱、权责明确，而且使客户端只用浏览器就能使用到所有功能。鉴于B/S模式具有多种优势，且非常适用于门户网站，系统应采用B/S模式。人事档案工作业务流程是系统运行的基础，同时也能保证系统自动地对业务与信息进行处理。

第二，对资源分类。人事档案案卷、卷内文件的目录信息和电子全文信息属于人事档案信息资源。数据库管理系统及服务器、存储器等软硬件资源属于系统设备资源。

第三，设置用户的权限。不同的用户在使用系统时应具有不同的功能权限和数据访问上的权限（根据岗位设定）。对于功能权限的要求就是要将其机制划分到组建级别；对于数据权限的要求就是要将其划分到目录（行与列的权限）和全文（修改、浏览、下载、打印等）。

第四，在保证系统能不间断运行的同时，也要做好系统和数据的备份工作。物理归档是档案数据的要求，这就需要将其与其他数据保持适当的存储隔离，实行"双套制"的运行方式，同时要保证系统实现对纸质档案与电子文件的同步归档以及一体化管理。

第五，对于工作中所产生的工作过程信息，系统能保证管理功能的实施。系统能对每一个工作流程和与这一工作流程进行衔接的先后工作的工作信息进行相应的记录并加以严格管理；保证实现监控任务的工作流程、查询数据的处理节点与进度并保证能追溯完成任务后出现的责任问题；增加（导入）数据、

修改、删除、查询、打印、统计、导出文件等基本功能模块；对于系统的功能模型进行灵活的部署。

第六，对于用户管理、单位信息管理、数据字典管理、系统日志管理、数据备份、数据同步、系统帮助等重要的功能模块，要保证其维护工作的方便性和及时性。人事档案管理单位的信息中心要能对系统数据库信息和电子文件信息进行集中的备份和管理。

二、人事档案数字化项目管理要求

（一）项目实施机构

人事档案管理单位可以对人事档案信息化进行自行开展，也可以委托档案服务机构（项目实施机构）承担人事档案信息化的工作。在此过程中，对于项目实施机构有以下几个要求。

①登记注册在中华人民共和国境内的企业或事业法人，并且要保证其无境外（含港澳台）组织、机构、人员投资；具备工商管理部门核发的有效营业执照，其业务范围中具有数字化加工或者档案扫描项目。

②所要参加档案数字化工作的相关人员都应该是无犯罪记录的中华人民共和国境内公民，已经与所在档案服务机构签订好劳动合同，并已经通过了县级及以上档案、保密行政管理部门组织的培训。

③所具有的设备和技术是和档案数字化工作相匹配的；有健全的安全保密管理制度，对于档案数字化加工组织管理方案、档案和信息安全保密风险防范预案等进行了相应的完善；安全保密工作有专人进行负责。

④在近三年中没有发生过档案安全事故、泄密事件，无非法获取或非法持有档案及档案复制件、国家秘密载体等行为。

（二）项目实施人员

1. 资质要求

①对于项目实施人员的要求是，具备过硬的政治素质和较高的思想素质的中华人民共和国境内公民，对于工作有着严谨的规范行为，对于人事工作业务知识和相关的计算机操作有所了解，文字书写工整，与在库档案人员无亲属关系。

②项目实施机构要对项目的实施人员进行岗前培训，保证其能熟练掌握人事档案管理工作相关的法律法规、规范条例等，了解人事档案管理信息系统的

基础架构，以及人事档案数字化创建的具体实施标准。

③对于项目实施机构、人员，档案管理单位要相应地安排上岗考试，笔试与上机是考试的两部分内容，在达到及格线90分后才能开展后续工作。

2.人员配备及职责要求

项目实施机构应配有一个项目经理，图像采集、高清处理、裱糊装订三个方面的业务组长及组员若干，人员配备及职责要求见表3-1。

表 3-1　项目实施机构职责要求

序号	岗位	工作职责及要求
1	项目经理	负责项目的整体沟通协调工作，带领项目组完成项目任务
2	业务组长	负责实施现场的沟通协调工作，带领组员完成项目任务
3	组员	根据项目经理、组长安排开展具体项目实施工作

3.管理方式

①对于人事档案管理单位中所规定的多项规章制度，项目实施人员应严格遵守，并且要相应地签订保密承诺书。

②根据人事档案项目中管控组所提的要求，项目实施人员相应地开展项目实施工作。

③项目实施机构对项目实施人员进行统一管理，人事档案管理单位定期向项目实施机构反馈日常考勤和考核的结果，根据人事档案管理单位提供的相关记录由项目实施机构对相关人员进行奖励或是惩罚。

④项目实施机构对于人事档案管理单位所提出的对项目实施人员进行更换的要求要进行及时的回应和处理。

⑤没有经过人事档案管理单位的允许，项目实施机构不能更换项目实施人员。如果有更换的需要，必须提前30个工作日提出申请，还要在人事档案管理单位已经同意并且保证在工作交接的至少10个工作日后，由人事档案管理单位进行确认，才能更换人员。

⑥人事档案管理单位要着手建立项目实施周会制度。该制度规定，根据档案管理单位所提的要求，项目实施机构及项目经理要对工作总结、项目进展和状态报告等进行相应的安排，还要在保证参加周会的同时做好相应的会议记录。

⑦现场工作人员要求统一着装，保持良好精神风貌。

（三）人事档案数字化管理流程

①档案数字化组织实施部门、单位和档案服务机构应明确责任，规范管理档案。在入库与出库时，要对档案进行清点，同时做好交接手续的登记和办理工作。

②对于档案数字化处理单要进行按卷（批）建立，同步流转数字化加工流程和档案实体，并且在交接环节要进行清点和签字。

③对于档案原件中出现的错、缺、污、损等情况，要与档案管理单位的工作人员进行及时的沟通，经过共同审核后，登记并签字确认。

④应该有专人对档案的专用档案装具进行保管，同时要保证使用完毕后要将其归还入库，不能随地堆放。

⑤无论是档案服务机构还是工作人员都不能私自复制、留存、转让、转借或出售这些档案汇总的数据，也不能对这些档案信息进行泄露。

⑥对于档案数字化操作规范，档案数字化工作人员应该严格遵守，从而防止档案出现损毁情况。

⑦档案数字化组织实施部门、单位和档案服务机构中应有专人对档案数字化数据进行保管，同时要保证所采取措施的安全可靠性。交接工作要办理相应的手续，验收检查是在进行档案数字化之前必做的工作，也就是要保证其与档案原件是一致的，同时其质量也符合相关的要求，文件是可读、有效并且无病毒的。在进行移交之后要第一时间将其进行登记入库，不可进行私自保管。

⑧对于档案数据的管理，档案数字化组织实施部门、单位应该科学地进行，要保证档案数据完整、安全，并且能长期使用。

（四）人事档案数字化安全管理的注意事项

首先，秘密级网络是在进行数字化人事档案数据的传输中应该使用的。数字化人事档案服务器应符合以下要求。

①专网机房或安装有防盗门窗的专用机房是服务器适合放置的机房，同时要保证其与互联网进行物理隔离。

②在设置开机密码时，数字化人事档案服务器的密码应是相对复杂的至少包含8个字符的。而且，密码每个月都应进行更换。

③数字化人事档案服务器中必须安装杀毒软件，同时要根据杀毒软件的情况进行升级，以保证每天都要进行的检测和清除病毒的工作能顺利进行。在提供服务时，对于文件夹中保存了数字化干部人事档案数据的，不能将其设为共享。

④对于数字化人事档案阅档室中设置的查询用计算机，只保留其中的查询功能，不能设置输出接口，如USB、软驱等。

其次，对于数字化人事档案日常管理及信息采集系统所设置的口令，档案管理员不能告诉其他人，也不能共享进行使用，在完成了档案信息采集的工作后，要在第一时间删除信息采集所用计算机上的档案图片。

再次，在使用移动存储介质存储数字化人事档案数据时，应遵循以下几方面规则。

①对于硬盘、光盘、存储卡等记录了数字化人事档案数据的移动存储介质，必须进行相应的登记，要有专人对其按照涉密介质的有关规定进行保管。而且，在计算机进行与互联网进行连接时，这些移动存储介质是不能使用的，同时也不能将其借出。

②在需要将存有档案信息的移动存储介质送去维修或是进行数据恢复时，先要在保密主管部门进行备案，再送到具有保密资质的指定单位进行相应处理。

③如果需要销毁存有档案信息的存储介质，必须先进行登记造册，并且要在相关的领导批准后才可以进行后续的工作。

最后，建立数字化人事档案安全保密责任制。各管档单位分管领导为第一责任人，档案管理员为直接责任人。

（五）人事档案数字化设备管理

①对于档案数字化的信息设备及存储介质，应由档案数字化组织实施部门、单位对其进行相应的登记与检查。在管理时，还要严格遵守相关保密标准和安全规范。

②对于信息设备和信息系统，在进行档案数字化的工作后，要将其进行隔离，尤其是其他网络；在相应的设备上不能安装有无线互联功能的硬件模块和外围设备，如无线网卡、无线键盘、无线鼠标等；不能使用笔记本电脑、平板电脑等便携设备。

③档案数字化设备封闭输入、输出接口的工作是档案数字化组织实施部门、单位应重点负责和监督的。如果需要开启或是使用该设备，需要先进行登记与批准，操作全程由相关单位安全保密管理人员进行监督。

④禁止其他功能和用途的设备和存储介质与用于档案数字化的设备和存储介质交叉使用；不能将其他专用的设备带到该场所中；要先将设备和存储介质进行保密处理，之后才能将其转移出当前场所。在此之前，要经过相关单位安

全保密管理人员的同意和审批后才能进行后续工作。

⑤在用于档案数字化的设备和存储介质出现故障时，不能擅作主张将其私自送外维修；在维修时，现场应有专门的工作人员进行监督。为了保证数据的安全性，不确定可靠性的设备和存储介质不能送外进行维修，如打印机、硬盘、移动硬盘、U盘等。

⑥若该设备或是存储介质是用于档案数字化的，在没有经过符合国家保密标准进行信息清除之前，不能私自将其挪用做其他工作。对于已经报废的设备和存储介质，要严格按照保密规定进行相应的处理。

⑦应有专人对数据拷贝设备进行保管，如移动存储介质和刻录机等。对于数据拷贝设备，在每次使用前要先进行批准和登记，使用过程要在保管人员的监督下，在使用后要第一时间归还。

⑧在结束了档案服务机构相应的工作后，对于那些自带的无法确保数据可靠清除的特殊设备，如硬盘、移动存储介质，要主动交给相关单位进行保管或是进行销毁，不能擅自将其带走。

（六）人事档案数字化备份管理

①准确和及时对数字化人事档案数据进行备份是非常重要的。在进行备份时，要严格按照以下时间安排，同时要在服务器硬盘、移动存储介质中分别进行2~3个备份。在当天的工作已经结束后，对于当天新产生的数据要进行检查，同时备份在服务器的硬盘上。在服务器硬盘和移动存储介质上，每周要进行一次备份，每个月还要再进行一次总备份。总之，数据每增加10 G，就要对增加的数据在光盘上进行相应的备份。

②解密的工作在备份之前，这一环节能保证计算机可以正常的识别和运行备份的数据，从而保证输出的准确性。

③应有专人对移动存储介质上的数字化人事档案数据信息进行严格保管。在相应的移动存储介质上应张贴注明存储介质的序号、密级、保管期限、存入日期等信息的标签。

④对于存有数字化人事档案数据的光盘，其裸露处不能进行擦洗、划刻、触摸，也不能对光盘进行弯曲、挤压、摔打，在保存过程中还要减少光盘沾染灰尘和污垢的概率，防止阳光直射。14℃~24℃是移动存储介质存放的适宜环境温度，45%~60%是其适宜的环境湿度。在保存移动存储介质时，应尽量远离热源、酸碱气体和强磁场。

⑤每年检验一次存储数字化人事档案数据的移动存储介质，对于发现的问

题要及时地补救，防止出现更大的损失。每四年要将存储在光盘等存储介质上的数字化人事档案数据进行一次转存。对于原存储介质，其保留时间不得少于四年。

三、数字化人事档案的部分日程管理

（一）数字化人事档案转递

①直接转递这一方式可以用于各单位间的转递工作，其渠道一定是人事档案管理信息系统，若是要进行向单位系统以外的单位进行转递，则要按规定使用数字档案作为载体进行转递。

②数字档案转递载体的作用就是转递档案，严禁将其用于其他用途，也不允许将其接入任何形式的外网终端。对于数字档案转递载体，不允许用本人自带的方式和普通邮寄方式进行转递，必须派专人传送或者是通过机要渠道进行转递。

③在收到数字档案后，人事档案接收单位要对其进行严格的审核，确保数字档案与纸质档案内容的一致性，确保其操作符合档案管理标准的要求。数字化人事档案转递登记对于各个单位而言都极其重要，对于数字化人事档案转递的情况，要进行更细致的记录。

（二）数字化人事档案的查阅

①在查阅数字化人事档案时，应该严格遵守人事档案查借阅制度，并且要严格执行查阅审批手续。在建立了数字化人事档案后，原则上讲，就不再提供纸质档案的查阅服务了，如果有使用纸质档案的必要性，在查询前要通过人事部门主要负责人的审批。

②查阅人要如实填写自己的个人信息、阅档理由等信息，使用内部授权计算机，将查阅申请提交给人事档案管理信息系统，再由人事部门主要负责人进行审批方可进行查询。

③保密制度是查阅人员一定要严格遵守的，无关人员是无权查看人事档案内容的。同时，照相机、摄像机、手机等有信息记录功能的设备对于人事档案信息的记录与复制，不能对外公布或发生泄漏。对于那些导致了档案信息泄密的、违反了相应的保密要求的，要按照规定进行处理。

④不得对本人及与自己有夫妻关系、直系血亲、三代以内旁系血亲关系以及近姻亲关系人员的相关人事档案进行查阅。

⑤档案查阅申请应该由人事档案管理人员进行严格的审查。如果审查结果符合相关规定，可以对其进行授权工作；如果审查结果不符合相关规定，则不可以对其提供授权。

⑥若是数字化人事档案已经被授权进行查阅，人事档案管理人员在这一过程中要进行严格的监控，在达到规定查阅时长时要进行马上终止其查阅授权的权利；在结束了查阅流程后，对于其中发现的问题或是疑惑要进行及时的报告。数字化人事档案查阅登记是各档案机构应该做好的工作，要对数字化人事档案查阅情况进行详尽的记录。

第四节　人事档案数字化建设实践与案例

一、人事档案数字化建设实践

人事档案数字化建设实践主要涉及三个方面，如图3-2所示。

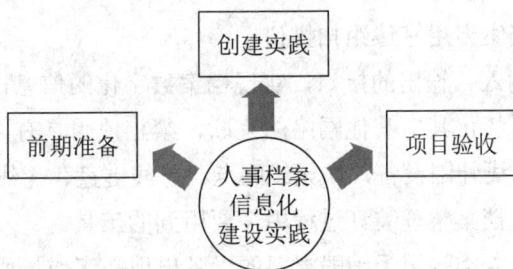

图 3-2　人事档案数字化建设实践

（一）前期准备

1. 档案盘点

在开展人事档案数字化建设之前，要提前做好对于人事档案数量统计的准备工作，包括各类人事档案在库数量等。

2. 工作场所搭建

人事档案数字化建设的开展必须有指定的工作场所。对于人事档案数字化建设场所的搭建，以下几点至关重要。

①要选择相对独立并且符合安全保密要求的区域，而且这一区域到档案库房的距离不应该过远，在200 m之内最为合适。

②所选择的工作场所要符合安全管理要求，如防火、防潮、防蛀、防盗、防光、防高温等。

③在工作场所要配备相应的档案存放设备。

④在工作场所内应划分出一块用于工作人员休息的区域，还应设置饮水台以及可以安全存放工作人员私人物品的储物柜。

⑤防盗报警、视频监控以及消防系统这些基本的安全设施应覆盖各个角落，且监控录像至少要保存三年。

⑥工作场所内不能设置互联网接口；所有进入工作场所的工作人员都不能携带具备照相、摄像功能的设备以及各类移动存储介质，如手机、照相机、摄像机等；也不能未经相关部门的允许带离工作场所内的任何物品。此外，要将数字化管理中的重要制度、标语和口号张贴在工作场所内。

⑦要对出入工作场所的人员进行严格的核查，禁止无关人员入场，还要将"非工作人员禁止入内"的标识张贴在工作场所门外。

3. 硬件设备的选取

①应该选用档案专用零边距扫描仪。

②对于用于输入、输出的接口，实现档案数字化的信息设备，要进行相应的封装处理，还要禁止其与其他网络的互联，禁止使用具有无线互联功能的硬件模块以及一些无线外围设备，如无线网卡、无线键盘、无线鼠标等。

③提前准备好档案整理装订过程中需要用到的工具。

④禁止碎纸机之类等用于销毁材料的设备出现在工作场所内。

（二）创建实施

1. 开发人事档案管理信息系统

在开发基于智能检索技术和宽带高速网络技术的人事档案管理信息系统时，要将人事档案信息的生命周期作为核心，对人事档案信息系统进行动态、真实、立体、高效的创建。人事档案管理信息系统一定要有数据库管理、整理编目、检索查询、安全保密、系统维护等功能，还要根据具体的需求和应用对其他功能进行扩展，使该系统能实现对从整理审核到借阅转递这一流程的管理。人事档案管理信息系统的构成如图3-3所示。

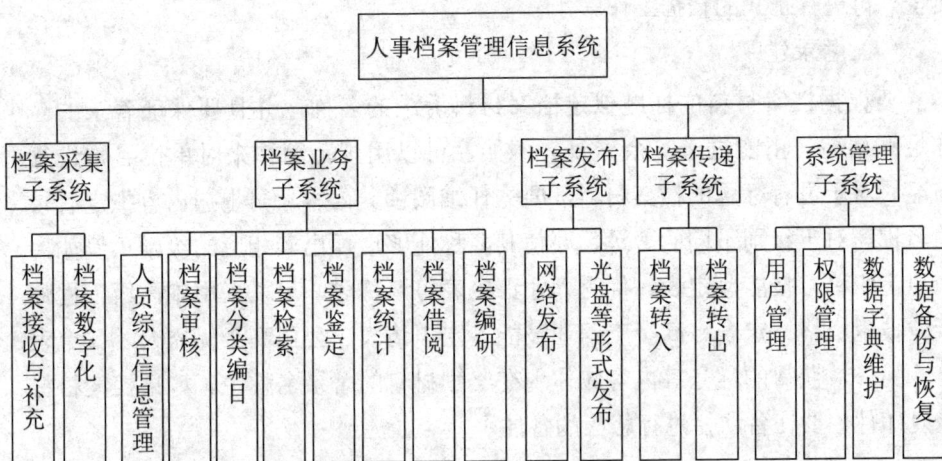

图 3-3　人事档案管理信息系统构成

2. 人事档案数字化建设

人事档案数字化建设包括图 3-4 所示的几个方面。

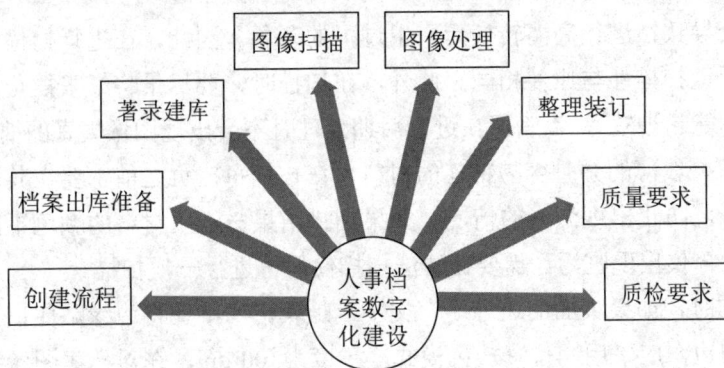

图 3-4　人事档案数字化建设

（1）创建流程

人事档案数字化的基本创建流程为：档案出库（提卷）—扫描预处理—著录建库—图像扫描—图像处理—整理装订。

（2）档案出库准备

①档案出库。人事档案管理单位应该制定严格的出入库管理制度并严格执行，要求档案出入库时必须有相关人员进行签字。

②扫描预处理。先进行对每份材料具体情况的预处理，保证材料的数字化

质量，再进行正式的扫描工作。

（3）著录建库

要根据档案材料的标题拟定档案材料著录的名称，并且要保证著录的名称足够精简，不能过于冗余繁复。例如，可以用规范简称来对单位名称进行描述。对于没有标题的档案材料，要先仔细阅读其内容，再根据内容拟定著录的名称。对于级别不同的著录，要使其名称能够展现出其相应的级别。例如，在拟定职称、技能鉴定表、优秀人才评定表等名称时，可以采用副高级工程师专业技术资格评定表、高级工职业技能鉴定申请表、公司高级优秀人才评定表等。另外，获得的称号等内容应体现在奖励材料的著录名称中。如果档案材料是复印件，要在备注栏进行相应的备注。

（4）图像扫描

材料的著录应该与扫描图像相匹配，防止出现差错。扫描要用最可靠的方式进行，防止在扫描的过程中出现档案材料二次褶皱、撕裂、破损等情况。根据纸张的质地、底色、薄厚程度等多方面因素，扫描时要有针对性地进行明暗度、对比度的设置。如果设置的亮度太高，容易导致字迹模糊；如果设置的亮度太低，会导致在进行高清转换后产生过多的杂色。因此，在进行扫描时，要尽可能地保证扫描件与原件相同。此外，在扫描时，要尽量将纸张摆正，最大倾斜角度不能超过5°，以确保在进行后期处理时不会出现图像失真的情况。

对于那些较薄的并且容易粘连的材料，在扫描每一页之前都要在其背面附加一张白纸，防止出现漏光的情况。如果扫描结果与纸质材料的颜色不同，大多是因为扫描仪出现脏污，需要在清洁扫描仪后再进行一次扫描。

在扫描时，如果页面的边缘印有文字或是表格，不要将边缘贴住扫描仪，以便图片切边，应采用24位真彩色模式，精度为300 dpi。在对档案图像进行数据存储时，其格式应该改成单页JPG格式。

（5）图像处理

扫描后的图像必须与原档案相同，并且要根据原档案的特点进行相关的优化工作。

（6）整理装订

在完成扫描工作后，要将档案按照原本的装订方式进行还原。

（7）质量要求

①著录名称准确，档案材料中没有错字、漏字或是多字等问题。

②与原档案进行对照，确保扫描后的档案与原档案100%对应。

③对原本已经存在的一些杂点、黑边等进行处理，保证图像整体的整洁性。

④高清图像的偏斜角度小于1°，图像偏斜不超过页面内半个文字。

⑤扫描后档案中的图像要求与原档案中的图像一致，同时要保证文字清晰工整；若有印章，要保证印章无变黑或是遗落的情况。

⑥高清图像打印要清晰，要符合制作副本的要求。

（8）质检要求

初期质检和过程跟踪是根据项目进展程度进行的两个质检环节。在项目初期，为了保证全面知悉项目实施机构，需要对工作标准、步骤、质量要求等方面进行全面掌握，创建20～50本数字化成品。这一要求需要人事档案管理单位主动向项目实施机构提出，对其进行检查，及时确认、解决出现的问题，并将其以书面的形式计入合同附件；在项目实施过程中，可以用抽检的方式进行跟踪质检，如果抽检结果的合格率小于70%，那么应将质检结果和相关处理意见尽快反馈给项目经理，停止人事档案数字化工作，检查其中存在的问题并进行整改。

（三）项目验收

在进行人事档案数字化项目验收时，要根据相关技术说明文件及规范进行严格验收。人事档案数字化项目的验收标准包括国家和地方的相关法律法规、国家标准、行业标准、地方标准。

1.验收的前提条件

①项目按照合同要求全部完成，并满足使用要求。

②各个分项全部预验收合格。

③验收资料完备，符合合同内容。

④经过相关主管部门和人事档案管理单位同意。

⑤具备合同或合同附件规定的其他验收条件。

2.分项验收

分项验收纸质化档案的数字化加工项目包括档案整理、档案扫描、图像处理、图像存储、目录建库、数据挂接、数据备份等。在完成验收工作之后，还要对其中的档案和数据进行抽检，抽检的比率不能低于档案和数据总量的60%。

3. 验收指标

当出现以下情况时，应直接判定为"不合格"。

①在进行拆装、处理档案时，没有遵循数字化的标准，同时存在档案破损、页码顺序错误、页数不清、目录不实等情况。

②扫描档案技术指标错误，图像文件不完整、不清晰，未反映档案原貌，以及有缺页、漏页、重页、顺序颠倒等质量问题。

③对于图像文件的命名不符合规范，存储格式不标准。

④著录建库数据格式不符合规范要求，著录项目不全，内容不准确、规范，不能与图像数据库快速挂接或者数据挂接错误。

⑤数据备份不当造成数据丢失、错误，成品数据未进行多套备份。

当验收抽检的合格率达到95%以上（含95%）时，应予以通过。合格率的计算方法为：合格率＝合格的文件数/被抽检文件总数×100%。

4. 验收程序

（1）预验收

在申请预验收之前，项目实施单位要充分参考合同、计划任务书，检查、总结项目的完成情况，之后便可向人事档案管理单位提出预验收申请。

预验收小组由人事档案管理单位抽调人员组成，负责对项目的多个环节进行全方位的检查。

在预验收环节，项目实施单位提供的材料包括预验收申请书、完成工作报告、项目总结报告。

（2）验收

①预验收合格后，人事档案管理单位应根据合同、招标书、任务书，检查、总结项目组织实施和完成情况，然后向人事档案主管单位提出验收申请，并提交规范的验收方案（验收材料）。

②材料审核通过后，由人事档案主管单位组织验收。

③由人事档案主管部门、业内专家、人事档案管理单位共同组成验收小组，按照相关验收内容和相关标准进行验收。验收结束后，验收小组要及时提交验收报告。

④验收应采用会议与现场测试相结合的形式。

5. 验收结论

验收结论分为验收合格、需要复议和验收不合格三种。

①符合纸质档案数字化加工标准规范、目录数据库与人事档案全文数据库正常挂接、任务按期保质完成、经费使用合理的，视为验收合格。

②提供材料不详，目标任务完成不足80%，验收结论争议较大的，视为需要复议。

③验收不合格的情况包括：最终效果没有达到项目考核指标或合同要求的；验收材料出现不齐全或是虚假信息的；在项目实施过程中出现了问题，并且该问题还没有完全解决，或是项目的结果存在纠纷并且未被解决的；对于数据和相关的系统和设备没有进行试运行或是试运行结果不合格的；出现了其他违反相关法律法规及相关标准规范的。

6. 验收结论的处理

①验收结论为合格的，要对验收材料进行统一的装订，这一工作由人事档案管理单位进行。在完成验收材料装订后，人事档案管理单位要将其与电子文档一同上交人事档案主管部门进行备案。

②验收结论需要复议的，人事档案管理单位和项目实施单位应在一个月内补充有关材料或者进行相关说明。

③验收结论为不合格的，人事档案管理单位和项目实施单位应设置相应的整改期限。如果在整改后试运行合格，那么可以重新申请验收。

7. 项目交接

项目验收合格后，即可办理项目交接手续。

二、人事档案数字化建设实践案例

按照中共中央组织部、国家电网公司人事档案数字化建设的要求，国家电网山东省电力公司自2013年6月开始将人事档案数字化的目标设定为存储数字化、传输网络化、管理自动化、服务远程化，同时构建了新的人事档案管理体系（省、市、县一体管理的方式），成功建设了集档案数字化建设、集约化管控、全生命周期管理于一体的人事档案管理信息系统，全面完成了人事档案的数字化建设。

（一）主要做法

1. 以信息系统为先导，构建人事档案管理信息系统

在对人事档案进行数字化采集的基础上，应用人事档案全生命周期管理理

念，完成库房管理、审核整理、查借阅管理、转递接收、零散材料收集等功能的集成，建设省、市、县三级集中部署的人事档案管理信息系统。在经过系统应用、统一管理标准、固化业务流程后，有着多维立体管理模式的国家电网山东省电力公司集约管控已经取代了原本的省、市、县公司分层管理模式，使得人事档案管理工作更规范、更高效。

2. 以分步实施为途径，完成人事档案数字化建设

人事档案数字化建设三年规划的原则是本部先行、分步实施，用三年的时间完成省、市、县三级人事档案数字化建设工作。在国家电网山东省电力公司完成了人事档案数字化建设的工作后，市、县级别的工作也相继开展。在这一过程中，市、县公司分级负责、区域联动的管理机制是国家电网山东省电力公司的管控重点，相应的，国家电网山东省电力公司要派出相关人员到各个单位进行统一培训、项目咨询和过程管控，根据行政区对市、县公司进行片区的划分，并且对其进行区域一体化管理，保证各个区域和单位都有统一的标准，能够共同进步。

3. 以规章制度为保障，固化数字化建设长效机制

对于人事档案数字化建设的成果，要从制度上进行规定，以引起人们的重视。国家电网山东省电力公司本部根据自身的实践经验，制定了《干部人事档案数字化管理工作暂行规定》《档案数字化工作安全保密管理办法》等实务操作指南，整理编制了《干部人事档案审核整理规范》《干部人事档案数字化建设实施项目指导手册》等，对于职责进行了明确，对于流程进行了明晰，保证在人事档案数字化建设工作的执行是有章可循、有制可查、有据可依的，保证省、市、县三级人事档案数字化工作的开展与实施能够分步前进。

4. 以队伍建设为支撑，形成人事档案数字化建设专家梯队

国家电网山东省电力公司在公司的培训计划中加入了人事档案管理培训，使之常态化；尤其是在专业培训和业务轮训方面，进行了分层级、分类别的有针对性的培训，从而打造出了一支有着超强业务能力和行事作风的人事档案管理优秀队伍。此外，该公司建立了递承机制，及时构建了人事档案管理知识库，编制了人事档案专业培训教材；利用了项目锻炼相关工作人员的能力，及时开展了储备人才培养工作，形成了一支递承有序、层级清晰、素质优良的人事档案管理人才队伍。

（二）主要成效

1. 构建"大档案"管理格局，实现了人事档案集约管控

在完成数字化人事档案创建的工作后，无论是工作标准还是管理流程都实现了统一，以多维立体管理的国家电网山东省电力公司集约管控已经取代了原本的省、市、县公司分层管理模式，这是国家电网山东省电力公司人事档案管理机制的重大变革。对于市、县公司人事档案的归集、转递、查询、统计等，国家电网山东省电力公司可以利用人事档案管理信息系统对人事档案进行实时的监控和查看，还可以直接调阅各层各级人员的人事档案。在这种模式下，人事档案管理工作的规范性得到了增强，效率也进一步提高。此外，该人事档案管理信息系统统一了全省范围内的档案编码和档案整理标准，极大地便利了各单位之间档案转递，可以在审核后直接将人事档案入库，不再需要更换档案盒或者是进行再次整理。这样一来，省、市、县集约管控的"大档案"管理格局便初步建成了。

2. 建立"全流程"管理模式，实现了人事档案全生命周期管理

在人事档案管理信息系统上线之后，就可以对日常的业务实现在线管理，其中包括零散材料收集、审核整理、查借阅管理到转递等，更全面地对档案卷宗从形成到永久保存的过程进行了展示与记录。在设计人事档案管理信息系统时，用到了穿透式和引导式的设计方式，设置了四类提醒，包括查借阅、档案转递、材料转递和其他事项。人事档案管理信息系统的操作界面是智能化的，对于用户具有一定的引导性，能够对还没有数字化的档案、借阅超时未归还的档案、转递回执未反馈的档案、提前进行退休审核的档案等进行相应的提醒，提高工作效率。人事档案管理信息系统具有细致、科学的功能设计和方便、全面的系统界面，这对于人事档案管理工作连接的平滑性具有重要意义，也减少了离散化、碎片化及事后评价等传统人事档案管理工作中容易产生的问题，让人事档案有了更高的归集速度、利用率和服务效能，保证能"随建随归"生成新材料，同时提升了人事档案的准确性、全面性和实时性以及人事档案管理工作的水平。

3. 建设"穿透式"业务体系，提高了人事档案管理效率

对于人事档案管理信息系统功能模块之间的联系，有必要引起相应的重视。对于模块间的数据接口，要根据流程节点关系和工作要求进行相应的设计，并且要使模块中的数据建立关联，形成"穿透式"的业务体系，实现人事档案管理的"一键式"工作方式。具体而言,在前端节点传输数据的同时,后端节点已经生成相应的工作内容和业务表单,接下来只需要工作人员对其进行审核即可,不再需要手工更新人事档案的内容,这对于人事档案管理的效率提升有着重要意义。例如,在前端节点移交干部任免审批表时,相关人员的档案目录信息就已经在人事档案管理信息系统中自动生成了,审核无误后可以直接生成目录,也可以将其打印出来并入档。

4. 实行"规范化"数据采集,提高人事档案管理利用水平

人事档案管理信息系统提供了一个可以统一管理人事档案的平台,实现统一调度、多点利用、一键查询、多维印证全省人事档案资源的功能,提高了查询与审核人事档案信息的效率与准确性,为后续干部选拔任用、考核评价、人员配置等工作的开展提供了支撑和依据。此外,人事档案管理信息系统创造了关键信息采集功能,创建了"三龄一历""重大历史事件""挂职挂岗"等八类关键信息数据库,同时在图像检索方面也取得了突破,提高了对人事档案的利用率和利用水平,这也是国家电网山东省电力公司在相关方面取得的重大突破。

第四章 信息时代会计档案管理工作

第一节 会计档案概述

一、会计档案的起源与发展

（一）会计档案的起源

德国哲学家杜勒鲁奇说："从起源中理解事物，就是从本质上理解事物。"[①]探索会计档案的起源，对于提升对会计档案的认识、了解会计档案管理工作的性质及规律具有重要意义，也具有更进一步的学术价值。会计档案是一种专门档案，是一种历史记录，主要是在会计活动中形成的，具有一定的查考、利用和保存价值。因此，要想探寻会计档案的起源，应该在会计这一社会活动和档案起源的范畴内进行。

一些学者认为，会计档案是剩余劳动时期的产品。因为在对剩余产品进行再分配的过程中有计算的需求，所以导致其产生了相应的会计活动，而有了会计活动，自然就应该有会计记录，也就是会计档案。还有学者认为，早在人类进行共同生产的几千年前，会计就已经作为生产中的辅助工作存在了。

---

① 刘亭亭，唐宁波. 浅析意识形态影响下的教育研究思维方式 [J]. 世纪桥，2011（1）：131-132.

无论以上哪种观点，都表明了会计档案是伴随着会计活动而产生的。会计档案是一种专门档案，它和会计活动息息相关，记录并反映了社会各项经济活动。可以说，会计工作的记录过程就是会计档案的形成过程，因此会计档案的起源可以追溯到会计的起源。

作为一项有着悠久历史和长久发展经历的实践活动，会计在远古时期就已经开始应用于人们的生活之中。会计是人类社会生产和发展的产物，是人类生产活动中的一种社会现象，而对这一活动的记录就是会计档案。没有哪一个历史时期不存在会计活动，大到一个国家和民族，小到一个单位或企业，都有会计活动的存在。从古至今，人类为了生存和发展开展了各种生产活动。一开始，人们通过狩猎、捕鱼等进行生产活动，同时记录收了多少，而这些记录便是会计档案；随着生产力水平的不断提高，以及货币、商品、文字的发展，人们开始有了财富意识，记录会计档案也更加方便、更加清晰；现如今，人们通过查阅会计档案记录，可以获知某个时期的收支变化情况，从而整体把握财富情况。总而言之，会计档案记录、反映了财务收支变化的规律，通过会计档案的管理和利用，可以获得财富管理的依据，对财务经济活动进行管理和调控。

（二）会计档案的发展

在一些文明古国的史料记载中，都能够发现会计档案的存在。

《周礼》是我国最早记载会计活动和国家会计事务的书籍。在春秋战国时期，封建社会的经济在不断地发展，使得相应的会计活动也有所变化。为了适应这些改变，各个国家的统治者都采取了相应的措施，对这一时期的会计档案产生了深刻的影响。

在秦朝统一六国之后，"国计"这一概念开始出现，随之出现的还有"官厅会计"，负责相关工作的展开。根据吴蕚先生所著的《实用官厅会计》中对官厅会计的描述可知，官厅会计是"各级政府机关关于财政上之收支保管记账计算及财政报告与预算决算之编造等事务也。"此外，《云梦秦简》这本书中记载到，秦朝的会计凭证有多种形式，如"券""书""符""致""参办"等，而且当时就已经有"一刻为三"（一式三份）这一会计凭证方式。当时的人们对于账簿的分类格外重视，一般将账簿称为"籍册"，并将其分为田租册（书）、口赋册。秦朝还制定了严格的会计记录汇总制度，规定了要根据年、月、旬对人们的财政情况进行统计，并在中央和地方郡县官统计结束后统一交给皇帝，经皇帝批阅后再统一交给御史进行保管。

汉朝继承了秦朝的会计制度，并根据自身的特点和经济变化对官厅会计进行了一定的补充和发展，使得会计档案发生了相应的变化。通过湖北江陵凤凰山10号汉墓中出土的木牍档案可以发现，相比于秦朝的木牍，汉朝的木牍更大，其记载的内容也更广泛。总之，汉朝的会计薄书对我国和世界而言都是格外珍贵的会计档案史料。

唐宋时期提出了单式簿记的记账方式，并对账面方面进行了改进，这对于我国会计的发展具有重要的影响。在唐宋时期，无论是农业、商业还是手工业都处于鼎盛时期，出现这种现象有一部分原因就在于会计方法的改进和技术的革新。在唐代，人们已经普遍使用纸张记录会计档案了，还出现了"账簿"这一新的概念。这说明在这一时期会计档案发展得很好。当时对于会计档案也有相应的规定，要求由御史来保管相关的会计凭证（券、符、参办等）、会计簿籍以及会计报告等文书。另外，在史料的编撰方面，唐朝十分重视对于会计档案的合理使用，其中比较著名的有《元和国计簿》和《大和国计》。宋仁宗时，世界上发行最早的纸币——交子开始出现，极大地促进了金融的发展，同时也推动了会计和会计档案的发展。熙宁七年（1074年），"诏置三司会计司"负责考察全国的收入总额。虽然这一组织的成立时间很短，但是因为其具有重要作用，在当时有着非常高的地位，这也是我国第一个被明确命名的政府会计组织。随着账簿的广泛使用，一些会计方面的专用语也在宋朝相继产生，如"账目""入账""对账"等。作为我国最早的文字记载，"簿记"这一词汇首次被记载于宋朝的文献中。此外，宋朝的会计凭证有收入和支出两种，还有正、副联，由专吏对凭证和账簿进行管理和保存。

元朝在会计方面承袭旧制，无大发展。明朝非常重视会计报表，将会计报表作为会计档案的一项重要内容。明末清初之际，资本主义萌芽，商业、手工业空前繁荣，记账方式得到了进一步改良，会计档案的内容也发生了变化。清末，闭关锁国政策和帝国主义的干扰使得会计和会计档案的发展受到了巨大的影响，也对中式的会计和会计档案管理体系提出了巨大的挑战。在这一时期，西式与中式的会计和会计档案管理体系进行了融合，而且融合的成果一直延续到中华人民共和国成立。在中华人民共和国成立之后，社会制度发生了变化，经济得到了恢复并且实现了快速发展，形成了更系统的会计和会计档案管理体系。后来，改革开放推动了我国经济和会计领域的发展，也使得会计档案管理发生了相应的改变。

二、会计档案的定义、属性和特征

（一）会计档案的定义

定义是指对事物做出的明确价值描述，是对于一种事物的本质特征或一个概念的内涵和外延做出确切而简要的说明，是通过一个事件或一个物件的基本属性来描述或规范一个词或一个概念的意义。定义是人们认识客观事物的一种基本方法，通过定义可以更好地了解事物的本质特征及其内涵和外延。

目前，根据国家的相关规章制度和专业理论研究成果，可以将会计档案的定义总结为以下几种。

第一，会计档案是对会计凭证、会计账簿和财务报告等进行会计核算的专业资料，是用于记录、反映单位的发展历程和发展情况的凭证和资料，是审计单位对于其他单位进行经济检查的相关依据，是国家档案的重要部分。

第二，会计档案是国家和各级单位的重要档案以及重要组成部分。对于一个单位来说，会计档案是一种记录和反映，通过会计档案可以对经济的相关问题进行探究；可以对一个单位的经济情况进行考察，观察其经济是否是合法的，相关材料中是否有虚假信息和违法行为；可以提供与经济相关的资料，对于国家和单位具有重要作用；可以为国家政策的制定提供现实依据，为单位的经营提供参考。

第三，会计档案是由会计凭证、会计账簿、财务会计报告和其他会计材料组成的，必须得到妥善保管，而且其保管期限和销毁办法应该由国务院财政部门会同有关部门制定。由此可见，国务院财政部门和国家档案局共同制定的《会计档案管理办法》是重要的法律依据。

第四，会计档案是指单位在进行会计核算等过程中接收或形成的，记录和反映单位经济业务事项的，具有保存价值的文字、图表等各种形式的会计材料，包括通过计算机等电子设备形成、传输和存储的电子会计档案。

根据以上会计档案的定义，可以总结出以下五点内容。

第一，会计档案的定义指明了会计档案的制作者是有会计活动的单位，这一点决定了会计档案的来源具有广泛性。也就是说，只要是有会计活动的地方，就有会计档案。这意味着商业企业、工业企业、高新技术企业、金融企业、房地产企业、行政事业单位、非营利性组织等都具有会计档案。

第二，会计档案的定义指明了会计档案是通过会计核算等过程形成的。作为一种具有明显会计专业属性的专门档案，会计档案的定义说明了会计档案的形成过程，有利于保证后续形成的会计档案的合理性和科学性。

第三，会计档案的定义指明了会计档案是具有保存价值的，而且不是所有的会计材料都可以被归类为会计档案的。例如，内容重复的会计材料和非正式的会计材料等都不能被归类为会计档案。

第四，会计档案的定义说明了会计档案具有文字、图表等多种形式，也可以使用计算机等设备进行传输和存储。

第五，会计档案的定义说明了会计凭证、会计账簿和财务报告等文件是会计档案的重要内容。

（二）会计档案的属性和特征

作为档案的一个分类，会计档案有着所有档案都具有的属性与特征，如历史再现性、知识性、信息性、政治性、文化性、社会性、教育性、价值性等多种性质。同时，会计档案作为一种有着专门用途的档案，又有着其专属的独一无二的性质。[①]

1. 专业性

会计档案具有专业性，这是由会计领域的特殊性造成的。因为会计档案是在会计活动中产生的会计档案，所以会计档案具有专业性。

2. 广泛性

广泛性主要是指形成范围广泛，这一点表现在无论是国家机关、社会团体、企事业单位还是个体工商户或其他组织，只要是需要独立会计核算的单位或按规定建账的单位，都会形成会计档案。可以说，社会中的各领域都有会计档案的存在，如商业、金融、财政、税务等专业领域，而且会计档案的数量非常巨大。

3. 时序性

时序性主要指会计档案形成过程的时序性。会计活动严格的时序性决定了会计档案形成过程的时序性。根据会计工作的规律，会计工作的每一个步骤都是环环相扣的，都是根据时间顺序进行的，因此会计档案也是随着会计工作的步骤和流程逐步产生的。

4. 严肃性

严肃性主要指会计档案承载内容的严肃性。会计活动是按照相关法律法规

---

① 马清兰，江巧，季晓毓. 浅谈会计电算化档案管理 [J]. 山东农机化，2021（1）：45-46.

开展的，是严肃认真的，容不得半点马虎。会计档案作为国家档案的重要组成部分，其所承载的内容是按照会计工作的相关法律法规和制度规范形成的，是对经济活动的原始记录和反映，具有严肃性。

5. 平衡性

平衡性主要指会计档案数据记录的平衡性，这也是会计记账的基本要求。

6. 规范性

规范性主要指会计记录与会计文件格式的规范性。虽然有商业会计、工业会计、银行会计、税收会计、总预算会计、单位预算会计等种类繁多的会计工种，但是开展会计工作的方法和程序以及所形成的会计档案都是一致的，即会计档案都由会计凭证、会计账簿、财务报告等构成。

7. 多样性

多样性主要表现在会计档案外在表现形式的多样性和存储介质的多样性。

虽然会计档案都是由会计凭证、会计账簿、财务报告等构成的，但是会计档案的外在表现形式是多样的。例如，不同行业、不同种类的会计凭证，会存在纸张外形大小各异、长短参差不齐的情况；会计账簿有的是订本式账簿，有的是活页式账簿，还有卡片式账簿等；财务报告的纸张规格有16开、8开等。

存储介质的多样性主要是指会计电算化的实行推进了会计档案数字化的进程，使得会计档案的载体除了传统意义上的纸张以外，还有磁盘、光盘等磁性介质。

三、会计档案的功能和作用

会计活动的结果是形成了会计档案。会计档案与财务计划的制订息息相关，同时也是开展财务活动的重要基础；会计档案能够为对社会经济的研究探索提供文献记载方面的帮助，有利于保证经济发展处于正常状态；对于多项历史研究而言，会计档案是重要的记忆宝库，因为它储备着多种知识，包括工作经验、技术、智慧和教训等。下面将对会计档案的具体功能和作用进行详细的介绍。

（一）会计档案的功能

会计档案的基本功能如图4-1所示。

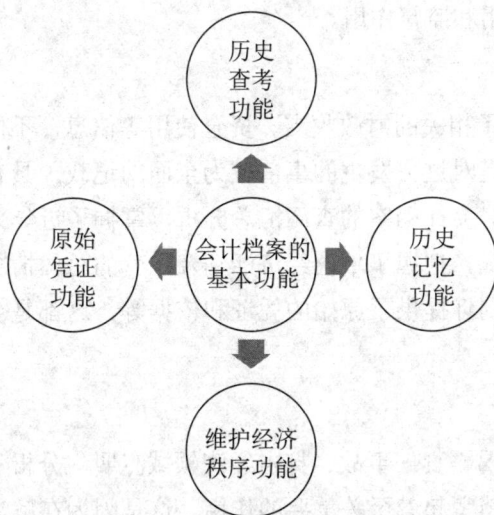

图 4-1　会计档案的基本功能

1. 原始凭证功能

会计档案是在会计核算等过程中形成的，涵盖了记录和反映单位经济业务事项的各种原始凭证。原始凭证功能是会计档案最基本的功能，在日常会计工作中对会计档案的翻查就是会计档案原始凭证功能的体现。

2. 历史查考功能

会计档案是会计活动的原始记录，为之前完成的会计工作提供了重要的凭证和依据，是与会计工作相关的重要史料。

3. 历史记忆功能

会计档案全面、系统、完整地记载和反映了历史会计工作的相关情况，是会计活动的历史记忆。

4. 维护经济秩序功能

会计档案是会计活动的真实记载，真实地反映了各项经济活动的总体情况和运行规律，能够为总结会计工作经验、发现经济问题、打击经济犯罪提供重要依据，维护正常的经济秩序。

（二）会计档案的作用

与会计档案的四个基本功能相对应，会计档案的主要作用包括反映作用、查证作用、史料作用和监督作用。①

1. 反映作用

会计档案记录了相关的财政收支、资金使用等信息，不仅仅是对于过去会计活动的反映，也是对过去发生的事情较为全面的记载，具有真实性。经常可以看到某单位通过对会计档案的查阅汇总分析，掌握了近年来单位的总体收支情况和资金使用情况，把握了单位经济活动及经营的总体情况和规律，为新的经济计划的调整和制订提供了原始的凭证和依据等，这都是会计档案反映作用的体现。

2. 查证作用

在总结经验、揭露责任事故、打击经济领域犯罪、分析和判断事故原因等关键环节中，会计档案起着至关重要的作用。这是因为在解决经济纠纷、处理遗留等棘手问题时，会计档案能提供经济事务的重要依据。很多利用会计档案的事例都是会计档案查证作用的体现。利用会计档案的查证作用，可以解决诸如工程款纠纷、拖欠农民工工资、退休工资政策、拆迁费补偿等民生问题，也可以为单位之间往来的各种纠纷提供查证依据。

3. 史料作用

在进行历史研究的过程中，认识历史、研究历史和了解历史的重要依据之一就是档案。例如，在经济学的研究中，会计档案具有极其重要的史料价值，能为过去发生的经济活动提供相应的佐证，同时为单位未来经济发展前景的预测、经营提供一定的借鉴。②

4. 监督作用

会计档案是监督、检查、维护国家财政纪律，确保国家利益不受侵犯的重要凭证。实践表明，会计档案在保护国家财产，监督国家各项财务制度和财政纪律的执行情况，查处经济案件、打击经济领域的违法犯罪行为方面都发挥了重要作用，为监察审计、纪检工作提供了凭证和依据。

党的十八大以来，以习近平同志为核心的党中央高度重视党风廉政建设和反腐败工作，将党风廉政建设和反腐败斗争纳入全面从严治党的重要内容，

① 李光. 加强会计档案管理，充分发挥会计档案作用 [J]. 纳税，2021，15（5）：89-90.
② 张静. 解析纸质档案在档案信息化管理中的重要作用 [J]. 兰台内外，2020（28）：25-27.

以建设廉洁政治为目标，以标本兼治、综合治理、惩防并举、注重预防为方针，以形成不敢腐、不能腐、不想腐的体制机制为着力点，正风肃纪，反腐惩恶，提出了一系列新思想、新观点、新战略，极大地推动了全面从严治党向纵深发展。党的十九大的召开，对新时代中国特色社会主义的发展做出了整体的规划，指出了我国所面临的新发展局面，也为新时代党风廉政建设提供了新的启示。在推行党风廉政建设和反腐败斗争的过程中，会计档案发挥了重要的监督、反映和查证作用，功不可没。

在进行会计档案管理工作时，各单位都要加强领导工作的落实，对于档案的立卷、归档、保管、查阅和销毁等多方面进行严格的管理，保证会计档案的存放方式是妥当的、方便查看的，确保会计档案的完整性和安全性。

四、会计档案的主要内容

会计档案一般包含会计凭证、会计账簿、会计报表以及其他会计核算资料四个部分。

（一）会计凭证

会计凭证是记录经济活动、明确经济责任的书面证明。会计凭证包括自制原始凭证、外来原始凭证、原始凭证汇总表、记账凭证（收款凭证、付款凭证、转账凭证）、记账凭证汇总表、银行存款（借款）对账单、银行存款余额调节表等。

（二）会计账簿

会计账簿是以会计凭证为依据，对全部经济业务进行全面、系统、连续、分类的记录和核算的簿籍，是由具有专门格式并以一定形式联结在一起的账页所组成的。会计账簿包括按会计科目设置的总分类账、各类明细分类账、现金日记账、银行存款日记账以及辅助登记备查簿等。

（三）会计报表

会计报表是按一定的表格形式汇总反映和综合反映日常核算资料的报告文件。会计报表包括快报、月/季度会计报表、年度会计报表、资产负债表、损益表、财务情况说明书等。

（四）其他会计核算资料

除以上内容之外，会计档案还包括一些与会计核算、会计监督等有关的其他会计核算资料。这些资料是由会计部门负责办理的，包括经济合同、财务数据统计资料、财务清查汇总资料、核定资金定额的数据资料、会计档案移交清册、会计档案保管清册、会计档案销毁清册等。实行会计电算化的单位存贮在磁性介质中的会计数据、程序文件以及其他会计核算资料均应视同会计档案一并管理。

五、会计档案管理的基本原则

会计档案是国家档案的重要组成部分，会计档案管理的基本原则包括统一领导、分级管理，维护完整与安全，便于查阅、利用。

（一）统一领导、分级管理

统一领导是指国家会计工作主管部门和档案管理工作主管部门，根据会计工作的实际情况，结合档案管理工作的统一规定和要求，对全国会计档案管理工作实行全面规划和统筹安排，制定统一的会计档案管理法规和业务标准，提出统一的方针政策，实行统一的指导、监督和检查。

分级管理是指各级档案管理工作主管部门要分层对会计档案管理工作负责，并结合本地区的情况和特点制定相应的会计档案管理工作规划、制度和办法，指导、监督和检查本地区的会计档案管理工作。

（二）维护完整与安全

会计档案管理工作的基本要求是保证会计档案的完整性与安全性，为后续工作的开展保驾护航。

1. 维护会计档案的完整性

会计档案管理工作要求保证会计档案数量的准确性和完整性，保证会计档案的系统性，不能强行割断会计档案之间的联系。

2. 维护会计档案的安全

一方面，会计档案管理工作要保障会计档案管理的物质安全，不能让会计档案受到破坏，尽可能地延长会计档案的寿命。另一方面，会计档案管理工作要保障会计档案的政治安全，防止有人篡改档案内容，同时牢牢地维护档案的机密性。

（三）便于查阅、利用

会计档案的价值是利用，因此会计档案管理工作要保证会计档案便于查阅和使用，提高档案服务的效率和相应的服务质量。这一点具体表现在会计档案信息能及时、准确地为各项决策提供服务。在会计档案的收集、整理、鉴定、保管、编目等环节中，都应该将方便查阅、利用这一目标放在重要的位置上，因为这一目标也是检验会计档案管理工作是否达标的重要标准。

总的来说，会计档案管理的基本原则上是辩证统一的。如果没有统一领导和分级管理的制度，就不能保证会计档案的完整性与安全性；同时，没有会计档案的完整性与安全性，统一领导和分级管理也就失去了意义。

六、会计档案管理工作流程

会计档案管理工作主要是围绕会计档案的收、管、用展开的。

①收：主要包括会计档案的收集和整理工作。在会计管理工作过程的各个环节，都要注意对会计档案的收集，并通过整理使无序的、不系统的、不具有条理性的会计材料变得科学合理。会计档案的收集和整理工作一般由会计业务部门负责完成。

②管：主要指会计档案的保管工作，这也是保证会计档案安全、完整的一项重要工作。

③用：主要指会计档案的查阅、利用等各项工作，这也是会计档案的价值得以实现的过程。

第二节　会计档案数字化

会计档案数字化是通过扫描、摄影、摄像等数字化技术，把传统的纸质会计档案加工成数字化档案，通过网络计算机系统进行管理、利用，提高会计档案的管理水平和利用率。对于会计档案来说，会计档案数字化这一新举措、新要求是顺应潮流、适应时代发展的。

一、会计档案数字化概念

随着计算机、网络技术、数据库存储技术、扫描技术、摄影摄像等多媒体技术的发展，档案数字化工作得到了极大的推动和发展。档案数字化可以把各种载体的档案转化为数字化档案资源，通过计算机系统进行管理，通过网络进行利用，实现档案的有效利用和资源共享。档案数字化可以通过前期或后期的数字化处理来实现。其中，前期的数字化是指通过计算机等设备直接生成电子文件，这一过程将生命周期理论作为基础，在源头就开始了数字化；后期的数字化主要是后期通过扫描等数字化技术把档案转化为数字化信息。

会计档案作为一种专门档案，其数字化需要计算机、网络技术、数据库存储技术、扫描技术、摄影摄像等多媒体技术的支持，从而把不同类型和载体的会计档案转化为数字化会计档案。会计档案数字化同样是通过前期或后期的数字化处理来实现的。会计档案前期的数字化是通过计算机等设备直接生成电子文件，主要通过会计电算化系统实现；会计档案后期的数字化主要是通过扫描等数字化技术把会计档案转化为数字化会计档案。

二、会计档案数字化的意义

（一）优化会计档案管理工作流程，提高会计档案管理工作水平和效率

通过会计档案数字化，可以实现计算机系统对会计档案的全流程管理，在提高会计档案管理工作效率的同时，可以改进和优化会计档案管理工作流程，提高会计档案管理水平。

（二）有利于会计档案原件的保管、保护

会计档案数字化可以把纸质的会计档案转化为会计电子档案，减少原件的使用和翻阅，减少对会计档案原件的损耗和损坏，有利于会计档案原件的保管、保护。

（三）简化利用程序，提高利用效率，为会计档案的深层次开发和利用奠定基础

会计档案数字化打破了传统的到馆利用的方式，使档案查阅利用工作通过计算机网络管理系统就可以实现，简化了档案利用程序，提高了档案利用效率。除此之外，利用计算机系统检索功能，可以更快速、更准确地检索到需要查阅的档案，从而改善和提高会计档案利用服务质量。

会计档案数字化还为会计档案的深层次开发和利用奠定了基础。通过会计档案数字化形成电子会计档案后，就可以通过数据挖掘等技术深层次开发、利用会计档案信息。

（四）有效节约会计档案管理工作成本，实现绿色办公

会计档案数字化在提高会计档案管理工作效率的同时，还大大降低了会计档案的管理费用和成本，提高了会计档案的经济效益，实现了绿色办公。具体而言，会计档案数字化降低了人力成本和办公费用，使提供会计档案利用服务的工作人员不必反复跑库房，节省了库房的占用，同时避免了重复复印对纸张、碳粉等资源的浪费。

三、会计档案数字化技术

会计档案数字化技术主要有扫描技术、光学字符识别技术、摄像摄影技术、数据库技术等。

（一）扫描技术

扫描技术是一种将纸质文件转化为电子文件的技术，是通过扫描仪实现的。

（二）光学字符识别技术

光学字符识别技术就是OCR（Optical Character Recognition）技术，是通过电子设备（如扫描仪或数码相机）检查打印在纸张上的字符，通过检测暗、亮的模式确定其形状，然后用字符识别方法将形状翻译成计算机文字的技术。

（三）摄像摄影技术

摄影是一种静态的影像记录过程，而摄像是一种连续动态的影像记录过程。

（四）数据库技术

数据库技术是信息系统的一项核心技术，是一种计算机辅助管理数据的方法，主要研究如何组织和存储数据，如何高效地获取和处理数据。

四、会计档案前期数字化——会计电算化

会计电算化是当前会计工作的主要形势和发展趋势，是会计档案前期数字化的重要基础和保障。

（一）会计电算化概况

会计电算化也叫作"计算机会计"，是指将计算机作为主体的信息技术在会计工作中的应用。具体来讲，就是通过合理利用多种软件让计算机代替手工完成以手工方式不易实现的会计工作。会计电算化实现了对数据的自动化处理，有助于会计工作的发展和更新。在会计的发展历史上，会计电算化是一次重要的革命，其不仅满足了会计的发展需要，而且满足了经济和科技对会计的要求，提升了会计工作的整体效率。[①]

会计电算化有时还能够完成会计信息的分析、预测、决策等重要工作，从而大幅度提高企业的管理能力和改善企业的经济情况，实现会计工作的现代化。

从广义的角度来讲，与会计电算化有关的所有的工作都属于会计电算化，其中包括会计电算化软件的开发与应用、会计电算化人才的培训、会计电算化的宏观规划、会计电算化制度建设、会计电算化软件市场的培育与发展等。

人机结合是会计电算化的特点之一，其包含了会计人员、硬件资源、软件资源和信息资源等多种重要信息，而功能完整、全面的会计软件资源是其核心部分。

现如今，会计电算化将多门学科进行了合理的融合，包括计算机科学、管理科学、信息科学和会计科学。这使得会计电算化在经济管理领域的多个方面都处于重要的位置，带动了其他领域的发展并且与其他领域共同走向现代化。此外，会计电算化的出现使会计人员的工作负担大大减小，保证了会计工作的质量，提升了会计工作的效率，有利于会计人员职能转变的实现。

随着经济的快速发展和科技的不断提升，逐渐趋于完善的会计理论体系使得会计工作的方式越来越多。自20世纪以来，由于市场需求的不断变化和生产行业的不断发展，使得会计所提供的信息变得至关重要，由此产生了大量的信息需求，使其对于时间和质量上有了高要求。在经济管理中，会计的地位与日俱增，其工作量和需要处理的信息也在增多，被动地要求会计的手工处理形式要进行相应的改革与升级。

20世纪60年代中期以后，计算机硬件、软件的性能得到了进一步的提高，可操作性不断增强，为计算机在会计领域的普及创造了条件。特别是微型计算

---

① 佚名.构建安全可信的会计档案全流程数字化管理系统 [J].中国总会计师，2020（6）：16-17.

机的问世，数据库与计算机网络技术的迅猛发展，使人们充分认识到电算化数据处理的优越性。在新技术、新方法不断呈现的同时，专业会计软件不断翻新，会计电算化的理论研究不断完善和成熟，会计电算化系统逐渐成形。

现阶段，使用最普遍的会计电算化管理模式如图4-2所示。

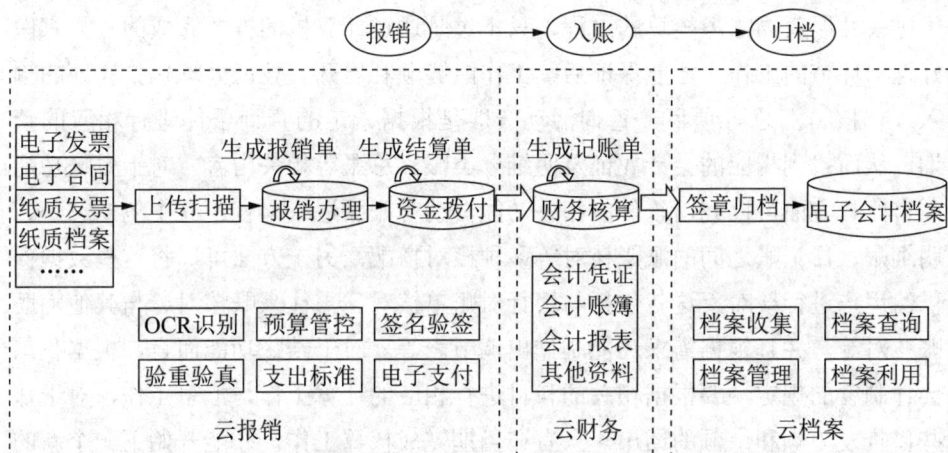

图4-2　使用最普遍的会计电算化管理模式

（二）会计电算化系统

能处理相关会计业务和使用相应会计数据是会计电算化系统的根本，它能为企业等多方面人群提供其所需要的财务信息和个人信息，是重要的人机系统。计算机硬件设备、会计核算软件、电算化管理制度、财会人员以及计算机人员是组成会计电算化系统的重要部分。

作为会计电算化系统的重要部分，会计核算软件的重要性不言而喻。会计核算软件是专门用于会计核算工作的软件，用计算机语言编制而成的有一定核算能力的软件都属于会计核算软件。用这些软件代替人工进行计算，不仅高效，而且准确度可以得到大幅提升。

根据会计电算化系统的功能，大体上可以将会计电算化系统划分成多个功能模块。这些功能模块是相互独立的，有各自的独立功能，而且功能模块之间能形成信息的交流与沟通。会计电算化系统的功能模块主要包括账务处理模块、报表处理模块、固定资产核算模块、工资核算模块等。这些功能模块进行配合协作，就可以完成整体的电子会计档案管理工作。

1. 账务处理模块

账务处理模块的功能主要有：账务初始（建账）、凭证处理（输入、审核、汇总）、查询、对账、结账、打印输出以及其他辅助功能。其中，账务初始是指自定义相关的会计科目体系、记账凭证格式、账簿体系。这一过程相当于过去开展新的账务核算的过程，只不过是通过计算机的方式完成的。只有做好这一环节的工作，才能保证后续工作能够顺利展开。凭证处理包括凭证的输入、审核、汇总等项目。查询活动一般是根据一定的查询条件进行相应的查询，从而找到相应的会计凭证及明细分类账、总账等相关内容。对于对账功能而言，一方面可以利用软件的相关功能自动对账面进行检查，其中包括总账、明细账、日记账之间的账账核对等多种核对搭配；另一方面可以将这些数据提供给用户进行核对，这就包括与银行对账单核对、与往来账核对、与其他辅助账核对等，并且根据需求还能制作出调节表等。对于结账功能而言，根据我国会计制度的规定，要根据相关的科目进行相应的计算工作与汇总工作，对于那些借贷发生额和余额的结出，只有在当期完成核算工作，才能开始下一个新的循环。打印记账凭证、账簿等会计信息资料使用的功能就是打印输出的功能，这一功能有助于用户后续的使用和归档的保管工作。

2. 报表处理模块

报表处理模块要根据国家制定的统一的会计制度以及会计材料进行有针对性的设计，要能够向企业管理者和相关政府部门提供相应的会计报表。根据汇编范围，可以将会计报表分成个别报表、汇总报表以及合并报表三种。

报表处理模块是由报表定义、报表计算、报表汇总、报表查询、报表输出构成的。其工作内容包括：根据会计核算数据，完成各种会计报表的编制，生成内部报表、外部报表与汇总报表；对各种会计报表进行审核与确认；根据用户的需求调用会计报表；打印、复制各种会计报表。

3. 固定资产核算模块

固定资产明细的核算和管理工作是固定资产核算模块的主要功能。该模块工作内容包括：根据财务制度的规定，建立固定资产卡片，确定固定资产计提折旧①的系数、方法，录入固定资产增减变动情况，汇总计算固定资产原值、

① 固定资产计提折旧是指企业在固定资产的使用寿命内，按照确定的方法对应计折旧额进行系统分摊。

累计折旧及净值。对此，系统要按照预先已经设置好的功能进行相应的自动编制转账分录，完成对于转账的记录，对固定资产明细账和相应的资料卡片进行打印与输出，从而做到对固定资产的价值情况进行反馈。

4. 工资核算模块

计提发放职工的个人工资的原始数据是工资核算模块的基础，可以进行职工工资的计算和核算。工资核算的工作内容包括：首先设置工资的项目及项目计算公式，按项目录入职工应发、扣减、实发金额，按使用者的要求计算配发不同面值的零、整钱数。该模块应具备可以自行定义信息的项目，便于财会人员灵活地选择分类方式、修订工资项目、调整职工个人基础资料、定义工资计算公式（如代扣个人所得税计算公式）；应可以自动制作转账凭证，填制分录，进行工资分配，计算工资福利费。

5. 其他模块

其他模块的功能有存货核算、应收/应付款核算、销售核算和财务分析等。根据行业特点，其他模块包括零售业进销存核算系统、批发业进销存核算系统等；根据行业需要，其他模块包括劳资人事管理系统、国有资产管理系统等。

五、会计档案后期数字化的工作流程和相关要求

会计档案后期数字化工作主要通过扫描来完成。

①确定需要数字化的档案范围和先后缓急，形成档案数字化清单。

②按照档案数字化清单从会计档案库房调卷。

③调卷后先核对档案页数，核对无误后，确定扫描方式，然后进行扫描。

④扫描后要对图像进行纠偏、去污、去黑边等处理，并与原件核对是否一致。

⑤由专人进行复查和审核，确认无误后，完成电子档案的系统输入。

第三节 电子会计档案管理

电子会计档案是指以磁性介质储存的会计核算专业材料，是记录和反映经济业务的重要历史资料和证据。电子凭证、电子账簿、电子报表、其他电子会

计核算资料等都属于电子会计档案。本节将主要介绍电子会计档案的保管方式和利用方法。

一、电子会计档案管理相关规定

《会计档案管理办法》对于电子会计档案进行了多方面的规定，包括电子会计档案的范围、保管、移交、销毁等，其中可以提炼出四点要求。

一是要在会计档案中加入电子会计档案，并且保证用计算机等多种电子设备实现电子会计档案的形成、传输和存储。

二是要保证无论是单位内部产生的电子会计材料还是由外部接收的电子会计材料，都可以用电子形式进行保存与归档。

三是要保证在进行电子会计档案的移交时，其内部的数据也能一同移交，并且文件的格式符合国家统一标准；对于部分格式特殊的电子会计档案，在移交时要附上相应的平台。

四是在进行电子会计档案的销毁时，要遵循一定的规则，要具有公开性，保证在单位档案管理机构、会计管理机构和信息系统管理机构这些机构的共同监督下进行销毁。

二、电子会计档案的保管

（一）电子会计档案的特征

1.对环境的依赖性强

电子会计档案对于计算机的硬件和软件有一定的依赖性，同时其对保存环境也有一定的要求，如保存环境必须防水、防火、防尘、防磁。如果保存环境不当，发生数据丢失，将会造成巨大的损失。

2.缺乏直观可视性

直观可视性是传统会计档案的特点，而电子会计档案因为存储于磁性介质上，所以需要在具备一定硬件与软件基础的计算机上显示。另外，由于电子会计档案的数字化特性，电子会计档案通常缺少直接感染力，这使得人与电子会计档案的处理与交互往往存在人性化不足的问题。

3.具有技术性

与电子会计档案的设计过程和使用情况有着密切联系的技术性文档能够对

电子会计档案的运行情况和设计规则进行相应的解释。技术性文档通常包括两种类型，分别是开发性技术文档和使用性技术文档。在电子会计档案系统的开发过程中，开发性技术文档主要是进行相应的分析与设计，而使用性技术文档则更多的是进行操作和应用上的描述。

4. 缺乏有效的安全与保密措施

在磁性介质中，数据是以数字编码的形式存在的，容易遭到泄露。如果电子会计档案发生数据泄露问题，就会造成严重的后果。

（二）电子会计档案保管原则

1. "三统一"原则

"三统一"原则是指分类标准、档案形成、管理要求这三方面都要做到统一，并要根据各卷的顺序进行相应的电子档案的编号。除了包含很多的信息特征之外，电子档案序号还要保证一定的规范性、合理性和通用性。如此一来，对于电子会计档案容量的安排要有一定的超前性和前瞻性，要能满足其未来的需要。

2. 监察原则

在进行相关操作活动的开展中，要对电子会计档案的保管进行一定的检查和监督，保证能对控制台记录、作业记录和实施记录进行定期的比较和审查。

3. 应急原则

为了应对可能出现的火灾、水灾、断电、通信中断、盗窃等突发情况和事故，要制定相应的电子会计档案保管规划。比较常见的方法包括文件备份、程序备份、备份与原件分开存放等。

4. 数据文件标准控制原则

为了防止电子会计档案中数据文件被误删或是损毁等情况的发生，需要对数据文件的处置进行严格规定，其中包括文件名、保留日期、文件重建、存储地点等多个方面。对于数据文件的保存，要进行严格要求，防止其他人的误触。

（三）电子会计档案保管要求

1. 建立严格的内部会计控制制度

内部会计控制制度是指各单位根据会计法律、法规、规章、制度的规定，结合本单位经营管理的特点和要求而制定的，旨在规范单位内部会计管理活动的制度和办法。建立健全单位内部会计控制制度，是贯彻执行国家会计法律、法规、规章、制度，保证单位会计工作有序进行的重要措施，同时也是加强会计基础工作的重要手段。相比于传统的内部会计控制制度，这种内部会计控制制度扩大了会计档案信息化的范围，包括一些原本没被手工会计系统囊括在内的内容，如对系统开发过程的控制、数据编码的控制以及对调用和修改程序的控制等。作为内部控制的主要目的，保证资料准确、可靠的重要性不言而喻，好的内部会计控制制度对于提高电子会计档案的可靠性和安全性有着重大作用。

2.建立严格的认证制度，引入加密技术

在以往的手工会计系统中，各个部门都要进行相应的数据处理和数据存储工作，而数据处理与存储的集中化又是电子会计档案的重要特点，这就使得数据集中，容易产生一定的安全威胁。如果有没有经过允许或是有不明身份的人浏览相关的数据和文件，就容易让重要的文件被泄露。所以，针对未授权人员进入会计档案系统这一问题，要进行更严格的认证制度。不同权限的口令认证、指纹认证、全息认证等是认证制度的重要内容。同时，要引入一定的加密技术，对于数据的安全性能起到一定的保护作用。

3.建立授权操作制度，实行岗位专人专职制度，避免越权操作

对于不同的岗位，要将责、权、利等多方面相结合，从而对其赋予不同的权限，相应的设立系统主管、管理员、操作员等多个岗位。不同的工作岗位有着不同的职责，在进行电子会计档案的管理工作中又有着不同的责任。这样一来，岗位与岗位之间还可以起到相互监督的作用。对于岗位的设置要明确，不能出现管理盲点，也不能出现职能的交叉。不相容职务分离[①]这一措施在实施中极其重要，同时也要保证岗位有着严格的职责。此外，对于归档登记簿、档案目录登记簿、档案借阅登记簿等重要文件要进行严格设置，防止电子会计档案出现泄密和损坏的情况发生。

4.降低电子会计档案毁损和丢失的风险

火灾、盗窃和水灾这些突发事件对于磁带、磁盘、光盘、微缩胶片等存储

---

① 不相容职务是指可能发生错弊，又能够掩饰其舞弊行为的职务。不相容职务分离就是要求将那些不相容职务分别由两个或两个以上人员担任，以利于相互监督，减少错误和舞弊行为发生的可能性。

了会计数据的载体的破坏是极为严重的，可能发生数据丢失的问题。防火、防磁、防潮、防尘、防虫、避光、恒温、防变形、防磨损、防强震是对电子会计档案室最基本的要求。与此同时，还要保证存储介质的物理性能要保持稳定，这样才能保证存储其中的电子数据是安全的。对于电子会计档案室而言，应配置相应的监控装置和报警防盗装置，还应有针对性的配备一定的安保人员。温度感应设备也是电子会计档案室中必不可少的装置，若是发生火灾可以在第一时间进行报警，减少损失。此外，在电子会计档案室的楼层选择上，应尽量选择较高的楼层，要保证周边环境的防水性，远离易燃品，防止火灾的发生，还要配备一定的防火器材。防尘罩、防尘布这些用塑料制成的透明膜可以用来在电子会计档案室中对置物架进行遮挡，防止灰尘进入其中。为了保证数据不被磁化，要保证电子会计档案室远离磁场。为保持电子会计档案室的卫生，防止虫蛀，需要经常进行消毒工作。通风性和透光性也是电子会计档案室的重要要求，为了方便查阅，还要在建设时预留出一定的通道和空间。对于那些习惯使用电子计算机进行会计核算的单位，在保存电子会计档案的同时，还要打印出一份纸质的会计档案作为备份。

5. 实现电子会计档案多备份管理的规范化和制度化

保证备份和数据恢复是对电子会计档案安全性、准确性、真实性的保证方式。电子会计档案管理人员应当早日养成备份数据的习惯，在备份的同时也要对相应的时间和操作员的编号进行备注；根据会计数据的业务量的大小，电子会计档案的管理人员要定期地对电子档案进行检查和拷贝，保证其安全性，防止因为介质的损坏等情况造成无法挽回的损失。在进行备份时，可以根据具体情况选择进行双备份或是多备份，电子会计档案的原数据与备份数据应该分开进行存放，要相应地设立两个电子会计档案保管室，将他们安置在不同的地点。

对于电子会计档案备份工作的规范化和制度化要谨慎进行，应设立相关专员对电子会计档案的备份工作进行负责；还应有人专门监督这一工作的进行，以保证电子会计档案是安全的。在年终时，要对当年所有的电子会计档案进行分类和整理，同时要标注日期、内容目录、备份人姓名等内容，系统管理人员和财务负责人还要对光盘的存档进行签名。

财务系统操作人员要格外重视系统日志文件。用文本的形式把财务系统操作人员和相应的操作时间进行每日的记录，最后所形成的文件就是系统日志文件。一方面，它是用来进行工作考核和记录工作业绩的最直接指标；另一方面，若是有问题出现，据此可以对其负责人员进行追查，从而追究相应的责任。

6.使电子会计档案具有兼容性

因为现在的技术发展还不完善，这就使得在新系统中，用低版本的操作系统所产生的会计信息是无法处理与运行的，如果信息的备份不及时或是会计文件数据的背景信息不能及时保留，这就会产生旧的系统所生成的文件在新的系统中无法读取的问题出现，最终会产生数据的浪费，从而造成无法挽回的损失。因此，随着技术的发展将电子会计档案的格式不断升级，应使不同时期的电子会计档案具有兼容性。

7.定期对电子会计档案进行检测，及时做好数据维护工作

等距抽样和随机抽样是对电子会计档案进行检查的重要工具。其中，检测过程有以下几方面。

①对外观进行相应的检查，查看存储介质是否出现表面损坏、变形的现象，对于外表的涂层是否出现霉斑等的情况。

②电子会计档案的逻辑检测要应用专门的检测软件，同时对其进行电子会计档案的读写校验。在进行检测中如果发现存储介质存在问题，要进行及时的修改。

③对于检测、维护的审批和登记管理等工作要进行全面的管理，要对审批进行检测、维护，同时审批、检测、维护等工作要进行相应的归档处理，并严格禁止未经允许的数据恢复和拷贝。

8.提高电子会计档案保管人员的素质

在电子会计档案的保管工作中，保管人员的素质是核心，有着重要的作用，对于保管人员来说，既要掌握会计学、档案学、管理学和信息系统等多方面的知识，又要了解计算机通信技术、网络技术、软件工程技术、软件设计技术等技术，还应该在道德标准、工作态度上有着一定的素养。这就需要在招聘、选拔、提升保管人员时，对其素质进行严格过滤和把控。在对现在已经在岗的会计档案保管人员的培训时，可以与会计信息系统开发、维护和使用人员进行岗位交叉培训，这有助于快速培养和提升原本知识面较窄、能力单薄的保管人员的能力。具体而言，在聘用保管人员时，要对其知识和技能进行严格的考核，检查其履历是否出现不良记录和诚信问题。对于已经在职的保管人员，要定期的进行工作考核，同时建立相应的激励和约束政策，对岗位的提升提出明确的要求，为保管人员提供相应的能力提升途径。

三、电子会计档案的利用

（一）电子会计档案利用注意事项

电子会计档案的利用，改变了传统到馆查借阅的利用方式，只要通过网络传输就可以实现对电子会计档案的利用，简化了利用程序，提高了利用效率，为会计档案信息的深层次开发利用提供了必要的前提和基础。同时，计算机检索系统也大大提高了检索的效率和命中率。但任何事物都具有两面性，会计档案数字化为会计档案利用工作带来便捷的同时，也为会计档案管理工作带来了风险和隐患。因此，在电子会计档案利用方面要注意以下事项。

1. 电子会计档案的利用要有安全保密意识

易于传输是电子会计档案的特点，但在利用电子会计文档时，也应具备一定的保密意识，遵守安全保密协议，不超范围传输和扩散。

2. 建立健全电子会计档案利用的各项制度

由于电子会计档案的利用方式主要是通过网络和管理系统，要配套建立健全电子会计档案利用的各项制度，如利用系统操作规范、检索规范等。

3. 发展和完善网络安全技术，加强安全防范

实施网络安全技术的意义就是，保护网络系统中的硬件、软件以及系统中的数据，保证电子会计档案的安全性，防止出现因为一些偶然状况而对其产生破坏、更改、泄露等严重问题，保证系统能稳定地运行，有持续的网络服务。

保密性、完整性、可用性、可控性和可审查性等主要特性是网络安全的特点。保密性，即对于非授权的用户不能对其泄露诸如网络安全的解决措施等重要信息，也不能为其提供服务。完整性，即在没有经过允许的情况下，不能随意对数据进行更改。可用性，即在已经授权的实体对其进行访问时，要提供相应的服务。可控性，即具有一定的控制力从而对信息的传播和其内容进行监控。可审查性，即在出现问题时能提供一定的手段与依据来解决问题。

下面简要介绍可以保证系统网络安全的三项技术。

（1）"防火墙"技术

电子会计档案专用的内部网与公用的互联网的隔离主要使用"防火墙"技术。将计算机的硬件与软件进行结合，从而将互联网内部与外部建立起"一座墙"的过程就是防火墙的建立过程。防火墙其实是一个安全网关，用来保护互联网内部不受外界的干扰，尤其是一些非法信息，从而对电子会计档案的安全有所保障。

（2）数据加密技术

为了能对系统和其中的数据进行保护，需要数据加密技术。这种安全技术手段是用于防止秘密数据被外部人员破译而使用的，与"防火墙"配合使用。按作用不同，数据加密技术又分为数据传输、数据存储、数据完整性的鉴别以及密钥管理技术。该技术的应用可确保电子会计档案在数据传输及存储过程中的安全。

（3）智能卡技术

智能卡就像是信用卡一样，是一种密钥的媒体方式，持有它的用户被授权可以设置一个口令或者密码。但要保证这一密码和内部网络的注册密码是一致的，这样在使用时才能通过密码的验证步骤而进行接下来的操作。智能卡技术可以在电子会计档案的查阅、利用中起到关键作用。

（二）电子会计档案的数据挖掘

1. 数据挖掘介绍

将藏在矿石和沙子中的黄金挖掘出来的过程，叫作黄金挖掘而非砂石挖掘。以此类推，我们应该严谨地把数据挖掘更正为"在数据中对知识进行挖掘"。可惜的是这一词语过长，不便于记忆。若是用简短的来替代，可以叫作"知识挖掘"，这样才符合前面所说的命名方式，但是这一词语没法把"数据"这一重点体现出来。相对于其他词语来说，"挖掘"是一个比较生动的词，看起来就栩栩如生的，它的特点就是要从很多没有经过加工的材料中将宝物找出的这样一个过程。因此，原本不适合搭配在一起，但是在一起又产生了奇妙反应的"数据"和"挖掘"便成了一种技术的名字。许多人把"数据挖掘"视为另一个流行术语"知识发现"（KDD）的同义词，而另一些人只是把"数据挖掘"视为"知识发现"过程的一个基本步骤。

2. 数据挖掘在电子会计档案中的应用

电子会计档案的数据挖掘需要利用工具从海量会计数据中发现有价值的信息，把这些会计数据转化成有组织的会计信息。数据本身就是数据挖掘的对象，其类型范围比较广，可以是结构化的，也可以是半结构化的，还可以是异构型的。对于数据中未被发现的知识，可以用数字、非数字和归纳的这三种方式来发现相应的知识。对于那些已经被发现的知识，可以对其进行会计信息管理、查询优化、决策支持及数据自身的维护等。

电子会计档案满足数据挖掘的对象要求。在会计电算化环境下，会计活动产生的海量数据不断注入计算机网络和各种数据存储设备，可以用爆炸式增长来形容会计数据的产生。电子会计档案是各种会计数据的载体，电子会计档案的数据挖掘是针对会计活动产生的巨大数据集，包括销售事务、股票交易记录、产品描述、促销、公司利润和销售业绩以及顾客反馈等各种商业活动的整个过程所产生的会计数据进行挖掘，找出关联，发现知识，深层次开发利用电子会计档案。例如，像沃尔玛这样的大型商场遍及世界各地，每周都要产生数亿交易额和数以千计的电子会计档案，这就需要通过数据挖掘技术利用电子会计档案，不断改进商业流程，提高销售业绩。

3. 会计档案数据挖掘成功案例

案例一：Credilogros金融公司利用数据挖掘改善了客户的信用评分。

作为阿根廷第五大信贷公司，Credilogros金融公司的资产估计价值大约为9 570万美元，如何准确分辨和识别那些预先付款的客户所具有的潜在风险问题对于Credilogros金融公司来说至关重要，这有助于减小相应的风险。

创建一个能实现将公司的核心系统与两家信用报告公司进行信息交互的引擎是该公司的第一个目标。与此同时，对于那些低收入的客户群体，Credilogros金融公司还在寻找更有针对性的风险评估工具。此外，Credilogros金融公司的35个办公地点和200多个销售点需要相应的指导，这就需要设计一个能实时操作的解决方案。

因为SPSS Inc.用于数据挖掘的软件PASW Modeler与Credilogros金融公司的核心信息系统有着极高的相容性而被选择。在使用了PASW Modeler这一软件后，Credilogros金融公司的工作效率有所提升，那些用于处理信用数据和提供相应评分的时间被大大缩短了。这就使得Credilogros公司能够更快地回应客户的请求，从而改善客户的信用评分。

案例二：哪些商品放在一起比较好卖？

这一案例是沃尔玛的经典案例。从正常思维来看，买啤酒的人群和买尿布的人群应该是两种完全不同类型的顾客群体。但是，根据数据挖掘所显示的内容发现，居民区中的很多店面若是尿布卖得好，往往啤酒卖得也很好。导致这一结果的原因非常简单，很多时候是太太让先生下楼买尿布，先生在买尿布时往往会带两瓶啤酒来犒劳自己，这就导致了尿布和啤酒的销量实现一同增长。鉴于此，沃尔玛的牙膏和牙刷经常都是相邻摆放的，这样的摆放方式能对两种物品相互促进其售卖量。

案例三：库存预测。

应用供应链软件、内部分析软件或者是直觉来对库存的需求情况进行预测，这是过去的零售商常做的事。随着时代的发展，这一行业的竞争力也日渐增大，这就导致零售商开始寻找一些有着更准确的预测能力的方法（从主要财务主管到库存管理员），以便更合理的进货。预测分析就是一种好的解决方法，其针对性和准确性对零售商要求的预测能力是极为重要的。

在应用数据挖掘技术的同时，使用Microsoft SQL Server软件中的Analysis Services以及SQL Server数据仓库，就能对每一产品进行预测并给出相对准确的存储建议。在对未来一周内的一本书是否能脱销这一问题上，SQL Server软件的数据挖掘模型所预测的准确性为98.52%；其所预测的两周内的脱销情况的准确性为86.45%。

综上所述，对电子会计档案进行数据挖掘有助于其轻松、全面、系统、真实地实现对会计数据和财务信息等情况的掌握，并且根据其中的规律来把握其未来走势，对于社会和国家在经济建设和政策制定上都起着相当重要的作用。

第五章　信息时代基于网络的档案管理工作

第一节　档案信息资源网络

档案信息资源网络是指用不同的连接方式将空间位置和存储机构不同的档案信息组成一个错综复杂、有条不紊的组织或系统，以实现档案信息的利用和共享。档案信息资源网络是由档案机构实体网和档案信息因特网共同构成的。[①]

一、档案机构实体网

档案机构实体网是一个由相互之间能够通过一定的关系联系在一起的档案机构所组成的，能够发挥某种功能的统一整体。档案机构实体网可以分为三个层次，由低至高分别为档案机构组织网、档案机构协作网和档案机构信息资源网，这三个层次相辅相成、密不可分。

（一）档案机构组织网

档案机构组织网是一个由不同级别和类型的档案机构组成的群体，是档案机构实体网的基础组成部分，是档案机构协作网和档案机构信息资源网的前置单位。档案信息资源是一种形式特殊的文化宝藏，需要精心保护和传承，而

[①]　程刚. 企业网络数字档案信息资源归档探究 [J]. 城建档案，2020（11）：25-28.

档案机构组织网是保护档案的直接系统，它能够在充分利用档案信息资源，推进国家发展，满足社会需要的同时，保护好这些信息资源，确保这些资源的安全。

（二）档案机构协作网

档案机构协作网是在档案机构组织网的基础上发展而来的，是对档案机构组织网的一种扩展与补充。它强调网络中各档案信息实体之间的协调与合作，是一种能够实现各档案机构之间的交流和资源共享的组织形式。档案机构协作网弥补了档案机构组织网的缺陷，进一步增强了档案机构之间的联系，使档案机构实体网成为更紧密的主体。

（三）档案机构信息资源网

档案机构信息资源网是信息时代档案管理系统的终极目标，是在档案机构组织网的基础上建设起来的。档案机构信息资源网是一种将不同空间位置和存储机构中的档案信息相互联系起来，实现档案信息在各档案机构中的共享和利用的系统。档案机构信息资源网并不局限于档案机构实体网，它拥有很高的自主性，专注于档案信息资源本身的管理与开发利用，能够有效满足人们对档案资源的需求。

二、档案信息因特网

档案信息因特网是建立在因特网（Internet）上，依靠因特网的联网功能而存在的档案信息系统。因特网是信息时代最具标志性的产物之一，被称为"信息高速公路"。将档案信息资源网与因特网连接起来，就形成了档案信息因特网，使档案信息资源实现最大程度上的共享。档案信息因特网为档案机构实体网提供了新出路，它以数字化的形式实现了组织合作、协调互补，打破线下交流困难的局面，使用户能够轻松地获取想要的档案信息，实现档案信息资源的网络共享。

综上所述，档案信息资源网络由档案机构实体网与档案信息因特网共同组成，它通过因特网以便捷、高效的信息资源传递方式，可以实现实体网络中各档案机构中档案信息资源的共享，能够帮助实体档案机构达成业务合作，从而实现馆藏共享、交流和互补。

第二节　网络环境对档案信息开发的影响

一、网络环境

（一）网络环境的概念

网络是一种信息科技时代的通信工具。通过网络通道，能够使数据在各终端间互相传输，实现智能的、互相连接的计算机之间的资源共享。共享是网络的中心和意义，是指信息和服务的共享，不仅代表着流通的信息，而且代表着交换并利用信息的用户。可以说，网络的灵魂是共享，共享是网络存在的意义，如果无法共享，那么网络就不能被称为网络。

网络环境是指在电子计算机和现代通信技术相结合的基础上构建起来的高速、综合、广域型数字式电信网络。这种网络通过网中设网、网际互联，可以覆盖一个国家、数个国家乃至全世界。网络环境如同人们周围的社会环境、工作环境、学习环境一般，只不过它是一种由电子元件支撑的物理空间，是一种虚拟的世界。网络化的历史进程推进了网络环境的诞生与成熟，这是客观存在的动态发展进程。

（二）信息网络环境的特征

信息流通的全球网络化和信息利用的全程数字化是信息网络环境的基本特征。数字化信息和传统的实体纸质资料有着多方面的区别，具体表现如下。一是记录方式不同。传统文献资料是线性的、顺序的；而数字化资料则是由计算机直接组织的。二是存储形式不同。传统资料以单介质存储；而数字化资料则以多媒体的形式存储。三是传播与利用方式不同。传统的传播与利用方式是面对面的交流和传递，从单一介质转向另一单一介质；而数字化信息的传播与利用则是通过计算机网络进行的。

在数字信息科技不断发展的今天，互联网在人类社会中取得了无可替代的地位，人们逐渐习惯从网络中获取信息，使用全世界共享的信息资源。这种情况使得传统的信息开发利用模式受到了冲击，逐渐向网络化、数字化的方向发展。总而言之，数字信息时代带来的变革正在给社会带来颠覆式的冲击，使信息本身和承载信息、利用信息的主体面临着更加严峻的挑战。

二、网络环境对档案信息开发的影响

网络在对传统的档案信息开发与利用的方式上造成冲击的同时，也为档案机构实现信息共享提供了更加便捷的方式，其对于档案信息开发的影响如图5-1所示。

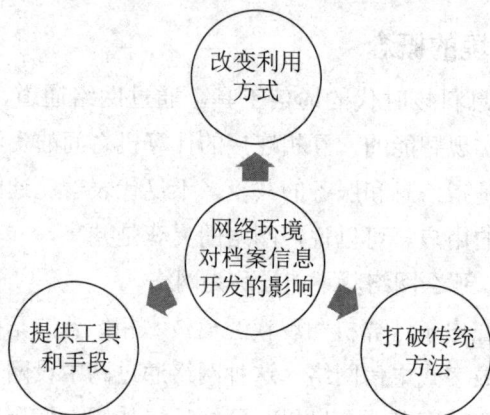

图 5-1 网络环境对档案信息开发的影响

（一）为档案信息开发利用提供了有利的工具和手段

从表面上看，档案信息的开发是对信息的发掘、整理和汇编，是对信息获取渠道的开拓，是对档案信息库的建设和信息流通的推动；从内涵上讲，档案信息的开发是对档案信息的重组、加工和利用。网络是计算机技术、通信技术、网络技术和多媒体技术相互融合诞生的结晶，它集合了这些技术的功能，能够利用强大的信息处理能力和传输能力快速整理、开发并交流档案信息。在信息技术时代，档案信息已经从以馆藏主体为主流转向以网络信息主体为主流方式，在全球网络化的背景下内吸外取，实现了档案信息全球范围内的共享。

总而言之，世界已经被局域网、广域网等网络连成一体，使档案信息实现了不受空间和时间限制的传播，为档案信息的开发利用创造了优势。信息技术的不断发展使网络实现了不断地进步，使网络能够帮助人类社会进一步获取和交换信息，为信息市场提供更多的可能。

（二）改变了档案信息的利用方式

传统的档案信息利用受到时间和空间的限制，身处异地的人想要交换档案信息，往往要耗费大量的时间和精力。而网络消除了这种隔阂，让档案信息的传递能够跨越时空，实现全球即时共享。也就是说，即使相隔万里，也可以通过计算机网络直接获得档案信息，省去了跨越千山万水的时间。同时，在网络的支持下，能够获得档案信息的人不再局限于区域内部或行业内部，只要是获得权限的用户，都能够获取并利用相应的档案信息。

（三）打破了传统的档案整理方法

在网络强大的信息处理能力下，档案的立卷、归档很快就能够完成，这使得传统的鉴定整理、立卷归档工作规范已经不再适用，促进了新规则的形成。

网络对于档案的整理和传播有着积极作用，有利于档案信息为社会提供有力的数据支持，如帮助决策层获取信息，获取优秀的政策效益和经济效益，使档案信息的帮助决策属性得到大幅增强。

三、档案信息开发利用在网络环境下面临的新挑战

（一）档案信息的提供方式要适应网络信息服务的特点

网络信息服务呈现出服务范围社会化、服务对象个性化、服务过程一体化、内容集成化和质量精品化等特征与趋势。

①服务社会化不仅是指服务对象是社会群体，也指服务内容包含社会生活中的各种信息，而且表明信息服务在网络环境下具有规模化、产业化的特点，信息服务业已经成为信息产业中的一项重要业务。

②随着现代信息技术的不断发展，网络已经具备了服务对象个性化的条件，能够满足用户的个性化信息需求。例如，Yahoo！、PointCast所推出的新闻版面都具有针对性，充分满足了用户个性化的网络新闻需求。

③服务过程一体化是指在信息网络的支持下，用户可以直接在网络中完成查询信息目录、浏览文件、下载数据等行为。

④内容集成化是指在网络环境中，在保证网络信息的全面性和完整性的前提条件下，利用多媒体技术满足用户对信息的多样化需求的服务。

⑤网络信息服务质量反映了商品优质化的发展趋势。如今，规模效应逐渐失去了吸引客户的作用，网络运营商逐渐明白了用户更加需要的是直接、快速、准确地找到并利用所需信息。要想提高网络信息服务的水平和能力，应该提高信息的可用性和内容含量。

目前，公共网络档案信息服务模式主要有馆藏介绍和目录查询两种。馆藏

档案全文存取、档案信息网络化利用的实现在国内档案网站尚未见到报道，在国外已有应用实例，如美国国会图书馆。该图书馆是一个拥有大量珍贵历史文献的图书馆，它利用网络技术将所收集的重要资料转化为易于下载的图像和文本。目前，我国档案信息网络服务主要通过揭示档案信息的外部特征，为档案信息内容与用户之间提供一座桥梁。这与网络信息服务的整体特点和用户利用过程中"就近、省力"的原则还有差距。因此，开发利用档案信息网络的关键是普及信息的可获得性，尽快实现档案信息的全文存取，供用户充分共享。

（二）档案信息进入公共网络的安全问题

不同于保密性和贮藏性很强的档案馆，互联网是一个开放性很强的平台，使得档案信息的安全性和可靠性面临着很大的隐患。在网络环境下，主要有操作系统、硬件设备和网络黑客三个因素威胁着档案信息的安全。

操作系统是计算机发挥自身功能的基本条件，当前最普遍和最常见的Windows操作系统的安全性不尽如人意，受到许多用户的质疑。因此，实现档案信息全文上网，首先要解决操作系统的安全问题。目前，我国已经有学者和相关人士意识到开发具有我国特色的操作系统是一条可行之路。

中央处理器的安全性主导着硬件设备对档案信息安全性的影响。在我国，较为常见的中央处理器主要来自英特尔公司。为了增强在线电子商务的安全性，英特尔公司在中央处理器中设置了专门的序列码来识别用户，但是这一序列码给非法用户（网络黑客）提供了获取合法用户计算机内部信息的机会，对具有保密性质的档案信息带来了很大的安全威胁。

网络黑客是采取非法手段编写代码、程序，向互联网传播病毒和攻击特定网站的用户。他们借助互联网的便捷之势，大范围扩散破坏行为，给档案信息造成巨大的安全隐患。一方面，计算机病毒的大规模传播，会导致档案信息被严重破坏，出现乱码甚至信息消失等一系列无法挽回的后果；另一方面，神出鬼没、出手毫无预兆的黑客也使得档案机构不放心将档案信息上传至云端。其实，虽然网络黑客造成的威胁确实难以消除，但是我们也不应因噎废食，放弃互联网的诸多优势。档案工作者应当积极面对这些困难，从信息和网络的特点入手，与计算机专业人员一同合作，研究出可靠的方式，确保档案信息的安全性和可靠性。对此，美国国家档案馆已经在互联网中开通了档案信息主页，用户可以直接通过该主页获取自己想要的信息。与此同时，美国也制定了相关的法律法规限制了电子文献信息的检索，涉及国家安全和公民隐私的档案信息都不会在互联网中公开。

（三）档案信息的共享建设工作依赖计算机网络管理

档案信息的共享建设不能仅仅依靠单个档案机构。要想切实建设有效的档案信息共享系统，应依靠相关单位的配合和协调，充分发挥人力、物力和财力等优势。我国目前已经建设成了档案信息共享体系，拥有从中央到地方的档案机构的支持，可以充分推行档案网络化管理。档案网络化管理可以克服各级档案机构各自为政的状况，形成现代化档案管理工作体系。多数档案馆采取使用副本或复制件的方式来解决因追求整个馆藏档案的完整性而引起的原始档案所有权争议，直接在网络上建立"虚拟档案馆"，通过档案部门之间的合作，实现档案信息网络共享，形成完整的网上档案信息系统，完成网络档案信息共建工作。

标准化建设是档案网络共建共享能够实现的技术前提。档案信息资源共享有一系列的标准需要遵守，包括信息加工、信息记录、信息检索、信息处理与控制等标准。这些标准的实施使档案信息的交流和存储能够在网络上实现统一规范。要想建立能够无障碍分享的档案信息网络管理数据库，就一定要建设并自觉遵守统一标准。档案信息共享必定会面对档案机读目录数据库的标准化和规范化的困境。对此，早在20世纪60年代，美国国会图书馆就尝试设计馆藏图书目录的机读格式，开发出LC-MARC（Machine Readable Catalog）系统。20世纪70年代，该系统被国际图书馆协会联合会接受成为国际标准格式，即UNIMARC。中国机读目录的研制始于20世纪70年代末。1989年，我国编制的《中国机读目录通讯格式》（CNMARC format）出版第一版，除了个别地方进行了追加与修改以外，其设计原则、功能单元、格式结构、字段设置等与UNIMARC基本相同。

第三节 网络环境下档案信息开发的对策

一、宏观对策

（一）统一规划、制定政策

网络环境下的档案信息开发是系统化、组织化的，为了节省资源、避免重复工作，相关机构应进行统一规划，根据拟定的统一规划进行档案信息开发是十分必要的。为此，应当遵循政府相关部门下发的政策，服从宏观调控，制定统一规则，规范网络环境下档案信息的开发。

（二）强化意识、加大投入

随着信息时代的不断发展进步，网络环境下的档案信息开发成了档案事业发展的必然方向。网络环境下的档案信息开发是为了提升档案管理工作的现代化水平，打开档案信息的获取渠道，提升档案机构的竞争力，优化资源配置。当前，我国档案机构并没有全面树立起网络化意识，要想跟上时代的步伐，推动档案管理工作的发展，就一定要加强网络环境下的档案信息开发意识，认识到网络环境下档案信息开发的重要性和急切性。为此，政府应加大对网络环境下档案信息开发的资金投入；拓宽获取网络环境下档案信息开发资金的渠道，采取招投标的方式，吸纳更多的可利用资金；监督资金的分配和使用，避免出现浪费或者挪用、占用等不良现象。

（三）完善法规、健全标准

在网络环境下进行档案信息开发工作需要有独立的安全保障。对此，政府需要尽快制定网络环境下档案信息开发的法律法规和细则，对档案公开的原则、组织以及档案信息开发的责任等做出全面、详细的规定，确保档案信息能够在统一的规定下得到开发和利用。

网络环境下任何不符合标准化工作的信息或技术都将不被允许进入正规系统。因此，在网络环境下建立标准化的档案管理体系成为在网络环境下进行档案信息开发的一个重要条件。

（四）调整机制、培养人才

网络环境下档案信息的开发必须以市场信息需求为导向。目前，在互联网的单位用户中，政府部门占7%，商务部门占31%，科研部门占44%，教育部门占8%，国防部门占10%，而有针对性地充分满足这些部门用户的档案信息需求是网络环境下档案信息开发的目的。为了达到这一目的，必须建立合适的市场驱动机制。

网络环境下的档案信息开发还需要一支具有较高专业能力的团队。然而，当前档案机构人才匮乏、职能不明、人才流失的现象普遍存在。面对这种情况，有必要尽快建立一支能够适应网络环境下档案信息开发的专业队伍。较为常见的办法是补充人才以及对现有人才进行培训。在对现有人才进行培训时，既要教授计算机基础知识和计算机自动化管理，还要教授现代通信技术应用基础、计算机信息网络、人工智能和经济信息研究与咨询等知识作为补充。

二、微观措施

（一）转变观念、迎接挑战

随着信息技术的不断发展和科技的不断进步，档案机构应该真切地意识到信息社会一定会走到科技化的道路上，并为即将到来的变化做好充分准备。首先，要提升档案管理工作人员的计算机操作技能，逐步实现办公自动化。其次，要形成分级档案信息网络的理念，增加档案管理工作人员上网的机会和条件，同时防止网络中的信息被屏蔽或销毁，提高网络服务效率。最后，要推进网络一体化的形成，不仅要实现形成各级档案机构网站和网页的互联互通，还要尽量与政府、图书馆、文教部门产生联系，推动档案信息网络社会效益和专业信息利用率的提升。

（二）采集数据、丰富馆藏

数据采集是在网络环境下开发档案信息的前提。档案信息扫描、存储的工作量非常大，需要投入大量的资源来进行快速的数据采集，否则网络环境下档案信息的开发就不可能成功。因此，各档案机构应加快数据采集速度，及时跟随科技更新换代配备先进的技术设备，提高原始档案的扫描和存储速度。同时，为最大限度地提高档案信息开发的效率，发挥档案信息的价值，各档案机构应当通过调查分析找出高价值、高利用率的档案信息，对其进行重点采集。此外，各档案机构还要在现有档案的基础上建设馆藏丰富的网站。首先，在计算机管理技术的支持下，按照计算机著录方式对档案信息进行编译研究，建设独立网站，下载档案信息。其次，统一著录规则和项目格式，实现各档案信息站点的管理模式、工作流程、数据格式和网络规则的标准化，保障网站能够规范运行。再次，加强档案信息的开发，尽可能地将不具有保密性、能够在网上公开的档案信息根据社会性、价值性、可用性、效率性的原则上传至网络，提供给用户使用。最后，为了提升用户的访问兴趣和概率，提高网站的利用效率，在网站初步建成后，要随时对其中的信息进行更新，确保网站的活力。

（三）变更方式、建立数据库

如今，人们已经步入了信息时代，网络环境潜移默化地改变了人们对待信息资源的思维方式、获取方式和手段。在网络环境下，因为传统的方式已不能满足人们对于档案信息的需求，必须改革创新，采用新的档案信息组织方式来推进档案管理工作。传统的档案信息组织大多采用人力的方式进行，如著录、标引等前期工作都需要通过烦琐的手工劳动完成，而且分类表和叙词表的编制与维护工作也要耗费人力。现在，网络中的信息越来越多，其时效性也决定了不能够有太多的中间环节和处理环节，否则信息将失去价值。因此，必须解决档案信息组织自动化这一问题。以往的档案信息组织方式只适用于文本信息，但在网络环境中还有很多声像、图形等非文本信息，这些信息相对来说更加复杂且难以归类，不容易像文本信息一样能够格式化和标准化。因此，只有对传统的档案信息组织方式进行改革，才能够揭示档案信息的完整内涵，正确且全面地开发档案信息。除此之外，网络中档案信息用户的构成具有多样化、个性化、复杂化的特征，获取档案信息的门槛较低，有许多用户都没有掌握成熟的档案专业知识和技能，因此对档案信息提出了透明、易用的要求。这也意味着必须对档案信息的组织方式进行改革。

数据库的建立是组织档案信息的重要途径，具体是指对待整合分类的档案信息经过合理的标准化处理，然后将其存储在计算机中。利用数据库技术组织档案信息，可以大大提高档案信息的有序性、完整性和安全性。可以说，数据库技术与网络技术的结合，促进了档案信息的开发，提高了档案管理工作的效率。

当前，档案机构要努力开发独具特色的档案信息数据库；各档案机构之间要分工协作，按照资源共享的原则共同建设档案信息数据库，避免重复工作和浪费资源，通过网络为用户提供广泛而深入的档案服务，提高档案服务质量，增强用户对档案的深度共享。

在建设档案信息数据库时，要注重内容质量。我国的档案信息数据库中多为文摘、索引、目录等二次信息，图形、图像较少。虽然二次信息也可以在一定程度上提供相应的服务，但是并不能完全满足用户的需求，因此必须充分开发一次信息。

（四）制定标准、保障安全

档案机构要吸收和借鉴国内外在网络环境下进行档案资源开发的成功案例，尽快着手制定和发布合理可行的标准，如编码标准、数据库标准、数据格式标准、设备标准、通信技术标准等，明确各级档案机构的责任和义务，使档案机构之间保持稳定的联系。

利用技术手段可以提高网络环境下档案信息开发的安全性。首先，编写电子文件归档管理程序，及时、完整、安全地保存档案信息，避免网络故障等原因导致的相关信息丢失或损毁；其次，实行纸质和非纸质相结合的方式，避免病毒感染、网络故障等原因造成的档案信息无法找回而导致的严重后果；最后，建立档案信息加密网络和开放网络，严禁在开放网络查看机密档案信息，从而防止黑客恶意盗取或破坏。

第四节　信息时代档案网站探索

档案网站是指以网页形式提供档案信息及相关服务的专业信息服务网站。它是档案信息化的基础组成部分，也是档案机构与用户实现交流的端口。

一、档案网站的类型

根据网络环境、建设主体和技术手段等不同分类标准，可以将档案网站分为以下类型。

（一）按照网络环境分类

根据网络环境不同，可以将档案网站分为以下类型。

1. 基于互联网的档案网站

互联网是一个开放的公共信息传播平台，基于互联网的档案网站致力于满足广大人民群众的档案信息需求，满足人民群众的相关文化需求，为广大公民提供可以利用的档案信息，重点提供公开档案和现行政府文件。

2. 基于政府内部网的档案网站

政府内部网是为了满足政府内部各部门协同工作的需要而建立的专业办公网络，不对外授权开放，即其用户仅限于政府部门。基于政府内部网建立的档案网站，旨在满足档案机构办公活动的需要，其目的是更好地协调档案机构上下级之间以及档案机构与其他政府部门之间的工作，并为其他部门开展档案工作提供业务指导。基于政府内部网络建立的档案网站提供的档案具有一定的保密性，包括重要的非公开档案和只能在一定范围内公开的档案等。

3. 基于档案机构局域网的档案网站

基于档案机构局域网建立的档案网站一般和档案机构办公系统或档案管理

系统相互集成。此类档案网站为保证信息的安全性，具有严格的身份识别和权限控制机制，只有通过严格的审查才能在权限内浏览和利用档案信息。

虽然不同网络环境下的档案网站在服务对象、功能目标、内容模块、信息服务、信息内容、栏目设置、建站技术等方面存在较大的差异，但是它们都是在档案信息的支持下建立的，致力于提供使用户满意的档案服务，因此能够在整体框架下统一进行规划、建设和运行，实现资源共享，避免无意义的重复工作和"信息孤岛"的出现。

（二）按照建设主体分类

按照建设主体不同，可以将档案网站分为国家档案局网站、地方档案局（馆）网站、专业档案馆网站、基层档案馆网站、档案刊物网站、档案教育咨询网站、个人档案网站。

1. 国家档案局网站

国家档案局网站成立于2002年12月，它既是国家档案局的官方网站，也是全国档案信息网站的门户网站。国家档案局网站中存储的档案大多是档案行政管理方面的信息，但并不包括中央档案馆中的档案信息，因此不能算作国家档案资源中的龙头网站。此外，国家档案局网站还具有导航网站的作用，用户可以从国家档案局网站直接进入地方档案局（馆）网站。

2. 地方档案局（馆）网站

地方档案局（馆）网站数量较多，是发展最快、分布最广的网站类型。这类网站是在地方实体档案馆馆藏资源的支持下建立的，主要提供网上档案管理和行政服务功能。各地档案局（馆）网站名称不一，如"山东档案信息网""天津档案网""琼兰阁""江苏档案"等。

3. 专业档案馆网站

专业档案馆网站是向用户提供专业档案服务的网站，它建设在各级各类专业馆藏的基础上，如北京市城建档案馆网站、贵州省测绘资料档案馆网站、辽宁省地质资料档案馆网站等都属于专业档案馆网站。

4. 基层档案馆网站

基层档案网站是基层企事业单位基于档案（室）资源建立的提供档案宣传、查询和利用服务的站点。基层档案网站主要是高校档案网站，如苏州大学档案馆网站、中国科技大学档案馆网站等。

5. 档案刊物网站

档案刊物网站是档案杂志或档案出版机构在互联网中建立的具有网上出版、网上发行等功能的档案站点，是档案学者和档案从业人员进行学术研讨、业务交流和专业资源共享的园地。现有的档案刊物网站有"档案界"（由《档案管理》杂志主办）、"档案学通讯"（由《档案学通讯》杂志主办）、"中国档案资讯库"（由中国档案报社主办）等。这些刊物网站虽然出现的时间较晚，数量也不多，但是内容形式丰富、有活力、发展迅速，在业界、学界享有盛名，访问率高。

6. 档案教育咨询网站

档案教育咨询网站是档案学会、档案教育、档案研究机构、档案行政机关等组织为了进行档案教育培训、咨询、业务交流、讨论等工作而建设的档案网站。[①]例如，由中国档案学会建设的"文件与档案工作者继续教育园地"网站；由《中国档案信息主流网站发展状况及其用户需求的调查与分析》课题组主办的"档案在线"网站；中国人民档案学院网等。

7. 个人档案网站

个人档案网站的建设主体是档案专家、学者、档案从业人员或学生个人等。它的主要目的是方便同行探讨学术思想、交流工作经验、传递专业信息等行为，其主要形式包括各类档案网站、博客等。例如，曾享有盛誉的"兰台眼"，在和讯个人门户网站开设的"中国档案学研究"，在西陆社区开设的"中国档案论坛"等。

（三）按照技术手段分类

档案网站从技术手段及其实现的功能看，可以分为以下技术类型。

1. 静态档案网站

静态档案网站是由一系列使用标准HTML代码的静态网页构成的站点。当用户想要浏览这种档案网站时，本地预览通过HTML传输协议向网站服务器发出请求，获取Web内容，服务器则将网站事先已经设计完成的HTML网页发送到用户端，供用户浏览查找。静态档案网站由于是事先编写的，并不会因用户的操作发生改变，最多可能出现极简单的动画显示效果。

---

① 陈恩满，李锦兰.从校史网站看高校校史档案的编研工作 [J].兰台世界，2020（10）：122-126.

静态档案网站的优点是简单灵活，网站的设计与维护一体化。但是也有着不容忽视的巨大缺陷，主要有以下两点：第一，网站与用户之间的交互十分匮乏，基本只有网页上提供的电子邮件链接；第二，维护和更新效率低下，想要更新静态网页的内容，维护人员必须反复制作HTML文档，并且采取人工的方式维护所有链接，而随着档案信息的与日俱增、不可计数，人力几乎无法完成这项工作。因此，随着技术的发展，静态网站不能满足用户的查询需要，目前已经几乎不存在纯静态档案网站。

2. 动态档案网站

动态档案网站是利用ASP、PHP等技术将前端静态网页与后端数据库系统相链接，利用数据库进行构建的档案网站。所谓"动态"，是指在不同的用户、不同的时间访问同一网站时进行的不同选择操作会返回不同的页面，网页内容能够按照用户的要求和选择发生变化并动态响应；网站将根据背景数据的变化自动生成新页面，而无须手动更新HTML文档。相比静态网站，动态网站除了网页设计，还要进行数据库编程，从而使网站能够对用户的指令进行动态反应，如网页自动检索、在线交流系统等。

动态档案网站基于数据库技术，实现了用户登录、用户管理、在线检索、在线论坛等后台管理和实时交互功能；将网站设计和网站维护任务分开，使两个部分能够分别进行，降低了对网站维护人员的综合技术要求；通过程序自动实现网页之间的链接和网页数据的更新，大大降低了成本，减少了网站维护的工作量。但是这种网站也具有很多缺点：安全隐患较大，如果在编程过程中出现失误或考虑不周，网站可能会因广泛的交互性而遭受黑客攻击；每个页面的打开都要读取一次数据库，一旦同一时间内网站访问量巨大，则可能会出现服务器因负载激增而导致网站的运行速度降低，或者导致服务器崩溃；由于动态网页相对复杂，需要网站设计师和程序开发者的配合，对网站设计团队的专业性要求很高。目前，动态网站已经是几乎所有档案网站采用的技术形式。

3. 档案网站集群

档案网站集群是指将在一定范围内的全部档案网站按照整体规则集中建设，并在统一标准、整合资源和协同管理的基础上，连接形成一个有机整体。网站集群以门户网站为中心，建立起能够通往全部档案网站的导航检索平台，让用户在平台的帮助下轻松获取所有站点的信息和服务，并通过站群管理软件对所有站点进行统一管理。

档案网站集群的意义在于：通过数据资源的规范化和管理平台的同一，广泛共享集群中的所有网站资源，中心网站可以快速检索各子站点的网页信息和数据库，各子站点上的重要新闻信息自动收集并显示到中心网站。用户访问集群系统时，只需要登录中心站点，便可访问所有网站信息，从用户的角度看，网站集群相当于一个网站；通过网站模板及其软硬件环境的统一设计、开发，节省了大量投资；通过网站维护和内容管理权限的规范化，实现了集群化管理。

网站集群建设与其说是一种技术进步，不如说是一种管理上的创新举措，因为其所应用的集约管理的理念对档案建设有着较强的现实意义。我国许多地区已有了建立档案网站集群系统的尝试。例如，在"档案网站集群系统版面设计及功能研究"科研成果的基础上，湖北省档案局采取统一投入、统筹推进的方式，一次性投入15万元，与信息技术公司联合开发"湖北省档案网站集群"系统，建立了以省局（库）档案网站为中心站，以点、市（州）档案网站为骨干，以县（市、区）档案网站为节点的多站点、多集群网络平台，获得了良好的实践效果。缺点是由于技术缺陷，还不能将其称为完全的网站集群系统。

4. 基于Web2.0技术的档案网站

Web是互联网应用的总称，即全球广域网。Web1.0缺乏互动性，网站基本只能将信息存储在服务器上提供给用户，用户则作为被动的接受者通过浏览器接收信息，信息的质量和数量都由信息提供者所决定（网站建设者）。Web2.0弥补了Web1.0互动性不足的缺陷，用户能够在网页上进行简单的交互。用户不仅是网站内容的使用者，也是网站内容的制作者。参与性、社会性、开放性和等价性是Web2.0网站的特征。

档案网站若使用博客（blog）、内容聚合（RSS）、即时通信（IM）、维基百科（Wiki）、社会网络服务（SNS）、网络书签（Tag）等技术，那么就可以被认为是一个基于Web2.0网站。Web2.0技术对档案功能和价值的扩展具有重要意义。比如，用户档案博客群的建设能够留住用户，加强用户之间的交流互助，增加网站人气；即时通信的应用能够在网站上建立公众与档案专业人员的对话窗口，让公众更加方便地获取所需档案；可以通过实名制建立SNS，扩大档案从业人员之间的联系。目前，Web2.0技术在档案馆网站建设中得到了广泛应用。

二、档案网站的功能定位

首先，档案网站建设要进行正确的定位，找准对象、目标和功能。定位不准确、目标不明确、职能不到位，一定会造成资源的浪费，造成工作效率低下。

（一）档案网站的总体定位

从本质上讲，档案网站是档案机构在实体上所能够发挥的职能，是在网络世界的一种变相投射和扩展，是网上的档案局（馆）、档案室、档案教育、出版机构。档案馆网站主要有如下总体定位。

1. 网上档案行政窗口

各级政府档案行政主管部门的档案网站，主要是为了利用互联网在行政命令发布和传递方面的优势，便捷高效地提供行政服务。根据1999年1月发布的《政府上网工程白皮书》，政府上网是指各级政府部门利用互联网/内联网等技术，在信息网络上建立官方网站，推进政府办公自动化和政府网上便民服务，在信息网络上实现政府在经济、政治、社会生活等领域的管理与服务职能。档案局网站也有着相似的定位，也是在网上设立档案行政服务中心，公开政务信息，方便群众行使监督权等公民权利。

2. 网上档案信息中心

档案馆、档案室在不同的网络环境下建立档案网站，旨在充分利用网络信息传输的实时性优势，随时随地地提供档案信息利用服务，使档案信息受众更大，档案信息的利用更加快捷方便，档案资源的共享更加广泛和深入。目前，我国的档案利用中心和档案编目数据中心正从真正的档案馆走向网络环境。档案网站已成为档案资源与档案用户联系的重要渠道以及档案馆藏信息向公众流动的主要平台。

3. 网上档案文化园地

档案是记录历史文化、记录客观事实的载体，档案馆具有历史传承和文化教育的功能。建立档案网站的目的是通过网络互动，以更加丰富多彩的形式实现其文化功能，使档案网站能够成为历史文化宣传、爱国主义教育和专业教学培训的重要舞台。

（二）档案网站的具体功能

档案界对档案网站功能的讨论由来已久，专业人员发表的档案网站建设研究论文中都有对档案网站功能的探讨。对于档案网站的功能主要有三种观点：一是具有服务、宣传、对话、中介、传播五大功能；二是具有宣传、服务、传播、启示和教育五大功能；三是具有宣传、服务和传播三大功能。这三种观点的支持者都有不少，显然对于档案馆网站的功能，学者们众说纷纭。在实际应用中，不同类型的档案网站由于其档案资源、网络环境和服务对象的不同而具有不同的功能。想要建设一个能够发挥最大效益的合适的档案网站，就一定要对网站个性需求和具体情况进行具体分析。从理论上总结，各类档案网站一般具有以下功能。

1. 档案检索

为网站用户提供在线检索是档案网站的最基本功能，目前几乎所有在馆藏资源基础上建设的档案网站都拥有这一功能。在线档案信息检索采用后台数据库技术，在多种功能上超越了传统信息检索。其检索内容包括历史档案、政府现行文件和其他文献。检索层次可分为目录信息、全文信息或编研成果。检索途径包括题名、档号、关键词、分类号等，检索方式包括简单检索、分组检索、模糊检索等。在线档案信息检索也可采用动态检索链接机制，能够进行站内、站外、复合检索等检索，打破了实体馆藏界限，实现了跨馆检索。在线文件检索没有时间限制也没有空间限制。通过适当的技术和管理机制，可以确保档案网站的信息检索安全。例如，在内网网站实行严格的身份识别、权限控制、内容分级管理等机制；在面向普通用户的外网网站，只开放文件的目录查询和部分开放档案的全文等。

2. 档案管理

档案馆（室）将档案管理业务的部分工作扩展到档案网站中进行，以提升档案管理效率，来适应管理环境的网络化趋势。在外网中建设的档案网站在提供检索功能外，通常还具有档案发布、收集、交换、展示、借阅，以及业务咨询等服务性功能。在档案馆（室）内部局域网中建设的档案网站，一般是作为整个档案业务管理系统的统一前台而存在的，并全方位地整合了档案管理的各项业务。

3. 档案行政

档案行政机关也将其管理职能延伸到档案网站之中。一般来说，在政务外网和互联网上建立的档案网站会设有"政策法规""政务公开""业务指导""公文传递""网上审批""行政投诉"等栏目，具有解读档案行业相关政策、发布有关政务公文、进行网上办公等功能。档案局在政府内网建立的档案网站是政务系统的重要节点，是为地方政府提供档案行政服务的重要平台。

4. 档案宣传

档案机构可以利用网络这一信息平台，通过设置"档案局（馆）概况""馆藏介绍""服务指南""工作动态""行业新闻"等栏目向广大民众开展全面且广泛的宣传工作，使人们对档案机构、档案工作、档案职业能有更多的了解，从而帮助人们更好地利用档案网站，充分了解档案馆藏和服务的情况，使档案网站成为网络环境下档案机构和档案职业形象的代言，增强档案机构的社会影响力和市场竞争力。

5. 交流互动

档案网站可开设"建言献策""统计调查"等版块收集用户意见。还可以通过开辟用户个人空间，开放邮箱地址，提供在线实时咨询（IM）等方式收集用户的反馈信息，向社会征询档案服务建议，为各类用户解惑答疑，搭建档案机构与公众之间的沟通桥梁，促进档案事业的健康发展，使档案网站成为档案用户、档案管理人员和档案专家的交流互动平台。

6. 文化展示

档案馆网站可设置"珍品典藏""特藏陈列室""特藏展室""网上观览""名人档案"等版块，利用信息网络的强大逻辑性和关联性，将档案馆中具有重要历史意义和审美价值的珍藏展现出来。通过馆藏展示，能够显示出档案网站的文化底蕴，展现社会的民族精神，实现人类历史文明的传承与保护。

7. 专业教育

档案网站的功能之一是开展档案专业教学与文化教育。档案网站通过设立"教学园地""网上教室""知识世界"等版块，利用教育资源整合和分散的教学模式的优势，及时发布教育教学信息，上传教育课程，举办档案文化讲座、比赛等，对档案从业人员和公众进行专业培训和素养的提升。国内外都已经越来越重视档案的教育功能，如中国档案学会建立了"文件与档案工作者继续教育园地"网站；美国NARA网站的"教育工作者和学生"版块为在校学生和社会人员准备了易于理解、充满乐趣的多媒体教育资源，以丰富的档案历史资料串联起来的学习内容，让用户在轻松的浏览中提高档案意识和技能。事实上，档案网站的专业教育与文化展示功能是相互交叉、相互渗透、不可分割的。

8. 研究出版

档案网站可设置"编研成果""学术园地""档案报刊"等版块,将档案编辑研究文献以电子版的形式上传网站、发布出去,共享档案课题成果,在线编辑发行档案出版物和工作通报,建立以学术研究为核心的论坛和新闻组,以充分发挥档案网站学术研究和出版平台的作用。

9. 娱乐服务

档案馆网站不仅是一个专业网站,而且是一个大众化的文化休闲场所。在档案网站的访问者中,不仅有为特定档案而登录的学者、获得专业档案服务的从业人员,也有大量为搜索陌生事物而登录的随机访问者。因此,一定要同步增强档案网站的文化性、娱乐性和服务性,提升网站的服务能力和吸引力。建立"历史回顾""文化痕迹""名人轶事""风土人情""古城旧影"等历史档案文化栏目,建立"地方黄页""交通地图""天气预报""资料下载"等服务栏目,再设置健康、体育、游戏、美食、音乐等娱乐民生栏目,在不压缩主要功能的前提下提升网站吸引力,获取更高的人气。例如,加拿大国家官方档案网站就开发了生动的多媒体游戏,这个游戏不仅具有娱乐性,同时加入了加拿大的历史文化资料,从而将娱乐与学习融为一体。

10. 信息中介

档案网站通过与档案导航网站、地方政府网站、其他档案网站、图书信息资源网站、新闻媒体网站等相关网站建立直接或间接的链接,实现网络信息资源的整合,起到信息中介的作用,提供各种资源服务。

三、档案网站建设的原则

档案网站建设需要大量的人力、物力资源的支持,它的设计、制作和维护是一个十分烦琐的过程,有着复杂的影响因素。为了保证最终的建设成果,应当遵循以下原则进行建设工作。

(一)用户主导原则

档案网站的建立是为了实现资源与用户的交互,为了向用户提供服务。实体档案馆兼有收藏价值和利用价值,可以不在乎是否有很多的来访者,但一个档案网站如果没有访问量,就没有存在的意义。可见,访问量是衡量一个档案网站价值的重要指标,浏览者越多,网站越有影响力,越能体现网站的价值。

所以，用户导向是网站建设的核心，一定要想方设法地提高网站的用户访问量。首先，要精准定位用户群，对用户进行深入了解和分析，确认不同用户的个性化需求，不断发掘和吸引潜在用户，满足不同用户的不同需求。其次，网站的设计要保证内容丰富多彩，尽量满足用户的个性化需求，如网站增加不同语言或文字的版本，设计完善的检索系统和导航系统，以及除档案信息本身以外的其他便民服务、娱乐版块等。再次，与时俱进，及时对网站设计、网站内容进行更新重设，运用时下流行元素，迎合用户心理，避免用户长时间面对单一版面造成审美疲劳。最后，要加强网站与用户的交流，通过加强建设用户论坛，向用户邮箱发送调查问卷，设立专门的互动版块等方式，将网站建设成为能够连接用户和资料的交流平台。

（二）内容为本原则

档案网站中的档案信息是档案网站的根本，档案网站是通过向用户提供档案信息来实现自身价值的。用户进入档案网站是因为想要浏览和利用其中的档案文件，或者获取与其相关的服务。网站的根本是信息内容，如果没有充足的内容支撑，网站设计无论怎样精彩都不能留住用户，也不能获得有黏性的访问量。因此，想要建设好档案网站，就要将网站内容充实起来：一是要保证档案信息资源的全面，尤其是收集并准备充分的档案目录数据和全文信息，为检索和内容筛选提供保障；二是要对网上信息进行严格识别，确保其内容的严谨性、科学性、真实性和准确性；三是要对网站内容进行系统分类整理，为提高上传信息的质量，对原始信息进行深处理和深加工。

（三）整体设计原则

档案网站并非封闭孤立存在的，而是整个网络系统的一个节点，是和其他网站分享着一样的用户群、网络环境和数据资源。档案信息本身浩如烟海，每个档案网站提供的信息只是其中的一小部分，是一个个档案网站中的信息构成了整个的档案信息网络。因此，要立足整体，纵观全局，统筹兼顾地建设档案网站，找准网站定位，确定自身的服务方向和内容特点。

第一，应加强和其他网站的联系，通过提供其他网站的链接来获得更多的访问量。

第二，应制定档案信息资料的统一规范和标准，只有采取统一的标准才能够建设出基于全网的跨数据库检索模式，实现无障碍网络共享。

第三，应树立独特的网站特色，增强网站吸引力，避免网站信息同质化或者服务上的冗余，这些与众不同的特点是档案网站的活力所在。互联网是一个广阔的世界，各类网站不计其数，如果内容不够出色，很容易淹没在洪流之中，只有提供精彩的特色内容才能提升网站价值，吸引用户的注意力，获得访问量。档案网站一方面要注重建设根本，建成以档案资源为依托的专业网站；另一方面要发挥地方特色，收藏能够反映当地地理政治、风土人情和历史人文的档案，以地方特色优势提高网站的竞争力。

四、档案网站的设计

在确立了档案网站的目标和功能后，必须要全面地收集相应的资料，并对收集到的资料进行整理和分类，以设计出能够满足用户需求的内容版块和栏目结构。

（一）档案网站的内容准备

1. 档案馆藏信息

档案馆藏信息是档案网站的信息主体，包括目录信息、全文信息和编研信息三个层次。

（1）目录信息

档案网站的目录信息可分为介绍性目录信息和检索性目录信息两种。介绍性目录信息包括馆藏类型、内容范围、特色介绍、馆藏完整目录、特色馆藏目录、系列档案目录、全文引文目录、专题馆藏目录、专题档案索引等，一般以电子文本和表格的形式提供。检索目录信息主要包括文件目录、案卷目录和专题目录，以数据库系统组织和管理，便于联机检索。

（2）全文信息

全文信息是指经过数字化的纸质档案、照片档案、音像档案。由于档案网站的容量和网络带宽是有限的，只能选择性地展示全文信息。一般情况下，会挑选一些有特色、有价值的照片档案或受到公众喜爱的音像档案片段。至于基于公共网络的全文信息的在线利用，需要在完善的档案数字化和网络安全利用机制下进行。

（3）编研信息

档案网站的编研信息一般包括大事记、年鉴、机构沿革、史料选编、基础数字汇编、专题汇编等各种形式。

2. 档案职能信息

因为档案网站兼具档案管理和行政的功能，档案网站必须上传档案局（馆）的行政职能或管理职能信息，主要内容如下。

①机构概况：档案局（馆）地理位置、工作时间、基本职能、内部机构、主要领导、岗位职责、联系方式（联系人、电话、邮箱、各部门通信地址）等。

②机构背景：档案局（馆）历史沿革、发展规划、建设目标、实施项目等。

③档案服务：服务内容、服务对象、服务方式、服务政策、服务限制、开放时间、查档程序、查档方式、收费标准和阅读标准等。

④归档内容信息：馆藏概述、开放文件范围和相关检索工具介绍。

⑤行政信息：相关法律法规、制度标准、文令公告等。

⑥工作动态信息：国内外档案管理工作动态、工作简报等。

⑦专项业务信息：社会、教育、科技、职称、信息化建设等专项业务的管理信息。

⑧档案基础资料：国家档案工作统计表、可供下载的表格文件等。

3. 政府现行文件

许多档案馆都设立了政府公文阅览中心。要想将这一功能延伸至档案网站，就要先完成收集工作，要求网站工作人员通过网络或传统方式系统地收集、整理并审查政府机关的现行文件，建立全文数据库，并根据《中华人民共和国政府信息公开条例》和地方政府的有关规定，在合理确定政府现行文件的公开范围和控制权限的基础上提供政府现行文件的查询服务。

4. 档案文化信息

为实现档案网站的文化园地功能，档案网站要展示大量馆藏以及与档案利用有关的文化信息。例如，档案馆藏中的数字图片、音像片段、文史资料、风土人情介绍等，以及档案专业知识、学术论文、其他生活娱乐资料等。这些信息不仅丰富浩瀚，而且来源十分广阔。其中有些是档案机构自己编译制作的，有些是从外部信息源中收集的，有些是用户通过网站互动平台上传的。无论这些档案信息出自哪里，都凝聚着作者和网站编辑的心血。

5. 公共服务信息

档案网站还要承担一定的社会责任，提供一些公共服务信息。例如，有些档案网站提供了天气、航班、公交车、地图、酒店、本地黄页、相关软件下载等许多与公众生活密切相关的公共服务信息。这些信息的收集、整理以及更新需要耗费大量的精力，并且有些内容涉及版权问题，需要通过专门途径和方式获取并取得信息提供者的授权。

6. 相关链接资源

在档案网站中设置外部网站的链接，在某种意义上扩大了档案网站提供的信息量。因此，选择合适的外部资源，通过适当的方式获得链接权限，是一项重要的工作。档案网站的外部链接主要有以下几种：

①国内外档案网站，特别是档案门户网站；

②地方政府网站和门户网站；

③图书馆和信息资源网站；

④新闻媒体网站；

⑤国内主流门户网站。

以上网站的链接并不难获得，很多档案网站都提供了这些网站的链接地址，只要稍做留意即可获得。但是，要与这些网站设链，需要与被链接网站进行沟通，获得对方的许可；同时也可同链接网站协商，在对方的网站上留下自己的链接地址，以扩大自身的影响力。

（二）档案网站的信息组织

档案网站的建设并不是将上述内容简单罗列就可以完成的，而是需要实现相关信息的逻辑组合。目前，网站信息的组织方式很受网站建设者们的重视。有一些学者已经开始运用信息构建理论来分析档案馆网站的信息组织问题。信息构建理论是研究网络信息资源之间的逻辑关系，通过构建信息路径来满足用户需求的科学理论，强调网站信息的可理解性，强调信息组织过程中的架构，强调用户需求和用户体验，并认为通过信息构建，档案馆网站将生成内容组织体系、标识体系、导航体系和检索体系。信息构建理论还认为，网站要想提高自身的点击率，拥有更多的用户，就必须选择最适合网站信息内容表现的信息组织和表达方式，并提供简单、方便、快捷的检索工具，引导用户深入访问网站。

根据信息构建理论，一个优秀的档案网站的信息组织应具备以下几项内容。

①基于用户群分析而建立的网站内容范围；

②合乎逻辑的网站栏目设计，一般采用自上而下的树形分类结构；

③友好的信息导航系统，提供网站地图、搜索引擎、必要的内链、常见问题解答等，通过技术设计使网站结构更加清晰，易于浏览；

④完善的信息检索系统，提供多种途径的文件检索和现行的文献检索系统；

⑤良好的网站标志，能够准确、简洁地反映网站的名称、栏目特点，符合网站特点。

（三）档案网站的栏目设计

档案网站栏目设计是指确定档案网站的内容体系，并提供网站设计的结构框架。档案网站最常见的栏目结构是树状结构，如图5-2所示。一般来说，主页设立几个主栏目，主栏目又可分为几个子栏目。需要注意的是，层级不宜过多，否则会显得烦琐，不够精简，一般设置2～3个层级即可。

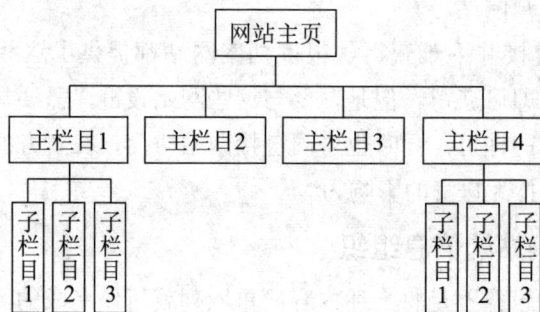

图 5-2 档案网站栏目树状结构

在档案网站的栏目中，常设栏目如下。

①局馆概况：介绍档案局（馆）的基本职能、日常工作和业务流程，令用户形成对档案室（馆）的整体印象；公示档案室（馆）的地址、开放时间以及电话、传真、电子邮件等联系方式，以供人们查询联系。

②行业新闻：及时发布并更新国内外档案工作的新闻和学术动态，确保网站信息与时俱进。

③最近更新：列出网站中最近更新内容的列表，方便用户注意并利用最新消息。

④馆藏简介：介绍馆藏档案的内容。

⑤珍档荟萃：珍藏档案的介绍。

⑥档案展览：展示和宣传特色馆藏和音像档案。

⑦休闲档吧：提供档案典故、名人轶事、城市变迁、历史沿革等信息，满足用户休闲娱乐的需求。

⑧档案查询：建设档案搜索引擎，可以设置简单查询、高级搜索等不同查询方式，以方便用户查询。

⑨现行文件查询：专门设置现行文件的搜索引擎，并提供全文浏览。

⑩电子阅览室：功能类似于档案查询栏目和现行文件查询栏目，提供各级档案和档案编研成果的目录和全文浏览。

⑪档案下载：提供各级档案目录、全文包下载。

⑫档案政务：介绍档案管理服务的内容、对象、流程、程序、收费等行政信息，是网站服务的窗口。

⑬政策法规：主要内容是通过网络上传和下载档案相关的法律法规、行政法规、工作标准及相关规范性文件。

⑭业务指导：包括档案管理的基本知识、业务操作流程等，公布国家和地区档案管理的新要求，目的是为基层档案管理工作提供业务指导。

⑮档案收集：发布网上档案收集的原则、范围及相关信息，在线收集档案线索。

⑯出版发行：介绍档案出版物和档案编研成果，网上发行或推广档案出版物。

⑰公共服务：为公众提供信息服务和信息咨询，如本地黄页、地图导航等。

⑱娱乐天地：提供有趣的网络影视作品、游戏等。

⑲留言板：用户可以在留言板展现自己的想法，如网站建设意见、对相关学术问题的看法、求助信息等。

⑳论坛：包括档案学术讨论、信息交流、FTP和HTTP下载、常见问题解答、灌溉区（非学术讨论区）等版块，但要想在论坛发布言论、回复他人言论、参与讨论等，需要进行简单的注册登录。完成注册登录后，就能够自由地在论坛上发表合法的意见，或是找到自己感兴趣的内容。

㉑博客空间：用户展示自我、分享感受、参与交流的场所。

㉒网站指南：包括网站地图、各版块介绍、特色推荐等，可以帮助用户找到自己想要的内容。

㉓站内搜索：在线搜索网站的主要版块和内容。

㉔在线咨询：邀请各类档案专家展开全天或固定时间的在线咨询活动。

㉕常见问题解答：栏目站长会经常对用户提出的问题进行解答，以方便其他用户快速解决类似的问题。

㉖链接：指向相关资源的链接列表。

以上只是现有档案网站栏目设置的总结，栏目之间可能存在交叉，仅供档案网站设计栏目时参考。由于定位不同，不同类型的档案网站在栏目设置上有一定的差异，但是无论何种类型的档案网站，在设计档案网站栏目时都应注意以下几点。

第一，主栏目要重点突出，逻辑清晰。档案网站的栏目设计要分清主次，应从网站的总体定位和基本功能入手，认真分析网站信息与网站服务的相对重要性，在此基础上确定档案馆网站的主栏目。主栏目要体现网站主题，突出网站服务重点。然后，根据需要进一步划分子栏目。每个栏目都要有明确的定位，避免栏目之间内容重复，从而建立逻辑性强的栏目体系。

第二，栏目名称要简洁明了。首先，栏目名称要准确，与栏目所提供的信息或服务保持一致，不要故弄玄虚，让用户感到无法理解；其次，栏目名称要短，否则会占用太多的空间，而且不利于用户记忆；再次，栏目名称要有规律，最好字数相同，如都采用四字结构；最后，要尽量具有人文艺术魅力，如"古都寻踪""兰台掠影"等栏目名称就能够显示出文化底蕴。

第三，导航栏和互动栏尽量放在一层。档案网站一般具有多层次的内容，因此有必要建立网站地图，引入搜索引擎等导航工具。为了使用方便，应该尽量将导航栏放在主页上，或者至少应该在主页上建立内链。论坛、留言板、博客、在线咨询、问答等互动栏目对网站意义重大，应该放在网站主页的明显区域，以便用户参与互动。

（四）档案网站的网页设计

网页是网站内容的展现载体，许多相互关联的网页共同构成了网站。一个设计良好的网页不仅易读，而且能给用户带来良好的视觉体验和美的享受，还能吸引用户深度浏览网站，增强用户黏性。[①]档案网站网页设计与制作的注意事项如下。

1. 内容简练

考虑到当前网站运行的实际环境，如网络传输速度、服务器性能指标、广

---

① 张菲菲. 基于用户体验的高校档案网站设计 [J]. 设计，2019，32（4）：140-142.

大用户的连接状态、客户端浏览模式等，档案网站的网页设计应简洁精致，不能为了艺术美而过分牺牲网络传输速度，影响网站实用功能的发挥。相关研究结果表明，如果网页的主体在15秒内没有显现，用户就会失去耐心，无法继续等待。因此，单页网页的容量不应超过500 kB。与此同时，考虑到各种因素，将网页的尺寸定义为779×600像素较为合适，而且网页上使用的图片应足够精致。网页中的图片应为GIF或JPEG格式，动画应为GIF或SWF格式，主页的广告图片可设置为470×600像素，网站标志可设置为88×31像素（GIF格式），每张图片最大不超过100 kB，从而提高网页下载、上传速度，避免因传输超时而造成用户流失。

2. 布局合理

由于档案信息繁多，如果档案网站的网页设计不合理，就很容易显得臃肿冗余，影响用户的浏览兴趣，降低档案信息阅读效率。因此，网页的布局非常重要。网页布局的目的是将各种网页组件（文本、图片、图表、图像、菜单等）以最适合浏览的方式排列在网页中的不同位置。合理的页面布局应突出重点，协调平衡。一般网站的标志、菜单、特色内容等模块都放在显要位置，其他模块则放在次要位置。档案网站常用的页面布局有"T"形布局、"口"字形布局、"同"字形布局、"国"字形布局、"三"字形布局、对称对比布局、pop布局等。每种布局都有其优缺点。在布局风格上，档案网站应贯穿平衡、呼应、对比、密度的布局原则，先画出网页布局草图，再在不断地修改更新中，使网页布局越来越个性化、合理化。

3. 标题鲜明

网页标题是对网页内容的总体概括，代表了整个网页的精神内涵，一般在网页顶端显示。通常用户收藏网页和搜索引擎抓取网页时，都会将网页标题作为默认的名称，可以说网页标题是网页的第一重门面，因此一定要对网页标题进行多方考量、精心设计。优良的网页标题能够取得良好的网页宣传效果。确定网页标题的原则是清晰准确、简明扼要、特色鲜明，最好还要能够展示出一定的文化内涵，而且标题字数不宜过多，以便用户记忆和查找。

4. 色彩协调

网页的色彩能够向用户展示一个网页的整体形象，色彩设计的关键是颜色要协调，能够使用户产生美的享受。因此，网站设计一般会遵循一些设计规则。为避免颜色杂乱，从而影响用户体验，网页的主色调通常不超过三种颜色，标题、标志和背景要保持色彩格调的统一和谐，使用户能够专心浏览网页内容。网页的主色调应当体现网页内涵，除主色调外，也可以适当添加一些辅助色调为网页赋予生动的美感。有些网页会用固定的色调来展现网站的主体形象，如政府相关网站通常采用红色、公安机关网站采用蓝色等。档案网页的色彩选择没有固定的标准，但是无论采用怎样的色彩搭配，都要注意艺术技巧，充分体现设计者的美学修养，保证网页符合大众审美取向。例如，在阅读区块，文字部分与背景需采用对比色，以方便用户浏览阅读；标题、标志、链接等重要内容应采用鲜明的色彩加以突出，给用户留下深刻的印象。总而言之，优秀的档案网页色彩设计方案应当兼顾文化性和艺术性，使色彩搭配整体协调、特色鲜明，还能够突出重点，展现档案网站的专业性和文化性，给用户留下深刻的印象。

5. 风格一致

档案网页的设计应当做到风格统一，即任何一个网页的整体形象以及背景颜色、文字、图像、标题、版块等具体内容的设计都应当风格一致。设计风格一致能够为用户带来整洁流畅的视觉体验，还有利于网站形象的建设，展现网站的系统性、独特性和专业性。

6. 注重首页设计

档案网站首页的设计是网站总体设计的重中之重，因为网站的首页是一个档案网站的门面。优良的首页设计既要符合美学规律，又要符合心理学要求，能够充分引起用户的兴趣和关注。如果首页的设计杂乱无章，重点不明，那么网站的优秀内容就很容易被埋没。一般来讲，网站首页设计主要包含的元素有网站名称、网站标志、主菜单、广告条、重要链接、站内搜索、联系方式、问卷调查、计数器、版权信息等。其中，网站名称必须精炼概括、明确规范；网站标志代表着网站的形象，是艺术美学与网站内涵的集合，即使所占位置很小也不能忽视，而且应当将其放置在显眼位置，且应像主色调一样贯穿始终。网站首页的下属重点网页内容可以分区块在首页中显示，方便用户快速找到想要的信息，引起用户的访问兴趣。总体而言，首页设计要以精简大方为标准，追求结构清晰、主次分明，避免堆砌细节，显得烦琐冗余。

第六章　信息时代大数据环境下的档案管理工作

第一节　信息时代大数据环境下的档案信息资源整合与挖掘

一、信息时代大数据环境对档案信息资源整合与挖掘的保障

（一）大数据概念探析

20世纪初期，互联网中的网页以700万/天的速度直线增长。之后，随着互联网使用人数的增多，越来越多的信息被上传到互联网中，也给人们精准查询所需信息造成了困难。在这样的背景下，谷歌建设了第一个涵盖数十亿网页的数据库，这成为大数据时代来临的标志。谷歌公司提出的分布式技术体系是大数据技术的原点。

大数据概念自提出以来就一直饱受争议，至今没有被广泛认同的明确定义。我们主要可以从以下三个方面对大数据进行理解：一是资源方面，大数据具有数量庞大、结构丰富和信息时效性强等特征；二是技术方面，处理大数据需采用智能算法、新型计算架构等新技术；三是应用方面，大数据技术能够帮助人们制定决策、发掘未知，能够优化在线闭环的业务流程。大数据不仅代表

数量庞大，也代表新资源、新技术和新应用。

（二）大数据对档案信息资源整合与挖掘的保障

1. 对档案信息资源高效存储的保障

随着信息的海量产生，数据的单位已经从TB级升到了PB级。同时，科技进步使数据资源呈现出分布性和异构性的特点。有许多数字资源需要归档，包括非结构化数据（如文本、图片、各种表格、音像等）、半结构化数据（如电子邮件、HTML文档等）以及结构化数据。非结构化和半结构化数据都不方便使用关系数据库的二维逻辑表来进行组织。

随着各类档案信息资源的不断累积，传统的关系型数据库已经不能满足对这些档案的组织与管理，大数据技术的出现则弥补了这些缺点，并且可以达到对档案分布式存储和快速检索的目标，成为人们常用的管理系统。大数据存储方式多样，常见的有Hadoop、NoSQL等。这些存储方式有一些共性，即在硬件技术的支持下，采用可扩展的、并行的技术手段，以非关系模型对非结构化和半结构化数据进行处理，并对收集来的大数据进行高级分析和使用可视化技术。

2. 对档案信息资源价值挖掘的保障

在档案数字资源中，不同档案数据资源的价值各有不同，这提升了人们在浩瀚的档案资料中获取价值信息的难度。怎样从这些价值信息中寻找出真正有价值的档案信息，并方便快捷地传递给用户，是档案管理工作者在大数据时代必须面对的难题。

大数据时代带来的新技术，为相关专业人员提供了新的解决问题的方式。利用大数据技术，档案管理工作者能够发现数据中的规律，找出档案信息资源之间的联系，将它们分门别类地进行整合，进行多维、多层次的展示，将非结构化数据转化为结构化、半结构化数据，使用户可以更方便、更准确地获得档案信息资源，还能够在用户有需要的情况下用可视化技术生成图像，直观地展现档案信息资源。①

---

① 柴艳宾. 基于大数据环境下的高校档案信息化建设分析 [J]. 大众标准化，2020（13）：27-28.

二、大数据环境下的档案信息资源整合

（一）大数据环境下档案信息资源整合的必要性

在科技革命的背景下，信息科技飞速发展，互联网渗透至人们的生活之中，并对社会各行各业产生了革命性的影响。档案信息资源在这样的历史条件下，也必须进行变革，其管理模式、载体和记录方式等都要向着数字化、网络化的方式转变。[①]

信息科技革命推动了人类社会的发展，计算机和互联网使人类社会连成一个整体，丰富的信息和数据实现了数字化，大数据时代也随之来临。人们在日常生活、工作中会产生大量的信息数据，这些信息数据记录着人们的各种行为，可以在经过分析后发挥重大价值。例如，沃尔玛超市就通过数据对顾客行为进行了分析，将啤酒和尿布这两种看似毫不相干的商品摆放在一起销售，使两者的销售量大幅上升，取得了不俗的业绩。这是因为在一个孕育着婴幼儿的家庭中，女性常要求丈夫前往超市为孩子购买尿布，而将啤酒摆放在尿布旁边时，男士通常会选择顺便为自己购买几罐啤酒。于是，二者互相带动，为沃尔玛超市带来了巨大的利润。这一营销案例充分展现了大数据分析的效果，证明了大数据对于企业发展具有重要的意义。将档案信息资源进行整合，同样能够充分发挥档案信息资源的潜在价值，全面实现档案信息资源共享。这是信息化发展的必然趋势，也是档案事业发展的必然趋势。

（二）大数据环境下档案信息资源整合的分析

信息科技的发展使互联网走入千家万户，计算机信息技术和网络通信技术使信息数据的数量呈指数增长。然而，机遇往往伴随着同等的挑战。互联网的飞速发展使人们在便捷地获取大量档案信息资源的同时，也要面对档案信息精准检索和安全保护等难题。总而言之，大数据时代的到来为档案信息资源的整合与利用都带来了新的挑战。

（三）大数据环境下档案信息资源整合的措施

在大数据环境下，档案信息资源数量巨大、增长迅速、来源丰富，在为人们提供大量档案信息资源的同时也带来了相应的挑战。本书对大数据环境下档案信息资源的整合提出了两种可行措施，如图6-1所示。

---

① 李蕴佟. 信息时代档案管理新思路探索 [J]. 无线互联科技，2021，18（2）：88-89.

图 6-1 大数据环境下档案信息资源整合的措施

1. 实现由馆藏中心模式向服务中心模式的转变

云计算、Web2.0文本挖掘技术等大数据时代的信息挖掘技术，能够在大数据技术的支持下，对数据繁杂、互相关联的档案信息资源进行分析，预测出事件可能出现的倾向，进而帮助人们进行决策。大数据时代要求人们摒弃过去单方面灌输的思维模式，要"对症下药"，即了解广大民众的真正需求，建设以社会利用需求为中心的档案信息资源体系。①对于档案网站来说，可以将导航、索引等功能进一步优化，从而更加方便用户对档案信息资源的使用，实现由馆藏中心模式向服务中心模式的转变，使档案信息资源更贴合用户的需求。

2. 加强大数据时代档案信息资源整合的安全保障体系建设

一是要建立身份与访问管理（IAM）系统和隐私保护系统，进行身份识别和访问权限的控制，从而实现用户安全一体化管理，提升档案信息资源整合和大数据应用过程中的安全风险应对能力。二是通过数据加密技术保证档案信息资源的安全。通过安全套接层（Secure Sockets Layer，简称"SSL"）进行加密，可以在数据集中节点有效保证档案信息资源的安全。三是利用大数据技术

---

① 孙弘.谈信息时代事业单位档案管理工作改革和创新［J］.兰台内外，2020（36）：47-48.

和安全体系，对重点领域的档案信息数据进行日常监管，对档案信息资源的无序存放、利用等引发的外泄风险加以防范。四是对档案信息资源进行实时异构备份，提高系统的恢复能力。

三、大数据环境下的档案信息资源挖掘

（一）大数据技术在档案信息资源挖掘领域的应用背景

在信息时代，每时每刻都有大量的数据被记录，并在大数据技术的支持下被分析利用，成为高价值的社会资源。大数据时代的到来对人们的社会生活、思想意识等多方面产生了巨大的影响，为社会各界带来了新的变革，档案领域也在大数据技术的支持下产生了新的特性和内容。怎样在浩如烟海的档案信息资源中挖掘到想要的信息，然后对挖掘到的信息资源进行分析利用，是大数据时代档案管理工作的重心。大数据技术以云计算、语义引擎和可视化分析等手段代替了传统档案信息资源管理方式，满足了当下档案信息资源开发利用的需求，为档案管理工作带来了活力。如今，大数据技术已经是在全球范围内应用极广的技术，备受世界各国各行各业的推崇，我国也对这项技术给予了大量政策和资源支持，并推动了大数据技术在档案管理工作中的应用。

1. 大数据技术为档案信息资源挖掘工作带来新机遇

国际咨询机构麦肯锡（McKinsey）对大数据的定义是："大数据是指在一定时期内，传统数据库软件工具无法收集、存储、管理和分析其内容的数据集。"在大数据背景下，档案信息资源也具有大数据的特点，主要体现在以下三点：第一，各级档案机构产生的档案信息资源总量增长迅速；第二，档案信息资源的类型和结构越来越复杂；第三，档案信息资源的价值越来越丰富，具有凝聚力。由此可见，收集和挖掘具有大数据特征的海量档案信息资源意义重大。

档案信息资源挖掘工作，是指采集档案信息资源，并对其进行清理、整合、转化等处理，然后选择相应的挖掘模型，实现对档案信息资源价值的开发和提取，从大量档案信息资源中挖掘出有价值的信息和有效的知识，从而实现档案信息资源更广泛、更高效的利用。

随着大量档案信息资源的产生，丰富的档案信息资源为档案信息资源的挖掘工作带来了许多困难；但与此同时，大数据技术也为档案信息资源带来了新的机遇，这主要体现在以下三点。

第一，相比传统挖掘技术，大数据技术能够更系统、更全面地对档案信息资源进行挖掘。传统档案信息资源挖掘技术采用抽样方式进行统计，进而获得总体的信息，这种方法虽然从概率学的角度来说有一定的科学性，但同时也具有一定的片面性和不完整性，而且难以找到具有代表性的样本。大数据处理技术则是直接对数据总体进行分析，弥补了传统档案信息资源挖掘技术的缺陷，而且云存储为大量的档案信息资源提供了足够的存储空间。可以说，档案信息资源的挖掘工作在大数据相关技术的全面支持下迎来了新的发展。

第二，大数据技术能够对档案信息资源进行智能提取，提升档案信息资源挖掘的准确性和效率。云计算支持下的大数据价值分析技术能提高获取档案信息资源的准确性，而可视化技术可以全面、直观地展现档案信息资源。另外，语义处理技术为智能检索提供了可能，提高了档案信息资源挖掘的效率。

第三，用大数据技术对档案信息资源进行挖掘，能够降低因档案信息资源不足而导致的档案信息资源价值低下的风险。大数据技术能够对巨量档案信息资源进行处理和分析，并能够在部分档案信息资源出现缺损时，通过分析档案信息资源之间的相关性进行跟踪补全，从而确保档案信息资源挖掘结果完整、可靠。

2. 国家政策引领与支持

大数据概念自提出以来就一直是人们关注的热点。大数据技术使社会发生了变革，对社会各个方面都带来了深远的影响，潜移默化地改变了人们的思维模式。2012年3月，美国政府发布了《大数据研究与发展倡议》，提出投入2亿美元支持大数据技术研究，并将其提升到国家战略层面。同年5月，联合国发表《大数据的机遇与挑战》白皮书，分析并指出了大数据技术给人类社会带来的机遇和挑战。联合国在这份文件中对我国的大数据技术在互联网行业中的发展进行了分析，认为大数据技术对我国互联网产业来说是一个巨大的机遇。

国务院于2015年8月发布了《国务院关于促进大数据发展行动纲要的通知》，明确了我国大数据技术的发展意义与趋势，并将大数据定位为一种能够提升国家竞争优势的新因素，为我国大数据的发展提供了指导思想和总体目标。该文件表明，要充分利用我国的数据规模优势，实现数据规模、质量和应用水平同步提升，发掘和释放数据资源的潜在价值，有利于更好发挥数据资源的战略作用，增强网络空间数据主权保护能力，维护国家安全，有效提升国家竞争力。

《促进大数据发展行动纲要》将"大力推进政务信息系统开放共享和公共互联开放共享，消除信息孤岛，推进数据采集和挖掘，促进数据资源向社会发布"作为大数据发展的指导思想。也就是说，可以利用云计算等技术实现档案信息资源的共享与利用，消除档案信息孤岛，实现广域数据采集。

时至如今，我国已充分认识到大数据技术的战略价值，认识到大数据是关乎国家整体实力发展的重要因素，因此政府为大数据技术提供了充分的政策支持。档案信息资源是一种记录历史与现实的资源，大数据背景下的档案信息资源是国家记忆的重要部分，有着保护国家记忆的重要使命，是我国的一种战略资源。[①]在政府大力扶持大数据技术发展的背景下，将大数据技术应用于档案信息资源挖掘工作中，有利于建设结构多样、民族传承、集体记忆的"中国记忆"数字资源库，增强档案信息资源的影响力，使档案信息资源能够成为推进我国信息化发展和提升国家竞争力的重要力量来源。

（二）大数据技术在档案信息资源挖掘过程中的具体应用

大数据技术为社会带来了多方面的变革，冲击着人们的思想观念，影响着人们的日常生活与工作。具有代表性的大数据技术包括云计算、可视化、语义处理技术等，这些技术能够在档案信息资源的挖掘中发挥重大的作用，实现档案信息资源的充分挖掘。

1.云计算在档案信息资源挖掘中的应用

（1）云计算的概念及特征

云计算是一种以互联网为载体的大数据计算技术。云计算通过分布式计算和虚拟资源管理等技术，将分散的信息资源集中起来形成共享资源池。这样一来，使用各种终端形式的用户就能够根据自身的需求获得动态、可衡量的信息服务。在云计算环境中，应用软件直接安装在云端服务器上，代替了传统的用户终端，在节省用户存储空间的同时实现了其附加功能。需要注意的是，用户只需要通过Web浏览器登录云端的管理平台，就能获得所需的服务。云计算中的"云"是对计算服务模式和技术实现的形象比喻，由大量基本单元"云元"组成。云元通过网络连接，共同构成了一个巨大的资源池。

根据云计算服务提供的资源，可以将云计算服务模式分为三种，分别是基础设施（IaaS）、平台（PaaS）和软件（SaaS）；根据云计算服务提供的服务对象，可以将云计算服务分为私有云、公有云和将二者相结合的混合云。

---

① 　王源. 基于大数据环境下的档案管理工作研究［J］.办公室业务，2017（14）：87.

（2）云计算应用于档案信息资源挖掘的必要性分析

第一，云计算能够平衡档案信息资源挖掘的基础设施建设。由于区域经济发展的不平衡性和投资的差异性，我国档案信息资源挖掘工作在基础设施建设方面存在较大差异。经济相对发达的地区为了确保档案信息资源工作需求得到满足，有能力投入大量资金进行基础设施建设；但是经济欠发达地区则因缺乏资金和技术支持，档案信息资源挖掘的基础设施建设存在较大缺陷，难以支持档案信息资源的挖掘工作。对此，可以利用云计算的基础设施服务来统筹规划档案机构的基础设施，如挖掘工具、管理服务器、存储等，通过建设云计算环境，为档案机构提供档案信息资源挖掘基础设施服务支持。这不仅能节约档案信息资源挖掘基础设施建设的资金与资源，而且能缩小不同地区档案信息资源挖掘工作之间的差距，为挖掘力量相对薄弱的档案机构增添力量。

第二，拓宽档案信息资源的采集渠道。采集是档案信息资源挖掘的基础工作，广域的数据采集能够保证档案信息资源挖掘结果的系统性和全面性。利用云计算技术建设"档案云"平台，可以实现档案信息资源云端共享，对档案机构、企事业单位的档案信息资源进行统筹规划、合理存储、准确调动和分配，使档案信息资源不再分散，而是整合成一个整体，从而建设档案信息资源的互联网总库。

具有云计算支持的网络云端存储空间很大，具有很强的计算和分析能力，还能实现备份，提升档案信息资源的安全性。目前，云计算数据共享技术已经相对成熟，且已应用于档案信息资源管理领域。随着档案信息资源大数据特征的逐渐明晰，云计算在档案信息资源挖掘领域将进一步得到广泛利用。

2. 可视化技术在档案信息资源挖掘中的应用

（1）应用必要性分析

在信息时代背景下，大数据要面对的档案信息资源数量庞大、结构复杂、多种多样。要对这样的档案信息资源进行挖掘，必须要对其有直观的认知，使档案管理工作人员和用户能够清晰洞察档案信息资源的内涵和背后所隐藏的信息，并在日常生活与工作中发挥档案信息资源的作用，实现档案信息资源的充分利用。然而，随着档案信息资源的不断累积，传统的档案信息资源挖掘模式已落后，同时挖掘档案信息资源的工作人员面对浩如烟海的文献档案，很难产生全面的认知，从而无法充分发掘档案信息资源的价值。可视化技术能够将档案信息资源中难以被直观观察到的语义关系以图形、图像的形式直观地展现出来，使档案信息资源的挖掘更加系统、高效，并能精准定位，提取档案信息资源的潜在价值，创造更多的社会价值。

（2）具体应用

可视化技术是指利用计算机将复杂的数据和信息以交互的、可视化的表现方式呈现出来，使人们能够更加清晰地了解信息内容的技术。可视化技术的研究重点是它倾向于对复杂的数据信息进行分析与计算，将结果转化为易于理解的可视化图形，通过图形以最直观的方式显示出数据中隐藏的信息和规律。视觉是人类了解外界的主要渠道，人们从外界获得的信息80%来自视觉系统，可视化技术就是在这样的客观规律下，建立了一种符合普遍认知、方便人们理解的直观印象。可视化技术经过长期的发展，现已成为人们分析抽象复杂数据的重要工具之一，也出现了多种应用案例。例如，俄罗斯互联网调查机构从全球196个国家的35万个网站收集、整合和统计了相关数据，并根据这些网站之间数以百万计的网络链接，构成了一个互联网星际图。在互联网星际图中，有许多大小不一的行星，其中行星的大小代表网站的访问量，行星之间的距离代表出现相关网页链接的频率和强度。这一地图能够非常清楚地展现全球网站的活动以及它们之间的相互关系。

可视化技术在档案信息资源挖掘中也能发挥类似的作用。第一，建设完整的档案信息资源数据集，即可视化界面，可帮助用户全面了解有关档案信息资源的情况。第二，扩大目标所处档案信息资源领域，排除不必要的档案信息。第三，根据用户的具体需求展示档案信息资源的具体细节，通过分析用户的具体操作和实践过程，为可视化系统的实现提供指导，并注重明确档案信息资源之间的相关性和系统性，向用户展示档案信息资源数据项之间的关联。

在档案信息资源挖掘的过程中利用可视化技术，了解挖掘对象的属性和相关性，排除海量信息中的干扰项，有助于档案管理工作者和用户更清楚地了解这些信息资源，从而实现对档案信息资源的高效提取。

3. 语义处理技术在档案信息资源挖掘中的应用

（1）应用必要性分析

在大数据环境下，档案信息资源的数量呈爆炸式增长，结构也越来越复杂，多媒体档案的占比也越来越大。在这种背景下，手工采集、开发和利用档案信息资源的传统方法已经基本不能满足人们的需求。而利用语义处理技术处理原始档案信息资源，建设数字档案信息资源跨媒体语义检索框架，有利于深入挖掘档案信息资源，可以在语义理解的基础上提高档案信息资源语义理解挖掘算法的语义化程度和性能，提高档案信息资源挖掘效率，最终实现对浩瀚、复杂的档案信息资源的快速挖掘和智能提取。

（2）具体应用过程

语义处理技术的主要功能是用自然语言对原始档案信息资源进行处理，以便使机器能够更好地"理解"用户的目的和需求，进而更准确地对档案信息资源进行挖掘。语义处理技术是以计算机科学和语言学为基础，通过计算机算法分析人类自然语言的技术，是人工智能领域的一项突破。语义处理技术的关键技术包括对自然语言的词法分析、对语言意义的分析、对句子句法和内容的分析以及语音识别和文本生成技术的分析。在档案信息资源的挖掘过程中，这些技术可以使计算机对原始档案信息资源产生深刻的理解，使计算机能够理解这些自然语言，为档案信息资源的挖掘者系统的掌握档案信息资源的内容摘要，对档案信息资源的内容进行检测，按关键词的意义和语义对档案信息资源进行分类整理，对原始信息进行深度挖掘检索和质量检测提供帮助，还可以对用自然语言所表达的信息的形态（文本、声音、图像）进行转化，实现档案信息资源的丰富扩展和清晰表达，对提高档案信息资源的挖掘效率具有重要意义，同时为智能检索技术的应用奠定基础。

自然语言处理技术可以分为机器翻译技术和语义理解技术两类。机器翻译技术是利用计算机实现对自然语言内容的理解和提取，并以文本或其他形式输出自然语言内容，将一种自然语言翻译成另一种自然语言的技术。语义理解技术强调检索工具与语言学的结合，通过开发专门的关键词检索工具和对原始信息的扫描，厘清词义和句子之间的相互关系，从而实现对目标词在语义层面的理解。在自然语言处理技术中，通常会采用汉语分词技术、短语识别技术和同义词处理技术对原始语言信息进行系统的识别和提取。

总而言之，语义检索在档案信息资源挖掘过程中主要有语义分析法和分词技术两种应用方法。语义分析法旨在通过语义分析技术在资源挖掘中对搜索关键字进行分析，拆分关键词并找到拆分后它们之间的联系，以及搜索与含义相关的其他关键词，最后实现对用户查询目标的解读，给出能够满足用户期望的结果；分词技术是档案用户在查询档案信息时对用户输入的词条进行分析，根据相应的标准对查询项进行划分，然后根据相应的匹配方法对分割后的字符串进行处理，最终提取目标资源的技术。

第二节　信息时代大数据环境下的档案信息资源开发与利用

一、大数据环境下档案信息资源开发与利用的主客体与目标分析

利用是指人们使用某些资源满足自身特定需求的过程，需要主体供给和客体需求在一定程度上相互契合才能够实现。下面将对档案信息资源开发与利用的主体和客体以及大数据环境下档案信息资源利用的目标进行分析。

（一）主体

档案馆是档案信息资源开发的主体，其保存着丰富的档案信息资源。综合性档案馆作为一种相对复杂、规模较大的档案馆，相比于其他类型的档案馆具有多方面的优势，如人才和资源相对充足、信息资源更加广泛等，是档案信息资源利用的中坚力量。在大数据环境下，许多档案馆提供了微信、微博、知乎、豆瓣等微媒体服务，还有一些大型档案馆开发了属于自己的手机软件或小程序。然而，服务方式的扩增使所需人力、物力资源也相应增多，超出了档案馆的上限，导致一些档案馆对新方式力不从心，或出现无意义的填充行为，降低了档案信息资源的质量。

（二）客体

对档案信息资源有利用需求的人就是档案信息资源利用的客体。过去对档案信息资源有需求的人多属于相关专业人士或有明确需求的特定人群，但是在大数据环境下，对档案信息资源有需求的人越来越多，有大量的人在利用微信、微博等媒介获取档案信息资源，以满足自身对档案信息资源的利用需求。与此同时，也有一部分人群对档案信息资源的利用相对固定，这类人群也是档案馆的主要服务对象。对此，档案管理工作者要在大数据环境下沉着冷静地推进档案管理工作，确认好服务对象，明确档案信息资源的客体。

（三）目标

档案信息资源开发与利用的目标是将主体与客体结合，使档案信息资源供需平衡、相互匹配，从而满足客体的信息需求。但是，在大数据环境下，档案信息资源开发与利用的目标有了新的延伸，即在满足客体需求的前提下，将过程简化，使客体能够更方便快捷地利用档案信息资源。在如今档案信息资源呈爆炸式增长的背景下，用户想要精准找到能够满足自身需求的档案信息资源是非常困难的，因此档案馆应当充分分析、了解用户的需求，根据用户的需求合理地对档案信息资源进行分类，升级搜索引擎，利用互联网快速、便捷地将用户所需的档案信息资源传递给用户，为用户提供优良的服务体验。

二、大数据环境下档案信息资源开发与利用的特征

在大数据环境下，档案管理工作者应当把握好档案信息资源利用的新特征，从而更好地开展档案管理工作。

（一）空间上的移动性

移动性是指人或物在空间上的变化。茆意宏老师指出，在移动信息服务过程中，用户及其携带的终端处于移动状态，常常跨越不同的地区和情境。一方面，这种移动性为档案信息资源的利用提供了方便，使用户能够在任何时空环境下获得档案信息资源并随时利用；另一方面，这种移动性也为档案信息资源利用工作带来了新的挑战，因为用户所处的环境会随时变化，面临的干扰因素增加，而这种情况对网络环境、信息传输提出了更加严格的要求。

（二）时间上的碎片化

在现代人快节奏的生活状态下，时间逐渐碎片化，这也为档案管理工作者带来了新的挑战。可以说在大数据环境下，人们对文字的敏感度降低，不再有耐心阅读长篇大论的文章，转而进入了"读图时代"，图像、视频成为人们获取信息和消遣娱乐的主流形式。人们的这种碎片化阅读的习惯也影响着档案信息资源的利用。对此，档案管理工作者要在编辑档案信息资源、挖掘档案信息资源、提供档案服务时注重简洁性和娱乐性，以迎合用户的习惯。

（三）用户主导档案信息资源开发

在大数据时代，人们的表现欲和自我表达的能力都有所提升，而众多的平台也为人们提供了展现自我的平台，因此人们在挑选服务时更加重视自身的诉

求。这就要求档案信息资源的开发与利用要由传统的主体主导转向用户主导，要更加注重采集用户的需求与意见，常常推出档案信息需求的调查问卷活动，并将这项措施深入各类选题、选材、编辑、宣传活动中，使用户与开发者紧密结合，提升资源利用率。

（四）档案信息资源利用的深度增加

大数据环境下档案信息资源的利用从简单的"实物利用"向"知识利用转变"。换言之，在大数据环境下，档案信息资源不仅具有凭证性作用，还具有指导实践、辅助创作、记录历史等知识利用功能，可见档案信息资源的利用深度增加。

（五）档案信息资源利用的方式增多

传统档案信息资源的利用主要通过到馆利用、编研成果利用和网站利用几种方式实现。在大数据环境下，档案利用方式和渠道都被拓宽，微信、微博、手机应用等多重社交平台、信息分享平台都为档案信息资源提供了更为广阔的天地，使档案通过这些媒体走近人们的生活。

三、大数据环境下档案信息资源开发与利用的不足之处

在多年的大数据建设中，我国各级各类档案机构已经摸索出一条新的道路，利用移动互联网提供多种档案信息利用服务，并取得了明显的成果。然而，由于互联网大数据所带来的问题相对复杂，此前档案工作中对海量档案信息资源开发与利用的经验不足，在实践当中难免会出现一些问题，主要可以归纳为内容、定位、推广等方面的问题。下文将一一进行说明。

（一）功能定位模糊

档案机构的定位是指对档案信息资源开发方向的定位，是一项面向潜在利用群体的工作，它指导着档案工作的方向，决定着档案信息资源开发的选题与选材。如今的许多档案机构所提供的网上信息服务中存在着一些功能定位模糊的现象。例如，有些档案机构的官方微博主页所展示的信息多是局馆新闻动态等内容，档案利用方面的知识和服务则十分少，而局馆新闻动态主要是为实体档案机构宣传服务，也就是其微博定位并非是为预期利用者服务而是为自身服务。大数据环境下，各级各类档案机构在网络媒体方面投入了许多资源与精力，为档案信息资源的传播做出了很大努力，通过开通运营微信公众号、微博

主页，自主研发手机应用等手段为档案服务拓宽渠道。然而，在选题、选材等方面仍旧存在缺乏互联网适应性的问题。

要明确档案的服务对象和主要的服务对象的定位问题。在大数据环境下，档案利用的专业门槛降低，用户群体范围不断扩大，但主要的利用群体仍旧是对档案信息资源有刚性需求的群体，这些人是档案工作的主要服务对象，其余利用群体是次要服务对象。档案机构"档案利用登记表"积累了许多档案使用者的数据，利用大数据技术可以从这些用户中获取许多相关信息，对这些信息数据进行分析，可以分析使用者的特征，预测推理出主要群体的广泛需求，科学合理地进行档案选题，最大限度地为主要对象提供优质服务。然而，在实际应用中，档案工作者往往只对"档案利用登记表"上的内容进行研究与关注，而利用大数据技术预测利用趋势的例子却十分稀少。

（二）传播方式缺乏顶层设计

当前，档案机构又有了很多的传播渠道，微信公众号、微博、知乎等多样的媒体形式为档案管理工作的推进做出了巨大贡献。然而，档案机构的资源并不十分丰富，众多服务导致档案馆力不从心，结果事倍功半。例如，开通了多项服务渠道，然而却没有分配足够的人员进行后续工作的跟进，一些档案机构的微信公众号即使开通也不常上传一些文章，而有些公众号甚至徒有其表，根本无法提供服务。另外，传播方式缺乏顶层设计，也没有成熟科学的整体规划，各项服务方式有所重合但却不能完全替代，出现"食之无味，弃之可惜"的情况。这种有量无质的状况，不仅无益于档案管理工作的推进，也容易造成档案使用者的不满和资源的无用浪费，甚至导致原本的优势也失去了。

（三）粗糙编辑缺乏吸引力

在这个追求身心享受的时代，人们对美的追求有所提升，符合美学规律的编辑是档案信息资源开发与利用的重要组成部分。信息时代有着浩瀚的档案信息资源，且每时每刻都在增多，精美的编辑设计能够吸引人们的注意力，能够打开更广阔的市场，更有利于档案信息资源的有效利用。

档案信息资源本身的内容固然十分重要，但是大数据时代的到来使人们对信息资源的需求和摄取更倾向于碎片化，进入了对图形、音像更加敏感的时代。因此，对信息数据表现形式的探索也变得十分重要。处于读图时代的人们相比于纯粹的文字，更加青睐表现直观的图像，而比起简单的图像，人们又会更青睐于生动的短视频。如今的档案管理工作在表现形式上有一定的不足，没能推出符合人们需要的服务，各级各类档案机构在进行微信公众号、微博主页等媒体的运营时，仍旧以大篇幅的文字叙述为主，平均每千字只配有一张左右的图片，视频形式则更加稀少，没能跟上档案用户的利用习惯，造成档案信息推广和利用的阻碍。实际上，档案管理工作者应当选取更有吸引力的标题和独特优美的格式来进行档案编辑，以吸引更多人的关注。

第三节　信息时代大数据环境下的档案信息服务创新

当前，我们处在信息技术飞速发展的大数据时代，我们在享受大数据带给我们的便利的同时，也面临着一些问题和困扰。对于档案信息服务来说，也有很多技术方面的困扰，各种新型技术的广泛应用，导致原本的档案信息服务受到了严重的冲击，但是与此同时，这些改变也为档案信息服务的新发展提供了很多机会。

一、大数据时代档案信息服务研究现状

目前，档案界对于大数据这一概念还没有一个统一的认识，但是有一个潜在的共识，即大数据作为结构化数据、半结构化数据与非结构化数据的总和，不是对数据量大小的定量描述，而是一种在种类繁多、数量庞大的多样数据中进行的快速信息获取。大数据一共有四个特点：一是有着很大的容量，在数量级上，大数据从原本的TB级上升至PB级，甚至向ZB级发展；二是有很多的类型，不仅有很多来源种类，其形式也是极为丰富的，包括文本、图像、视频、网络日志、地理位置信息、用户行为信息等；三是有很快的速度，增长速度快和时效性强是大数据的一大特点，这就导致数据比较容易被替代，因为传统的方式已经无法满足人们的需求，人们对于现代数据信息的管理和处理，通常都采用实时分析或是分布式的方法；四就是数据具有稀疏性且关联程度较低，庞大的数据量所蕴含的价值是我们无法估量的，但是单个信息数据所蕴含的价值是很小的，要想将数据中蕴含的巨大价值充分发挥出来，就要对这些有关联的数据进行综合性的整理与分析，这样得出的结果才是有价值、有意义的。

档案信息服务在大数据这一新的时代背景下面临着巨大的挑战，同时数据挖掘是大数据时代下档案信息服务的一种必然选择。

二、大数据时代档案信息服务模式面临的挑战和机遇

科学技术快速发展的今天，人类也渐渐从之前的信息时代进入了大数据时代。大数据时代相比于传统的信息环境而言，不论是对档案用户的信息需求还是对档案管理工作者的服务模式都带来了很大的改变，这就对原本的档案信息服务模式产生了很大的冲击。新事物既然有不好的一面，就一定会有好的一面，档案信息服务在大数据的影响下，不仅面临着挑战，也面临着能快速发展的好机会。就现在而言，档案信息服务共有两种服务模式：一种是实体档案服务模式；另一种是现代网络档案服务模式。大数据的到来又为这两种不同的模式带来了不一样的冲击。

（一）当前的档案信息服务模式

传统实体档案服务模式和现代网络档案信息服务模式是现有的档案信息服务模式的两种类型，其中传统实体档案服务模式是以实体档案为单位的，并在实践过程中产生了一套相对完整的档案信息服务理论。而现代网络档案信息服务模式是以网站为平台的，即现代网络档案信息服务模式是在网络的产生和发展中产生的，主要是指用于对电子档案的服务利用模式。对于现在的电子档案而言，其发展还不够完善，无论是理论上还是实践方面都还有一定的问题，但是提供电子档案信息服务已经是世界先进的档案信息服务模式了。对于中国而言，提供电子档案信息服务也变得越来越重要，开始成为档案服务发展的主流部分。

1.传统实体档案服务模式

以往的档案信息服务机构工作人员对实体档案进行收集、整理、鉴定、保管、统计等工作，进而为档案需求者提供服务的过程就是传统实体档案服务模式。提供档案信息服务的方式有以下几种：阅览服务、出借服务、复制供应、咨询服务、交流服务、档案证明和档案展览等。这些服务理论和服务方式是在前人的实践基础上积累和总结起来的，是人们共同努力的结果。由于时代的飞速发展和社会的进步，在引进先进的工作设备的同时，传统档案信息服务方式也在一定程度上受到了影响。相较于其他国家而言，我们国家仍然以纸质档案为主体，这就使得我国还是实行以实体档案为单位的传统实体档案服务模式。

但是，在科技化发展和社会进步的同时，对于新技术的引进也相对地对传统档案服务模式的工作进程有一定的推进作用。

2. 现代网络档案信息服务模式

合理利用计算机网络使其为档案信息用户提供相应的档案信息服务就是现代网络档案信息服务模式。以网络为平台的现代档案信息服务模式是档案服务机构顺应时代潮流提供档案服务利用的一种先进服务模式。这一模式对档案信息服务质量和相应的效率有一定程度的提高，使档案信息服务范围被拓宽，对之后档案服务事业的发展有重要的推进作用。无论是数字档案机构的网络服务，还是现代档案网站所提供的档案信息，它们都包含了馆藏档案资源介绍、档案咨询、档案政务、档案展览、档案推送等必不可少的部分，同时档案网站在很多省和市都已经建设，这对档案信息的服务效率的提升有着重要的推动作用。为用户提供便利的电子档案信息服务是现代网络档案信息服务模式的重要作用，虽然它具有使用便利的优势，但相对而言，电子档案对于安全性和准确性上面也是有一定要求的，这对处在大数据时代的我们也是一个巨大挑战。

这两种档案信息服务模式虽然都能够实现对实体档案和电子档案的提供和充分利用，并且取得了不错的成果，但是因为身处于大数据时代，这两种模式多少也存在着一些问题。在传统实体档案服务模式上，随着时代的不断发展与进步，其服务理论、服务手段和服务设备等都需要进行相应的发展与更新，从而达到与时代同发展的目的。在现代网站档案信息服务模式上，由于这一模式还处在比较初级的阶段，并且相关的理论有一定欠缺，这就需要相关的档案服务工作人员要重视其发展问题。总的来说，虽然目前看来这两种档案服务模式都有很多优点，但是还是要根据用户的需求和时代的进步而不断地发展，这就需要档案管理工作者在其开发和研究方面提高重视。

（二）大数据背景下档案信息服务面临的挑战

无论是传统实体档案服务模式，还是现代网站档案信息服务模式，在大数据时代，尤其是电子档案数据信息等的快速增长，给以往的档案信息服务模式带来了一定的冲击。快速增长而种类多的数据信息，对于档案信息服务提出的挑战包括以下四个方面。

1. 如何查询所需要的档案信息

在传统的纸质档案时代，用人工去查找信息是相对可行的，但对于当下的大数据时代而言，要想在繁杂的档案信息中挖掘出重要和有意义的信息并不是一件容易的事，这就使得初步实现档案信息服务有一定的问题。因此，档案管理工作人员首先要解决的问题就是如何在大量的档案信息中快速而准确地查找到用户所需要的档案信息。对于传统实体档案服务模式查询信息和现代网站档案信息服务模式查询信息而言，大数据的发展都对其带来了严峻的挑战。

2.如何改变原有的服务理念和方式

档案信息服务理念与方式具有间隔性和稳定性，当这些理念与方式形成后，要想再进行改变是一件很难的事情。档案信息服务理念和方式的产生是顺应当今时代的发展要求的，在相当长的一段时间内是稳定的。同时，随着时代的发展和变化，档案信息服务理念和方式也在发生着变化，这就造成了档案信息服务理念和方式的稳定性和阶段性。对于大数据时代这一全新的时代而言，其对于社会发展的多个领域都产生着或多或少的影响，包括对档案信息服务理念和方式，而且在传统实体档案服务模式上和现代网络档案信息服务模式上都有着相应的体现。因此，要想在主观上对档案信息服务水平和工作效率进行提升，就要对最基本的理论观念性问题加以重视。将大数据时代的特点与元素加入原来的档案信息服务理念和服务方式，从而使新理念更符合社会的需要，顺应时代的发展是一个重要的问题，需要我们尽快解决。

3.如何加强基础服务设施建设

在大数据时代，通过引进更多的电子设备来相应地提高工作质量和服务效率，是多数档案机构的做法。因为大数据时代的档案信息资源具有数量繁多、来源复杂、种类多样等多方面特点，因此档案机构需要及时进行基础设施建设，从而满足大数据时代档案信息资源提出的新要求，保证能够提供个性化的服务。与此同时，档案服务机构也要解决好档案信息服务系统的运行环境及维护系统的正常运行，以保障档案信息的完整性、安全性以及原始性。总的来说，加强对档案服务基础设施的建设，是服务水平提高和服务效率提升的重要物质条件和客观条件，需要引起足够的重视。

4.如何培养高素质档案信息服务人才

国家的综合实力是由人才决定的，这一规律在档案界也是适用的。如果想提高档案信息服务质量，就要提高档案管理工作服务人员的专业素养和综合素质，这是一个具有重要意义的问题。大数据时代的档案管理工作人员不仅要学会基本的档案管理及服务知识，还要对数据分析、数据挖掘等相关技术有一定的了解。在掌握了这些重要的知识后，档案管理工作人员才能准确无误地开展数据分析工作，同时根据这些数据的特点，相应地进行预测，从而使档案信息服务水平得到提高。对于现在的档案信息服务部门尤其是缺乏数据管理人才的部门而言，这个问题要引起重视。

（三）大数据背景下档案信息服务面临的机遇

虽然大数据的发展为档案信息服务带来了巨大的挑战，但是机遇与挑战是并存的，档案信息服务也有了新的发展。这一发展体现在服务内容、服务模式和服务思想等变化上。这为传统实体档案服务模式和现代网站档案服务模式的发展起着巨大的推动作用。

1.有助于丰富档案信息服务内容

在档案服务的发展过程中，数据的增长为其提供了充足的档案资源，使档案服务机构的工作内容打破原有的限制，从而拥有更多的档案信息资源。对于档案机构来说，档案资源除了储藏在本馆内的档案资源外，还可以通过与其他档案机构进行档案信息资源共享，实现档案信息资源云共享。这项举措在很大程度上克服了档案资源的局限性，从而可以为用户提供更多有意义的档案资源。总而言之，对于档案机构信息服务来说，大量的档案信息资源为其提供了必要的硬性支持，不仅能使其提供更多方面的内容，而且能满足用户的更多需求。

2.有助于完善档案信息服务方式

被动服务是以往的档案信息服务模式使用较多的方式，而且服务方式极为简单被动。最常见的服务模式是用户提出查档的要求，档案机构根据用户的需求对档案资源进行查找和提供，同时要求用户办理相应的手续。从这一过程中我们不难发现，这一方式程序复杂，对于用户来说非常不方便。在大数据时代，档案服务机构可以在保持原本的服务方式的同时，利用电子设备和大数据技术扩大服务范围，这就有效地提高了相应的服务质量。对于档案机构来说，应该立足于大数据背景下，尽可能地提高服务水平和服务质量，并且要向社会主动地发布档案信息或是进行档案推送，从而起到提升工作效率的目的。与此同时，档案机构还要进行适当的设计，使电子档案信息资源尽可能地发挥作用，使电子档案信息资源的利用范围尽可能地扩大，从而实现档案信息数字化发展。根据现代化发展的需要，档案服务机构的服务方式和服务流程都要进行一定的转变，服务方式也要从之前的被动方式向主动方式进行转变。

3.有助于转变档案信息服务思想

将档案信息服务这一项工作视为一项普通的业务是传统的档案信息服务思维方式，这样的思维是被动且消极的。在大数据时代，人们对档案信息服务机构的服务质量及服务水平有着更高的期待。这就需要档案信息服务机构要进行思维上的转变，将被动变为主动。与此同时，档案信息服务也要以用户为中心，在满足用户个性化需求的同时也要提供更好的人性化服务。对于档案服务机构的思想转变，大数据提供了重要基础。正是因为有了大量的档案信息资源，才使得档案服务机构能为用户提供准确的解答和优质的服务。

三、档案信息服务创新研究的主要内容

大数据给档案信息服务模式带来了冲击，未来档案服务机构的核心竞争力在很大程度上取决于其信息服务能力，这就对档案服务机构的服务方式的改进提出了更多要求。[①]大数据时代同时也是信息时代，除了各种各样的数据之外，还有很多数据平台，如Web 2.0、微博、微信等。下面就这些数据平台对档案信息服务创新的方式进行简单探讨。

（一）基于云计算的档案信息服务

在"服务型数字档案机构"的启发下，人们提出要构建数字档案机构。之所以要构建数字档案机构，是因为数字档案机构能运行在云服务平台上，并能通过利用这些平台，保证其系统得到有效运营和合理维护，使档案信息云服务的作用能得到最大化发挥，从而使用户的多方面档案信息需求得到满足。就目前而言，基于云服务构建数字档案机构来提供档案信息云服务已经是重要趋势。

对全国的数字档案信息资源统一管理是基于云计算构建数字档案机构的主要目的，可以说基于云计算构建数字档案机构为档案信息服务工作者提供了重要的平台。在我们对原本的数字档案机构服务模式进行改进的同时对服务模式进行创新，我们可以对其他系统进行借鉴，如丽水市云服务共享系统。然后对

---

① 蔡盈芳. 让科研档案成为创新的重要支撑 [J]. 中国档案，2021（2）：58-59.

这些系统的优点进行学习和借鉴，并不断进行调整，保证档案机构在满足用户需求的基础上保留本档案机构的特色和特点，同时也要尽可能地提高服务质量和工作效率。总的来说，数字档案机构云服务系统模型包括以下五个部分：数字档案信息资源、档案云服务基础、档案云服务控制、档案云服务应用、用户终端设备，如图6-2所示。

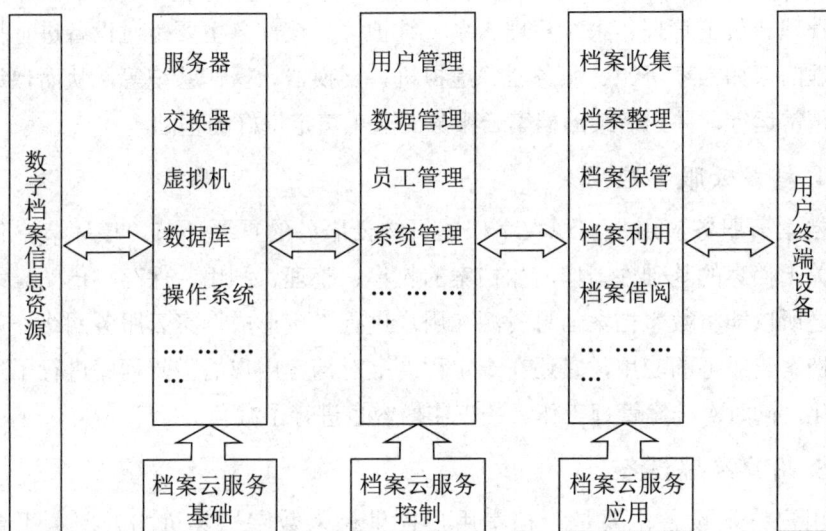

图 6-2　数字档案馆云服务系统模型

1. 数字档案信息资源

基于云计算的数字档案机构可以将多个实体档案机构、机关档案室、数字档案机构等的档案信息资源进行组合，形成一个云档案共享网络。利用这一方式有助于提高对数字档案信息资源的利用率，使其更好地满足用户的需求。随着机密档案的不断公开和解密，越来越多的信息出现在人们的视野中，方便用户的查阅，从而使得档案信息的使用范围也越来越广泛。因此，要想满足用户的信息需求，就要尽可能地收集实体档案机构的档案信息资源，并将它们纳入数字档案机构中，从而充实档案云服务资源库。

2. 档案云服务基础

档案云服务基础是实现数字档案机构云服务的基础部分。该部分是实现数字档案机构云服务的硬件要求，包括服务器、交换器、虚拟机、操作系统等，它的存在为数字档案云服务提供了重要的操作平台。云计算中的应用程序只是在互联网上运行，不需要在本地计算机安装，避免了用户的安装、维护等麻烦。但是，我们可以确定的是，在数字档案机构服务中，档案云服务占据着重要的基础地位。

3. 档案云服务控制

数字档案机构云服务的实现核心是档案云服务控制，其中包括数据管理、用户管理、员工管理、系统管理、系统维护等。该部分主要是对设备进行控制和管理的，如档案资源、服务器、虚拟机、交换器、操作系统等，从而保证系统能正常运行，并为后续的档案云服务的应用奠定良好的基础。

4. 档案云服务应用

档案云服务应用是实现数字档案机构云服务的重要环节。该环节中包括很多关于档案的基础性工作，如档案的收集、整理、利用、保存、借阅、统计等。之所以能将数字档案信息资源和用户进行连接形成档案云服务网络，就是因为档案云服务的应用，它还在一定程度上对档案用户的借阅程序进行了适当的简化，同时对档案管理工作者的工作内容也进行了减负。

5. 用户终端设备

用户终端设备主要是为档案用户提供进入数字档案机构云服务平台的端口。这一设备可以是任何一种移动终端，如电脑、iPad和手机等。这就使得在对数字档案机构中的资源进行访问时不再受限制，任何档案机构、档案室以及其他档案管理机构和个人等都可以自由进入，充分地满足了用户的需求。

在理论上，基于云计算构建数字档案机构创新性云服务没有太多问题，但在技术上和实际的实践中存在很多问题。因此，要想将这一工作做好，需要档案管理工作者有能力、有勇气、有目标、有毅力，对原有档案信息服务模式不断进行更新和改革。随着云计算技术在档案信息服务方面的影响不断扩大，越来越多的人力、物力和财力被纷纷投入档案信息服务中，可以预见，未来档案信息服务模式会有全新的发展。

（二）基于 Web 2.0 平台构建档案信息服务互动系统

在Web2.0的背景下，如果想对档案信息服务模式进行创新，档案信息服务机构必须要做好档案服务机构与用户之间的交流。创新的思维和清晰的思路对于创新本身而言是至关重要的。在建立了创新思路后，将这一思路运用到档案信息服务机构中，进而可以创立基于Web 2.0的档案信息服务互动系统（如图6-3所示）。这一系统包括三个部分：用户板块、档案信息服务人员板块和咨询板块。

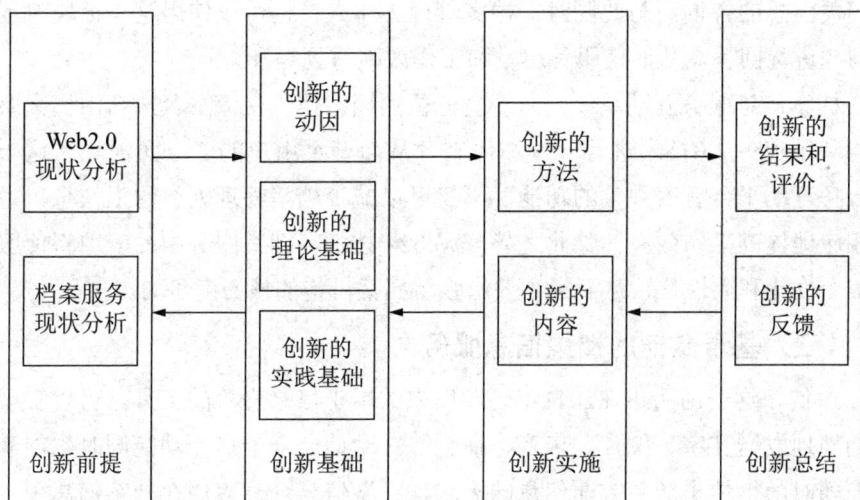

图 6-3　基于 Web2.0 的档案服务创新思维图

1. 用户板块

用户管理和用户认证是用户板块的两个组成部分。用户管理部分主要是负责存储和管理用户相关信息，通过用户认证后就可以获得其个性化的档案信息服务。例如，检索相关档案资源，与档案管理工作者交流，用户向档案机构推荐相关信息资源等。用户认证部分是指档案服务机构对档案用户进行权限设置，只有在得到相应的认证后，用户才可以使用系统内的资源。

2. 档案信息服务人员板块

信息发布、资源简介、交流方式（QQ、博客、微信）等是档案信息服务人员板块的重要组成部分。信息发布是指档案机构要给内部的员工发布的与工作相关的内部服务性和管理性信息，包括值班日期、工作模式、管理规定等。将档案信息利用RSS技术发送给用户是资源简介部分的主要作用，这种结合了文字、图片和视频等多种方式的档案对于用户具有很强的吸引力。QQ、博客、微信等都是档案机构提供给员工的进行交流和表达的重要途径。

3. 咨询板块

用户与档案管理工作人员进行沟通的地方就是咨询板块。在咨询板块，用户可以利用QQ、微信、博客等与档案管理工作人员进行相应的联系，从而进行相关信息的咨询。与此同时，档案管理工作人员也可以使用这一板块对用户的问题进行回答，从而使服务质量和工作效率得到提升。

档案信息服务互动系统是一个全方位的档案信息交流平台，它由档案服务机构利用Web 2.0技术进行开发和研制，从而满足用户的多方面需求。这一档案服务互动平台有着强大的功能，不仅可以减少档案管理人员的工作量，也可以相应地提高工作效率。除此之外，Web2.0技术在档案服务中的应用将使服务更加个性化和人性化，从而提高并增强了档案机构的核心竞争力。

（三）基于微信的档案信息服务

微信，这一由腾讯在2011年研发出来的用于信息交流的工具，可以实现随时随地地发送文字、图片、声音、视频等。微信公众号这一功能同时也能满足用户随时随地地了解各方面信息的需求，将微信公众号应用在档案信息中，可以为更多用户提供许多便捷的档案信息服务。事实上，很多档案服务机构，如档案机构、档案室、立档单位等，都已经开通了微信公众号为广大微信用户提供档案信息服务。这一方式就是对原本的档案信息服务方式的改进与升级。

除了创建自己的微信公众号，档案服务机构还可以对档案信息服务平台进行构建，这一平台要实现的内容有以下几方面。

1. 档案推送

在进行推荐或是发布档案信息资料时，档案管理工作者一定要利用微信，以保证微信用户能够看到自己感兴趣的内容。档案管理工作者可以用文字信息、图片和视频等多种方式，以相应地提升档案信息的公开程度。这些档案资料不仅要包括国家机关档案、社会组织档案、企业档案、个人档案等，还要包括本馆特色的档案信息。档案管理工作者也可以用微信公众号发布一些关于馆藏的新信息，如档案机构开放信息、讲座信息、展览信息等。总而言之，在进行推送的内容选择上，要对馆藏信息与最新信息进行全面的展示。

2. 档案查询

对用户提供一定的查档服务是档案查询的主要内容，即根据用户提供的关键词或者是责任者等对信息进行查询。其服务范围是档案馆藏资源目录体系、档案使用方法。在查询工作开展的过程中，要对用户的常见需求进行总结，并且有针对性地进行规划和调整，将档案信息资源、档案资料等进行合理的组织。与此同时，档案服务机构也要不断改进技术水平，创建档案服务系统，并且提升档案信息服务的查重率与查准率。对于档案的内容，档案服务机构要将其尽量完善，使用文字、图片和视频多种方式，以保证在用户进行参考和查询资料时，能获得全面的档案资源。

3. 档案咨询

档案服务机构与用户进行连接的纽带是档案咨询。作为新兴的用于信息交流的媒体，微信有着很好的社交网站属性，这一属性对于人与人之间进行信息交流和资源共享等起着重要的作用。利用微信，用户可以与档案服务人员直接交流，这样一对一的交流方式有助于双方进行流畅的沟通，同时也能为用户和档案服务人员建立起一定的联系。在用户咨询过后，档案服务人员会发现工作中存在的问题，从而有针对性地进行改正，提高工作效率；在得到了档案服务人员的回答后，用户就能对其所咨询的问题和档案管理工作本身有更多的了解，从而保证档案服务人员后续工作的顺利开展与推进。

任何一个档案微信信息服务平台都应满足以上要求，除此之外，档案服务机构也可以根据自身特点决定附加内容，如服务方式、服务内容、服务范围等。不同的档案服务机构应该具有不同的特点，不能千篇一律。

总的来说，档案信息服务存在于档案发展的全过程中，并且起着重要的作用，从分散服务慢慢成为系统服务，最后形成了一个服务系统。从古至今，档案管理工作实现着从重"藏"到重"用"、从为一小部分人服务到面向社会服务的重大转变。在社会的发展过程中，这一变化也在同步发展着。从纵向层面来说，档案信息资源至今还没有开发完全，还有更多的可能性；从横向层面来讲，直到今天，档案服务机构所建立的档案信息服务模式以及体系还不够完善，有待改进。由此可见，对于档案发展事业来讲，对档案信息服务进行相关的研究是至关重要的。

在现如今的大数据时代之下，将Web2.0环境、云计算环境和各种交流软件等进行结合，并且应用于档案信息服务中，有利于对档案信息服务的前景与发展方向的研究。为此，我们可以利用Web2.0对档案信息服务互动系统进行构建；我们可以通过构建数字档案机构形势下的创新性云服务来提高档案信息服务效率；我们可以合理地利用微信及其他手机应用开展相应的推广工作，从而扩大服务的范围。就目前来讲，无论是理论层面还是实际实践中，我们都已经获得了一定的经验，取得了一定的成果，但是对于档案信息服务方式的创新研究，我们还要注意以下三点：首先，要让工作人员紧随时代步伐，重视研究、宣传和利用网络技术优化档案信息服务，从而达到提高工作人员服务意识的目的；其次，要对微信平台各方面内容的深化进行深入研究，包括内容、功能和资源等；最后，要对其他领域中的成功经验进行借鉴，在工作开展中，注重理论与实际的结合。

第七章 信息时代的档案馆发展

第一节 认识数字档案馆与智慧档案馆

一、数字档案馆

随着网络信息技术水平的不断提高，处理数字信息的手段与方法也变得更加现代化，具体涉及形成数字信息、传播数字信息以及管理数字信息等多个方面。[①]

如今，随着网络信息技术水平的提高，社会各界各行业的信息化水平都得到了快速的发展，这使得数字信息大量出现，并且占据了巨大的网络储存空间，而且数字信息所需的储存空间会随着数字信息的增多而继续增长。在这些数字化信息中，有许多具有利用价值和参考价值的信息，记录了社会中真实的实践活动等都会被转化为档案，永久地储存在档案馆中。如果能够很好地利用信息技术手段，开发档案馆藏资源，以及提高档案检索的效率和档案服务质量，这一要求推动了档案馆藏数字化工作的开展。

传统的档案管理方法已经不适合当今时代的发展要求，也无法满足现代档案管理需求，因此需要将这些不仅落后且不科学的管理方法替换。新的管理思路和方法不仅要能够满足现代档案管理工作的需求，还要能够满足时代的需

---

① 宋莹. 企业数字档案馆（室）建设理论与实践 [J]. 机电兵船档案，2021（1）：64-66.

求。可以说，随着时代的发展，开创新的管理方法，成为档案管理工作者面临的重大机遇。

在21世纪，档案事业最基础也是最重要的工作就是利用现代高科技手段将信息社会的发展历程记录下来，因此数字记忆工程活动应运而生，即建设数字档案馆。建设数字档案馆，能够有效地将利用现代高科技手段记录的信息社会的发展历程积累、保存、管理和控制起来。由此可见，数字档案馆建设是一项十分重要的工作。

在建设数字档案馆时，要注意不要浪费资金，同时为了取得良好的社会效益，需要对数字档案馆进行准确定位，并处理好传统档案馆与数字档案馆之间的关系，使两者能够进行良好的互动。

（一）数字档案馆的功能定位

档案馆属于文化事业机构，其提供的服务是面向社会的，主要工作是收集和整理档案、接收和保管档案以及提供档案，使档案能够得到利用。根据档案馆的主要工作能够分析出档案馆具有以下几个主要功能。

第一个功能是对国家档案资源的积累与整合。档案馆藏资源是社会的财富，可以通过收集与整理等一系列的工作得到丰富。

第二个功能是对各类档案的集中管理和维护。该功能主要是将每个分管范围内的档案统一集中到档案馆中，随后按照科学的管理方法对其进行集中管理与维护。

第三个功能是对档案进行永久保存。档案在进入档案馆后，就会得到永久的保存和管理，不仅其真实性与完整性都会得到保障，而且其中的信息也可以得到有效的利用。

第四个功能是提供信息服务。信息服务的对象是所有具备利用档案信息资格的人，信息服务的目的为他们进行研究提供帮助。

第五个功能是展示档案、传承文化。展示档案时主要展示的是档案经过编研后的成果；传承文化主要是通过档案信息的传播，开展一系列有益的教育活动，为社会提供多元化的服务。

《中华人民共和国档案法》并没有对数字档案馆的性质和功能做出明确的规定，只有对于传统档案馆的定义与定位。数字档案馆的性质和功能同传统档案馆应该是相同的。但是，数字档案馆接收和保存的是数字档案，而传统档案馆接收和保存的是纸质档案，这一点是数字档案馆和传统档案馆最大的不同之处。除了接收和保存，数字档案馆管理的是数字档案，也就是说只有通过网络和数字化载体的形式，才能够完成对数字档案的鉴定工作、接收工作以及存储工作。

通过研究数字档案管理的特性以及网络服务的特性，从档案馆的基本功能出发，可以分析出数字档案馆的功能定位。

第一，数字档案馆是在人们的社会实践活动中形成的，是信息社会的一种历史见证，因此数字档案馆也可以被看作是信息社会的记忆馆。

第二，数字档案馆主要是为了保存和管理数字档案资源，它对数字档案的保管安全集中且长期持久，是最适合数字档案的保管场所。

第三，数字档案资源包含了社会各领域的信息，并且其保存类型多种多样。但是，在被纳入数字档案馆进行保存的时候，这些资源会被统一成相同的标准，对其的访问机制也是统一且规范的。

第四，数字档案馆能够通过网络为有需要的人提供各种服务，包括对档案的收集、整理、统计和打印等。可见，数字档案馆作为一类服务平台，其提供的档案业务具有集成化的性质。

第五，数字档案馆是一种信息门户网站，无论是国家、政府机构还是个人都能够通过数字档案馆对档案进行查询和利用。

第六，我国的各类研究人员都可以通过数字档案馆获得数字档案服务，并根据所得到的数字档案信息资源进行不同方面的研究。最终的研究成果会同开放档案一起向社会展示。

第七，数字档案馆作为一种组织或联合体，具有保证各方面资源持续运行和动态扩展的功能。这一功能主要面向的对象有各类业务平台、各种标准规范以及信息技术等。同时，这一功能还能够保证数字档案的真实性和安全性。

（二）数字档案馆的目标定位

建设数字档案馆是为了运用现代化的手段和方法对数字档案进行统一集中的管理，并通过运用科学的标准和规范对数字档案进行永久的保存，为档案管理工作者管理档案、利用档案等工作提供便利。

建设数字档案馆的远景目标是固定的，无论是从国家档案资源全局还是从区域内部资源共享等方面进行研究分析，得出的结论都是一样的。

第一，为了保证数字档案馆中的档案资源可以交换或共享，需要在数字档案馆的规范体系方面做到标准统一。同数字档案相关的各类标准以及规章制度，包括对数字档案的整理、对数字档案的利用等方面，都需要经过不断地制定与完善，才能够保证数字档案能够得到规范管理，并在数字档案馆中得到永久的保存，实现数字档案的集中控制。

第二，数字档案是以各类电子文件的形式保存在数字档案馆中的，为了保证保存过程不会破坏数字档案的原始状态，需要研究保存技术，避免数字档案遭到破坏。

第三，在建设数字档案馆时，需要注意保证数字档案可以在数字档案馆中进行转换和迁移。这是因为当数字档案馆接收新的档案时，需要对档案的数据进行转换和迁移，其主要目的是方便对同类档案进行统一的保管活动。

第四，保证信息系统能够正常运行，并做好信息系统的维护工作。信息系统是指服务平台系统，其作用是辅助数字档案资源的积累、管理和利用。这个系统的特点在于它是一致的、通用的、可持续发展的。

第五，在对电子文件进行处理时，要做好它的前端控制工作。前端控制工作中涉及的一系列相关政策及技术指南，都必须要符合档案管理的要求，其主要目的是保证电子文件的产生工作、电子文件的积累工作以及电子文件的整理工作，都能够有效地进行。

第六，要保证档案信息利用的高效性。储存在数字档案馆中的数字档案资源，在被人们利用的时候，要能够保证人们可以不受时间及空间的限制，通过最有效的办法利用这些档案信息。

第七，在任何一个环节，档案数据的安全都应受到保护。具体来讲，保障其安全性的环节包括在接受档案资源的过程中，在储存档案资源的过程中，以及在利用档案的过程中；保障其安全性的方法有使用安全的策略以及安全的技术方法；保障其安全性的原因是为了保证档案不会被修改和损坏，不会被病毒感染，也不会被随意地偷走利用，使人们在利用这些档案的时候能够遵守使用的原则，有效地利用这些档案。

第八，数字档案馆和传统档案馆之间不应该相互对立，而应该互补，同时还能够进行合理的互动。数字档案馆的建立者实际上是传统档案馆的工作人员，这些工作人员主要是对数字档案馆中电子文件实行管理工作，并且将传统档案馆中的一些档案进行数字化加工，形成数字档案资源后再放在数字档案馆中进行存储和管理。

第九，数字档案馆需要拥有最新的技术能力。这一技术能力指的是信息技术，主要作用是有效地处理数字档案资源，包括对其的保存、管理，以及能够让人们有效利用这些档案资源等。

第十，数字档案馆需要得到社会各界的支持。数字档案馆不仅能够储存和提供档案资源，还需要满足人们对于资源的需求，以及对于档案馆的要求，在满足了用户需求之后，数字档案馆才会得到社会各界支持。在此基础上，还要关注用户的反馈，并根据这些反馈内容不断地完善数字档案馆，这样其才能够越走越远。

建设数字档案馆是一个漫长的过程，对于数字档案馆的建设规划也是十分复杂的，因此要想建设数字档案馆是不容易的。另外，建设数字档案馆不能只依靠专业的工作人员，还要符合国家档案资源统筹管理的各项要求，包括数字档案资源的存储格式等，并且要得到社会各界的支持，包括技术的提供，以及业务上的支持等。

（三）数字档案馆与传统档案馆的区别与联系

数字档案馆和传统档案馆之间有着紧密的联系，二者都是对档案进行存储和处理等工作，同时二者也有着很大的区别，前者是通过数字化的方式对社会发展历史进行记录，而后者则是通过纸质材料进行记录。因此，它们因为不同之处而相互对立，又因为联系而相互依存。也就是说，脱离传统档案馆建设数字档案馆是不现实的，脱离数字档案馆建设传统档案馆，是不利于现代化档案管理的。通过研究可以得知，数字档案馆的组建方式决定着两者之间的互动关系，下面将对二者之间的具体关系进行阐述。

首先要说明的是两者之间的不同之处。第一，两者之间机构设置的划分、档案的管理模式以及档案馆的运行方式都是不同的。具体来说，数字档案馆的机构设置是按照建设和维护各软硬件平台的不同进行的，而传统档案馆的机构设置则是按照收集档案、管理档案以及利用档案这三项工作进行的；数字档案馆的管理模式是利用网络进行的，而传统档案馆的管理模式是通过人工进行的；数字档案馆可以通过自行维护来运行，也可以通过托管来进行运行，而传统档案馆的运行方式是通过工作人员进行档案管理工作来实现的。第二，两者之间的人员结构存在差异。数字档案馆对工作人员有专业的技术要求，如在每一个工作环节，包括对数字档案馆的规划、对档案馆的开发以及对档案馆的运行维护等各个环节，都需要由高精尖的专业人才进行，并且要求这些工作人员能够掌握并熟悉相关的工作流程，还要具备将信息技术融入档案管理工作的能力；传统档案馆对工作人员没有太过专业的要求，工作人员只需要会简单的计算机操作即可，而且传统档案馆不需要档案管理人员研究和开发传统档案馆中所要用到的各类系统，他们只需要能够熟练操作这些系统即可。第三，两个档案馆中的档案性质是不同的。数字档案馆中的档案都是数字化的档案资源，而传统档案馆中的档案是不同实质载体的资料，通常为纸质资料。

其次要说明的是两者紧密联系的地方。第一，两个档案馆中收集的档案内容有着紧密的联系。两个档案馆中的某些档案内容是相同的，但这些相同的部分也仅限于传统档案馆中经过数字化加工后形成的电子档案，或者是某一电子档案本身就具备纸质版的文件。据此我们也能够分析出数字档案馆中包含着的数字档案资源，可分为传统档案数字化加工后形成的档案、一些正常形成的需要进行长期保管的档案以及一些政府文件，而且这些政府文件是需要在某一时期内对外开放的。第二，数字档案馆和传统档案馆是相辅相成的。在传统档案馆的工作中，数字档案馆能够为其提供技术支持，让传统档案馆能够利用网络中的各类系统，从而有效地发挥其保管档案和利用档案等各项作用；而在数字档案馆方面，传统档案馆可以提供各项业务上的辅助，不仅能辅助数字档案馆的建设工作，还能推动档案馆的发展。第三，数字档案馆和传统档案馆虽然是互补的，但不能互替。这两者在长时间内是共同存在的，都是对于社会中各类实践活动的记录，并一同见证着社会的进步与发展。

（四）数字档案馆的基本特征

分析数字档案馆的基本特征，可以从数字档案馆的定位出发，并得出以下结论。

第一，无论数字档案信息是从哪个应用系统中形成的，数字档案馆都具有将这些信息纳入其中的能力；第二，因为这些数字档案信息生成于不同的应用系统，所以这些数字档案信息的类型也是多种多样的，但无论是哪一种类型，数字档案馆都具有对这些档案信息进行保存和管理的能力；第三，数字档案馆在提供数字档案信息的利用服务时，不会受到计算平台的限制，能够在不同的平台之间实现档案信息的共享，也不会受到应用媒体类型的限制，可以在不同的数字媒体上展示数字档案信息；第四，凡是符合利用数字档案信息的个人或组织，都可以在合法的权限内对数字档案信息进行利用、发掘；第五，数字档案馆为档案管理工作者提供服务，其主要服务的工作内容是现代档案管理工作。

二、智慧档案馆

（一）"智慧"的解读

对于"智慧"一词的解释有很多种，上海辞书出版社所出版的《辞海》将"智慧"解释为"对事物能认识、辨析、判断处理和发明创造的能力"。《现代汉语词典》同样也是将"智慧"解释为一种能力："辨析判断、发明创造能力。"在由杨冰之和郑爱军出版的《智慧城市发展手册》中，他们对"智慧"的"智"和"慧"分别进行了论述，认为两者指代是一种能力，但是"智"是指对事物的感知能力，是理性思维，即人们的智商，这种能力是在对理论知识进行把握的基础上形成的；而"慧"是指对事物的判断能力以及创新能力，是感性思维，即人们的情商，这种能力是对实践经验进行把握的基础上形成的。

档案馆是由四个部分组成的，包括"物"，即档案实体或计算机系统等；包括"人"，即档案馆的各工作人员；还包括各类型的"档案信息"以及档案馆中的各类组织。在人们传统的思想观念中，"智慧"是人类所独有的，因此档案馆也被认为具有"智慧"的特征。

在智慧城市中，有两种不同的驱动力正在悄然形成，并且逐渐成为智慧城市的核心。这两种驱动力分别为技术牵引力和协同创造力，前者是在科技创新的层面所探讨的，主要的技术是各类新型信息与通信技术，包括物联网、云计算等；后者是在社会创新的层面所探讨的，主要用于对城市环境的创新，而且这种创新不仅要符合当前的知识社会环境背景，还要做到开放性发展。

根据以上内容，我们对智慧档案馆也有了大致的了解，即智慧档案馆中的"智"也是指代一种能力，这种能力是能够让档案馆中的"人"在运用新的信息技术时，对档案馆中的"物"进行处理的能力，并以信息技术为基础，以档案馆中的"档案信息"为中心，建立起一个全面档案管理信息系统；而智慧档案馆中的"慧"则是让档案馆中的"人"能够以更加开放的心态，在推动档案事业发展的基础上，通过运用相关技术，将档案馆的管理工作变得更为智能化和自动化，并准确地预测档案管理工作的风险，进行有效的控制，从而根据以往的工作经验，在符合社会发展需要的前提下，做出更多的创新活动，并将数字档案馆所提供的服务通过创新变得更为多元。

在建立智慧档案馆的时候要注意将"智"和"慧"相结合，从而使档案馆中的各个部分在运转过程中更"聪明"、更"灵敏"，借此探索智慧城市的发展规律，并通过感知来记录新型社会及智慧城市的发展；同时，这种智慧档案馆能够满足社会多元化发展的各项需求，并及时为其提供更为适合的信息服务。

（二）智慧档案馆的概念

智慧档案馆是采用物联网、云计算等新技术智能管理多元化档案资源，具有感知与处理档案信息能力，并提供档案信息泛在服务的档案馆模式。

智慧档案馆的管理对象为多元化的档案资源。多元化的档案资源包括馆藏传统档案和新型档案的内容信息与载体信息，如原生的电子档案、档案数字化成果、档案目录数据库、档案载体信息库等；包括档案馆采取各类技术手段管理档案资源的档案管理信息，如档案馆楼宇智慧管理信息等。

（三）智慧档案馆的特点

1. 沟通感知智慧化

物联网是智慧型档案馆的技术基础，互联则是其核心要素。利用物联网实现内部及外部信息的交换，构成了一个基于物联网的智慧通信系统。通过物联网，可以实现档案工作人员与档案、档案与用户、档案与馆舍、档案与设备、工作人员与用户、用户与用户，无所不在、无时不在的沟通与感知，从而实现用户、档案、设备等之间快速、便捷、无障碍的对接。总之，利用物联网技术可以实现更大范围的信息资源共享，实现用户最大范围的信息获取。

2. 资源管理智能化

资源是档案馆的生命，档案资源不仅包括纸质文档，还包括数据库、多媒体等格式的电子文件。以数字资源为基础的智慧档案馆可以对所有的档案资源进行智能化控制、组织和管理，并对档案信息资源进行共享和发布，同时在后台建立起跨系统的应用集成，以此实现跨部门的信息共享、跨库网的互通和跨馆际的服务与管理。

3. 建筑设施智慧化

环保、安全、绿色、智能等要素构成智慧型档案馆馆舍的发展目标。因此，要对档案馆内部的各种设备实行智慧化管理，构成智慧化系统；对阅览设备、视听设备、视频会议等进行动态调度分配；对消防系统、温湿度控制、照明各方面自动调节。有了数字化、网络化、智能化的基础设施，无论是物理空间还是网络空间，都会为用户带来不一样的便捷体验。

4. 服务创新智慧化

以人为本，高效服务是智慧型档案馆的灵魂。通过物联网进行信息交换和资源共享，可以构建一个具有分析事物、处理事务、管理和决策能力的智慧服务系统。在泛在的感知与互联前提下，无论是传统纸质文件还是数字信息，无论是检索还是编研成品，无论是文字还是多媒体，无论是传统的查借阅、信息咨询还是用户业务分析，都可以通过手机、互联网及社交网络等信息手段，开展不受时空限制的检索、咨询、信息获取等服务。

（四）智慧档案馆的内涵

1. 智慧档案馆是智慧城市的重要组成部分

智慧档案馆的作用同传统档案馆和数字档案馆的作用相同，都是记录社会中各项活动的历史，但是智慧档案馆所记录的是在智慧城市背景下所形成的历史，以此来传承文化、服务民众。可以说，智慧档案馆是智慧城市最重要的组成部分。

智慧实际上是人类所独有的一大特征，而一座城市之所以被称为智慧城市，主要是因为各项新型信息技术能够将人类的智慧融入城市，使城市中的各类机构组织具有智慧的属性。

在建设智慧城市的过程中，人们发现智慧城市具有动态性和可持续性的特征，并且在智慧城市发展的过程中，这种特征依旧存在。智慧档案馆在智慧城市中承担的社会职能就是将智慧城市的发展历程记录并保存下来，满足智慧城市生态环境背景下人们对档案的需求。这就需要通过新技术对传统档案馆中的人、物以及信息系统进行升级，使其参与智慧城市的发展。

2. 智慧档案馆是档案馆发展的高级形态

传统档案馆的管理是以实体档案为主，运用相关的网络基础设施，将档案资源分为各个层级。智慧档案馆不再沿用此管理模式，即它不再以实体档案馆为主，而是跨越不同的实体档案馆，与不同区域的实体档案馆协同发展；对于档案资源也不再分层级，而是进行统一管理。除此之外，智慧档案馆会随着智慧城市生态环境的不断变化而进行各方面的调整。

作为档案馆未来的发展方向，智慧档案馆的发展理念是在数字档案馆的基础上进行更新和确立的，因此智慧档案馆的内涵与数字档案馆相比更为全面。

第一，要想将智慧档案馆变得更为智慧，就要在档案馆中充分利用各类信息技术，包括互联网、云计算等技术；同时也不能忽略智慧档案馆的主体，即档案管理工作人员，他们是将智慧档案馆变得更为智慧的关键因素。此外，要想将智慧档案馆变得更为智慧，还要在智慧档案馆中加入智能感知设备。

第二，为社会各界及人民服务，是智慧档案馆运行的本质。智慧档案馆主要是通过各项信息技术，将档案馆中的"人"变得更为智慧，将档案馆中的"物"变得更为智能，再将两者充分结合，以此来服务社会和人民，使档案资源得到有效的利用。这是智慧档案馆的核心所在。

第三，对于智慧档案馆的最终目标，可以分三个方面进行论述。首先，建设智慧档案馆是为了使各类数字档案得到充分的利用，使档案管理工作变得更智能。其次，建设智慧档案馆是为了使数字档案资源服务于社会各界、政府组织和人民群众。收录进智慧档案馆的数字档案越多样，智慧档案馆所提供的服务就越专业、系统、个性化。最后，智慧档案馆的生态系统是一种全新的体系，它不仅具有完善的行为意识，还具有调控能力，能够实现自我学习、自我成长和自我创新，并根据社会时代的发展而发展。

（五）智慧档案馆的构成要素及其特征

在智慧档案馆中，档案管理工作需要采用更多、更先进的信息技术。这些信息技术能够为档案管理工作提供更多的专业知识，并维持智慧档案馆的正常运行，完善智慧档案馆所提供的服务等。除了技术方面，智慧档案馆自身所具有的各个要素也需要做到相互协作，以凸显智慧档案馆的"智慧"特征。

构成智慧档案馆的第一个要素是智慧档案馆的工作人员，他们在整个智慧档案馆中扮演着关键角色，智慧档案馆中的"慧"就是由这些工作人员体现出来的。智慧档案馆的工作人员不仅需要对智慧档案馆的工作流程十分熟悉，还需要懂得将新的信息技术运用到工作中，这也是对他们的基本工作要求。

在智慧档案馆中，每一项工作都需要专业人员进行操作处理，这就要求工作人员要有较强的业务能力，要有高素质、高责任感，还要具有创新能力。这些要求有利于提高档案管理工作的效率和水平，也为档案专业人才培养提供了更加明确的目标。

智慧档案馆同数字档案馆和传统档案馆的不同之处在于，智慧档案馆的每一项工作都有专门的专业人员负责，而不是一个专业人员需要负责多项工作事务。例如，负责分析档案信息需求的工作人员，只需要研究如何将档案更好地提供给社会，并以此为工作目标探寻档案中所蕴含的各种价值，判断其是否符合用户的特点，能否满足社会各界的需求等，保证档案馆所提供的服务能够以人为本；再如，专门负责开发应用系统的工作人员，只需要时刻注意是否有更为先进和适合的信息技术出现，如何将信息技术运用在档案管理工作中，如何利用现有的信息技术推动智慧档案馆向正确的发展方向前进，并对档案管理工作进行创新。

智慧档案馆的第二个构成要素是档案资料，这也是整个智慧档案馆的核心内容。档案资料具有一定的价值，包括利用价值、储藏价值等。档案资料最初是社会中具有价值的信息，在经过数字化的加工后才成为收藏在智慧档案馆中的档案资料，最后为社会各界所利用。

在传统档案馆中，被保存起来的档案资源受到地域的限制，无法同其他实体档案资源互相辅助；而智慧档案馆改变了这一状态，它让各个档案资源不再受到地域的约束，能将零散的档案资源统一起来。这能够让档案在被利用的时候充分发挥自身的价值，让智慧档案馆的运行保持最佳状态。

智慧档案馆的第三个构成要素是基础设施，这也是整个智慧档案馆的基础设施。为了凸显智慧档案馆中的"智慧"二字，就要将智慧档案馆中的基础设施变得更为智能。将档案库房变得更为智能，是为了让档案资源得到更安全的保管，让档案管理工作人员能更有效地开展档案管理工作；将楼宇变得更为智能，是为了保证实体档案能拥有优质的生态环境，让楼宇能根据环境的变化自动调节安保条件、储存条件等，甚至可以通过自动感应系统，让实体档案时刻都处于被监控的状态下，使实体档案更加安全。为了保证这样的智能化管理得以正常运行，就不能忽视对设备的完善和维护。

需要注意的是，在完善智能档案馆的基础设置，保证档案资源安全的同时，也不能忽视智能档案馆提供档案利用的服务。

构成智慧档案馆的第四个要素是档案管理信息系统，这个系统是整个智慧档案馆的技术系统，主要负责辅助工作人员确保档案管理工作的各个环节都能够顺利进行。因此，档案管理信息系统所包含的内容应该是全面的，其系统的应用也应该是有效的，最终的目的是要使档案管理工作的水平能够有所提升。

传统档案馆在管理档案时，通常是按照正常的工作流程进行线性管理，而档案管理信息系统能够将这种线性管理转变为整体管理，让工作中的每一个环节都能够顺利地连接起来。档案管理信息系统主要是由网络服务架构体系搭建而成的，无论是对电子档案还是实体档案，这种系统都能够保证它们的安全。

构成智慧档案馆的第五个要素是档案用户，这一要素同智慧档案馆的作用紧密相关。档案馆的档案就是为了让人们利用和研究，档案馆存在的目的也是在收录和保存这些档案的基础上，为社会各界提供档案利用的服务，于是就出现了"档案用户"。智慧档案馆会根据用户的需要，为其提供便利的搜索和利用服务，同时提供与用户搜索内容相关的，用户可能会用到的其他档案信息。

为了更好地服务用户，档案馆需要优化服务，让用户体验到更加主动的服务，服务模式是可供选择的，服务内容是丰富多样的。总而言之，从前的服务是传统的、单项的、被动的，而智慧档案馆所提供的服务应该是创新的、多项的、全面的、专业的。

构成智慧档案馆的第六个要素是档案业务活动，主要指的是管理运作环境。由于在档案馆中使用的是更为先进的信息技术，智慧档案馆中的档案管理工作变得更为智能。为了使档案管理工作更顺利，档案利用更便利，档案管理更容易，就要将档案管理的运作环境变得更为人性化。在人性化的运作环境下，工作人员的工作效率和工作水平都能够得到提高，档案管理的工作会更加顺利，档案利用的服务将更加以人为本，从而打造一个智慧档案馆的生态系统。在这个档案系统中，智慧档案馆的核心依旧是各项档案资源，智慧档案馆的主要作用也依旧是要提供利用档案的服务。

通过对上面内容的分析，我们可以构建出智慧档案馆的基础体系结构，如图7-1所示。

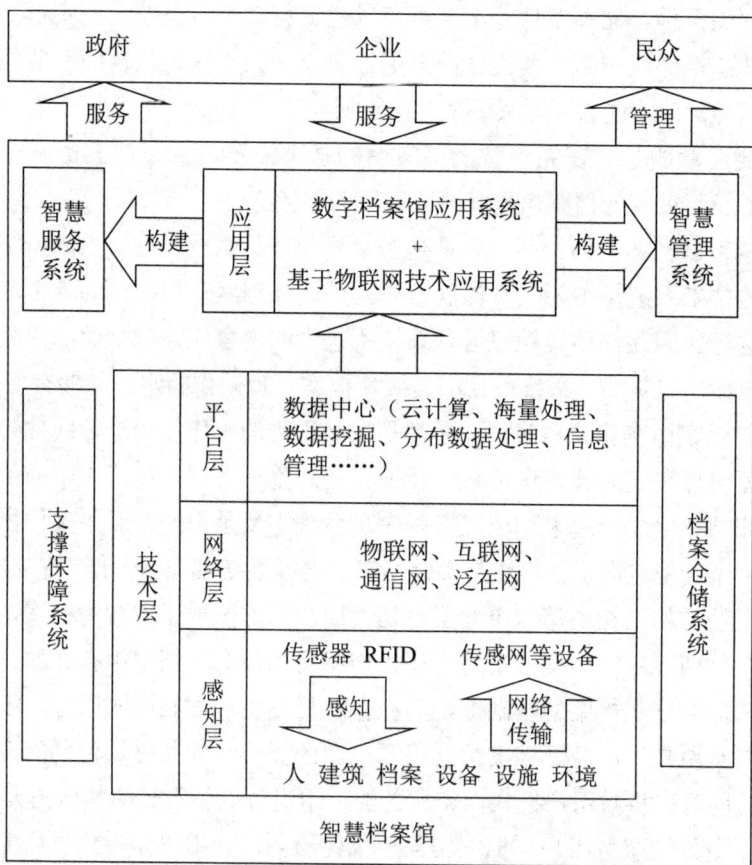

图 7-1　智慧档案馆基础体系结构图

构建智慧档案馆的主要目的是打造出一个能够满足社会以及人们各种需求的档案馆，在这个档案馆中进行档案管理工作的工作人员们都是具有智慧的，档案馆收藏的档案也都是承载着智慧的。可以说，智慧档案馆就是这样产生的。我们可以认为智慧档案馆是数字档案馆在经过了发展之后所形成的一种新形态，是构成智慧城市的一项重要组成部分；而智慧档案馆中的智慧，指的是在智慧城市背景下，在传统档案馆和数字档案馆中运用更加先进的技术进行管理和运作。

第二节　数字档案馆的组织、建设与应用

一、数字档案馆的组织与管理

关于数字档案馆的组织与管理，《中华人民共和国档案法》中有明确的表述。首先，《中华人民共和国档案法》对数字档案馆的组织机构进行了明确的规定，同时还要求了各组织机构所要承担的各项职能；其次，对档案资源的管理原则也做出了表示，主要是在统一领导下实行分级管理，其中分级管理不仅仅是一些重要的组织机构要遵守的原则，县级单位甚至是企业事业单位的档案室也要遵循这样的管理原则，因为这样的原则不管是在传统档案馆还是数字档案馆中，都能够为档案的组织管理及利用提供方便。

数字档案馆的组织和管理具有一定的特殊性，这种特殊性主要来自于它所应用的信息技术。数字档案馆应用的信息技术通常都具有很强的专业性，再加上网络本身的一些特性，数字档案馆同传统档案有很大的区别。因此，在构建数字档案馆的时候，不应该按照传统档案馆的组织与管理进行规划，而是要先对这些内容进行研究分析，探寻它们和传统档案馆之间的关系，再对比着这些关系，进行数字档案馆的建设活动。[①]

（一）数字档案馆组织体系

数字档案馆建设会对国家的信息资源战略产生影响，从而影响国家档案事业的发展。因此，对数字档案馆做规划和部署时，要考虑到国家的档案行政管理。

---

① 张翀. 基于 ESB-SOA 模式的高校数字档案馆管理系统的设计 [J]. 电子设计工程，2021，29（2）：43-47.

在组建数字档案馆时，不能按照传统档案馆的组织管理进行规划，其主要原因有两个。第一，在数字档案馆中，档案资源都是经过数字化加工后进行存储、管理和利用的，而能够维护数字档案馆正常运行的因素是网络。由于网络将各类应用软件相互连接共用，同时网络还具备充足的储存空间，这就使得档案馆中的数字档案信息能实现跨区域共享，从而可以将各区域的信息收集在一起进行存储。第二，数字档案馆的主要工作就是将数字档案资源进行保存、管理和利用，而在网络技术的支持下，档案管理工作能够稳定运行，数字档案馆中的信息也可以在此基础上得到共享运用。这两个方面可以说是区分二者的决定性因素。

数字档案馆不再沿用传统档案馆中分级建立机构的档案行政管理模式，而是通过信息技术的优势，在国家各地区各级政府（省级、市级和县级等各级）进行扁平化管理，使数字档案馆在提供利用档案信息服务时，不仅能够优化服务，而且能提高利用效率。

在建立数字档案馆的行政管理机构时，要能够满足现代档案管理的需求，同时还要考虑到组成数字档案馆的各分支机构在进行档案管理工作时要遵循的规章制度。此外，还要根据规范体系等各个方面，进行全面的规划和部署。通常对这一切进行全面部署的工作是由国家档案行政管理部门所负责的。

我国建设数字档案馆的工作还没有完成，依旧处于从传统档案馆向数字档案馆转变的过程当中。但是，即使对建设工作仍处于研究阶段，也要考虑到两个方面的内容：一方面是能够依照着国家的档案信息资源进行总体的战略部署，并时刻遵照国家档案局所颁布的最新规章制度进行；另一方面是要按照社会实际情况以及档案信息资源的各项特点来进行。

总的来讲，在建设数字档案馆时，要遵循的原则就是：能够坚持科学发展观，坚持以人为本，坚持为人民服务，使最终设立的数字档案馆不仅方便工作人员进行档案管理工作，还可以为社会各界提供便利的档案利用服务。

在数字档案馆中，组织体系的存在主要是为了保证数字档案资源能够得到有效的利用，以及安全的保存，让社会各界在利用档案资源时能更加方便，同时维持档案管理工作各环节之间的平衡。因此，在设计数字档案馆的组织体系时，要考虑到以下几点：一是数字档案馆的组织体系要遵循传统档案馆的区域性原则，以及划分档案类型的原则；二是在设立组织体系时要考虑到和传统档案馆之间的关系，考虑到二者之间的交流联系；三是要保证档案馆中档案资料的来源及其历史性。

在建立各个省市的各个机构内的档案室时，要考虑的因素要更广泛一些，包括要结合所在机构的实际状况，对所在机构人力、物力、财力方面进行考量，对用户需求以及档案资源的基本信息等进行考虑。需要注意的是，在结合这些考虑对组织机构进行设立时，还要遵照国家档案局所颁布的最新规章制度。

（二）数字档案馆的组建方式

在建设数字档案馆时，要考虑它的功能和目标，通过这些功能和目标，对数字档案馆产生更加深刻的了解，从而对其建设有一个预期的设想；通过对数字档案馆组建方式的研究，让数字档案馆中的各组织有效地运行，从而推动数字档案馆稳定地运行。

在建设数字档案馆时，要注意对档案的保管工作和利用服务，这些工作环节都是受到数字档案馆组织机构影响的。例如，数字档案馆中的标准体系决定了能否对档案进行统一管理，数字档案馆中的技术支撑体系决定了能否完成永久保存档案的任务，而这些工作环节最终决定了档案信息资源能否得到有效的利用。

建设数字档案馆是一项能够影响国家档案事业发展的事务，这项事务的领导体系是国家档案局。在建设时，要遵循的原则是共建共享；要创立的规范内容是有关于档案管理工作的收集、保存、管理以及利用等；要遵循的技术标准是同数据管理相关的各项内容；要创立的基础体系结构是能够维护数字档案馆的正常运行，以及确保收集到的各类样式的资源能以统一的格式被纳入数字档案馆。

在数字档案馆中建设应用系统主要是为了通过设立档案信息系统，让人们在不同的地区都能实现档案信息的共享。这种系统的建设主要是将各个地区的优秀人才聚集在一起，再以省市为单位，根据档案管理工作各项环节的实际情况，在其中融入先进的信息技术，最终形成通用的档案信息系统，完成对档案资源的共享利用。

我国建设数字档案馆有两种模式可以利用：一种是单一型模式，这种模式的数字档案馆通常都是由某一个档案馆自己运行，包括在本馆馆藏的基础上对档案资源进行数字化加工等一系列的档案管理工作环节，并通过门户网站提供档案利用的服务体系；另一种是区域型模式，这种模式的数字档案馆通常都是由一个区域内的档案馆共同运行的，对于这个区域也没有完全绝对的规定，可以是在一个市内，也可以是在一个区内，并且这些档案馆的工作中心依旧是档案管理工作，只不过是在原先管理工作的基础上，将信息技术融入各个环节，完成档案资源信息化的转变，再将纸质档案进行整理规划进档案室中，将电子档案整理规划进数字档案馆中，最终在一个区域内，对数字档案信息进行集中处理。

分析这两种建设的模式能够发现它们有一个相同的特点，即两种模式下的数字档案馆都是以某一个传统档案馆为基础进行建设的，因此数字档案馆的发展是同该传统档案馆的信息化水平息息相关的。传统档案馆的信息化水平，指的并不是档案馆所运用到的信息技术水平，而是工作人员对于信息化的认识水平。这些工作人员主要指的是负责提供信息技术服务的人员。如果相关工作人员的认识水平并不高，再加上对信息化发展的投资不足，就会使数字档案馆的发展呈现出一定的局限性，严重一些还会呈现出一定的风险性。单一型模式和区域型模式还有一个共同点，即IT资源容易重复建设，这对于档案行业来说是一个弊端。到目前为止，我国的数字档案馆还没有一个可以进行参考的、完整的标准体系，在这时建立起的各单位的数字档案馆，对国家的档案信息资源是不利的，会影响到国家档案信息化的建设工作。

在这里还要提出一个关于数字档案馆的新内容，即服务型数字档案馆。它是数字档案馆中的一种特殊形式，和其他形式的档案馆相比，服务型数字档案馆对于技术的要求更高，它要求档案馆中的工作人员是信息化方面的专业人才，而且建设数字档案馆时所要花费的资金、所要用到的技术，以及对于档案的保障要求都较高。这一类型的档案馆同传统档案馆存在很大不同，从传统档案馆向服务型数字档案馆发展演变的路程也是极其困难的，需要在传统档案管理工作中融入先进信息技术的同时，还要通过社会各界帮助完成建设以及维护。社会各界的帮助包括各类高校或研究院、国家的实验室以及能够提供服务的辅助性平台和更为专业的技术性团队。

服务型数字档案馆作为数字档案馆的一种，其领导组织是国家行政管理委员会，在建设时同样要遵守国家所提出的各类标准和思想；不同的是，服务型数字档案馆最主要的作用是为不同的传统档案馆提供有利的信息技术。下面将论述其具体的工作内容。

第一，服务型数字档案馆提供数据转换服务，这项服务不仅能接收各种类型的数字档案信息，还可以将这些档案信息进行交换；第二，服务型数字档案馆能够提供网络存储服务，这项服务主要是利用网络对数字档案信息加以保管，并在现代档案管理的工作中，利用网络技术辅助完成档案管理各项环节的工作；第三，服务型数字档案馆能够提供档案信息利用服务，其主要针对的是开放型的档案信息，使该类信息经过规范之后通过网络实现共享和利用，还能对档案信息进行数字化加工、处理等；第四，服务型数字档案馆提供运营和维护服务，主要针对的是一些门户网站，对这些网站进行维护的主要目的是优化档案馆的对外服务；第五，服务型数字档案馆可以提供技术支持服务，为数字档案馆不断地提供技术上的支持，对档案馆中的各项数据进行深度分析，为辅助决策提供重要数据，保证档案馆顺利完成建设，并维护其发展和运行；第五，服务型数字档案馆能够提供Web服务，这种服务主要是为了给档案研究成果对外展示提供辅助服务；第六，服务型数字档案馆具有提供网络查询和检索服务，这项服务的对象是档案的使用人员，因此要时常进行优化。

在我国的档案管理工作中，有一些地方已经实施了"双轨制"的工作模式，而服务型数字档案馆的建立，对在这种模式的档案馆有一定的促进作用。例如，对档案馆中的工作人员来说，可以为他们的工作提供更多的方便与技术上的支持，辅助他们完成一些技术专业性强、技术难度大的工作，这样工作人员就可以将工作的重心转移至他们更擅长的方面，对于工作的完成程度也更高，同时还能提升工作效率，从而推动数字档案馆的发展，同时更好地将档案资源提供给社会各界利用，为人们提供优质的服务。

总的来说，想要建设数字档案馆要考虑的因素是多方面的，包括对建设目标的考量（并且是远景目标），对涉及的资金用度的考量，以及关于人才队伍的配备等。基于这些因素，在建设数字档案馆时需要根据各个单位的具体情况来开展工作，并且在建设过程中始终要以国家数字档案馆建设的总体方针为基准。

（三）数字档案馆的运行机制

在数字档案馆中，存在不同级别的档案行政管理部门以及不同类别的档案馆，它们之间是一种相互联系又相互制约的关系，并在这种关系下，形成了数字档案馆主要的运行机制。同传统档案馆相比，数字档案馆的建设方法、运行机制以及发展道路都有很大不同。在数字档案馆中，使用更多的是更加先进的信息技术，配备的是系统操作技术更加专业的人才，并且这些人才具备高素质，无论是在工作心态，还是在工作业务方面，都能够表现得十分出色；对于建设资金的要求更是一种高水准，并且档案馆在发展过程中，有了更多制度上的保障，这些制度都是在国家档案事业发展过程中形成的，更加符合当今时代对数字档案馆的要求。

在数字档案馆中，对工作人员最基本的要求就是熟悉档案管理工作流程，具备相关专业技术。另外，在数字档案馆中是要运用到技术系统的，无论是建设的开始阶段，还是在档案管理以及保障运行的过程中，都是需要相关专业技术的，没有专业技术的人才是不能完成数字档案馆的工作任务的。为此，我国需要培养和引进专业的档案管理工作者。

建设数字档案馆无论是从档案行政监管的垂直管理角度来看，还是从国家信息资源建设的角度分析，都是有利于国家和社会的，它在统一化保管数字档案的基础上，还能够提供更加专业的档案信息利用服务，是一项专业化的服务机构。

IT集约化服务型数字档案馆作为一种特殊的数字档案馆，是将与信息技术相关的软硬件基础设施的架构、应用软件的研发、信息系统的实施、数字档案馆的运行维护、滚动发展以及IT资源管理等技术性服务工作从传统档案馆中剥离出来，建立以精通信息技术、跟踪档案业务及信息技术为基础的，能够将档案工作与信息技术融会贯通使用的档案工作者团队，开展面向档案工作的IT集约化服务。这样一来，档案工作者就能够集中精力钻研档案业务，开展档案的精细化管理，投入更多的精力用于档案信息资源的开发，为社会提供更高效、更优质的服务。数字化档案信息的安全保障、永久保存、集成共享、传递处理、网络访问、完整有效等众多技术难题则集中于数字化档案馆的运行与管理过程中，即便这样也比让每个档案馆设立计算机处（室）来开展软硬件平台的购买、安装和维护，做数据备份、数据迁移、异地保存等措施要安全和可靠。

IT集约化服务型数字档案馆所要提供的服务，是同IT资源相关的各项服务，包括数字档案馆的网络平台以及各项技术等，还包括对IT各方面所进行的维护工作。这些IT资源在档案馆中同样是被集中管理，并且被提供给用户利用。

（四）数字档案的工作机理

数字档案馆的建设需要适应当前社会的发展。当前社会是资源节约型和社会友好型社会，各个方面都在快速发展，各类档案信息资源也都能够被广泛地利用起来。

数字档案馆不仅需要专业的技术人员，还需要熟悉档案管理工作流程的业务人员。由于两者所熟悉的领域不同，工作的观念也有所不同，在档案管理工作中难免会产生一系列的矛盾，从而阻碍数字档案馆的发展。因此，在建设数字档案馆时要想办法解决这些矛盾，并保证数字档案馆能够得到很好的发展。

数字档案馆的建设要满足以下几个方面的要求。

第一，关于机构重组的要求，传统档案馆的组织机构已经不再适用于数字档案馆，因此随着数字档案馆的建成，也应该为其设立一项专门的组织机构。

第二，关于人才的要求，数字档案馆在档案管理工作中会更多地使用信息技术，因此使用到的人才是技术型人才，而传统档案馆在技术方面的运用相对来讲更少一些，因此使用到的人才是业务型人才。

第三，关于职能分割的要求，数字档案馆保管的是经过数字化加工后的数字化档案信息资源，而传统档案馆保管的是一些实物档案，最常见的档案类型是纸质档案。

第四，关于互动互进上的要求，这里的互动互进指的是传统档案馆与数字档案馆之间要互相协助与促进。数字档案馆可以为传统档案馆提供更加先进的信息技术，以辅助传统档案馆开展档案管理工作；同样的，传统档案馆可以为数字档案馆提供更加熟练的服务，保证数字档案馆中的信息能够得到有效利用。虽然两者所保管的档案类型一个为纸质版，一个为数字化，但是二者都是在记录这个社会的发展历史，因此两种档案馆是可以共同发展、互相帮助、互相促进的。

（五）数字档案馆的机构部署

服务型数字档案馆需要的是复合型的专业工作团队，其复合型主要表现在团队中的每一个工作人员都要对档案管理工作足够熟悉，并且具有专业的信息技术。这些工作人员的工作重点在于将信息技术应用至现代档案管理，即在开发应用系统时，利用计算机语言将这些工作业务和工作流程等描述出来，并以此来推动现代档案管理工作的顺利展开。简单来讲，就是数字档案馆中的工作人员对于信息技术和档案管理都要熟练掌握，包括在实际操作中可以熟练地将IT技术融入档案管理。

无论是传统档案馆中的工作人员，还是数字档案馆中的工作人员，在工作的过程中都需要严格按照《中华人民共和国档案法》的要求。只不过两者的能力要求有所不同，在传统档案馆中的工作人员要求是业务型工作者，在数字档案馆中的工作人员要求是技术型档案管理工作者。他们最重要的工作任务都是保障档案资源的安全，以及保证档案资源能够得到长久的保存。

我国当前的档案管理实行的是"双轨制"管理模式，在这样的管理模式下，对这两种工作人员提出了不同的工作要求。对于业务型工作人员，需要他们掌握足够的信息技术，跟上信息技术发展的步伐，但其主要的工作任务还是要能够熟练掌握档案业务；对于技术型档案管理工作人员，要求他们在熟练运用信息技术提供档案服务的同时，还需要能够将数字化的档案资源进行统一的管理和保存，并保证这些档案的安全性和有效性，从而保证数字档案馆的发展方向是健康的。

鉴于数字档案馆与传统档案馆存在不同之处，两者在业务部门的部署上也该有所区别。档案馆中的一些基础业务部门是两种档案馆中都需要有的公共部门，如档案行政部门以及档案财务部门等，而设立其他同工作流程相关的部门，则需要根据IT服务中具体的工作内容以及信息化建设和发展的具体特点来确立。下面将具体介绍数字档案馆中的几个业务部门。

第一，在数字档案馆中需要设立发展规划部，其具体负责的工作内容是进行档案馆的发展战略规划，以保证档案馆能够得到长期发展。

第二，在数字档案馆中需要设立标准规范部，其具体负责的工作内容是规范工作标准，并设立相关的标准体系和制度等。

第三，在数字档案馆中需要设立平台建设部，其具体负责的工作内容是对档案馆中需要应用到的平台做出相应的规划或其他相关工作。

第四，在数字档案馆中需要设立系统研发部，其具体负责的工作内容是对档案馆中需要应用到的软件系统进行研发和测试等工作。

第五，在数字档案馆中需要设立系统实施部，其具体负责的工作内容是保证各项业务系统都能够得到顺利运行，同时完成对数据的整合工作。

第六，在数字档案中需要设立运营服务部，其具体负责的工作内容是为档案管理工作中需要运用到的信息技术，提供技术支持以及技术维护，从而保证档案馆运营工作的顺利展开。

第七，在数字档案馆中需要设立质量管理部，其具体负责的工作内容是对档案管理工作中各个工作环节进行质量检查，从而保证档案馆中的工作质量。

第八，在数字档案馆中还需要一些其他的部门，即公共服务部门。这些部门在数字档案馆中的工作内容和在传统档案馆中的工作内容是极其相似的。

（六）数字档案馆的建设特点

数字档案馆具有六个建设特点，下面将一一对其进行介绍。

1. 节约型

无论是从国家资源档案管理的角度进行分析，还是从地区档案资源管理的角度来看，数字档案馆在建设的过程中都进行了更为统筹的规划。这些规划使得建设数字档案馆时所要用到的人力、物力甚至是财力都得到了极大程度的节约，对于IT投资的利用效率也得到了提高。

2. 和谐型

数字档案馆的和谐之处在于它能够协调我国目前档案行业的内部信息化水平，并且为数字档案馆的发展提供保障。这种保障在不同的地区有不同的表现形式，如在偏远地区，或者是一些技术水平落后的地区，它提升了人们对档案信息的利用效率和利用水平；在信息化水平比较高的地区，它让档案管理工作的各个环节更加规范，促进了档案信息资源的共享。

3. 共享型

数字档案馆由于运用了IT技术提供服务，使得IT资源在很大程度上都得到了共享。其共享的方面包括网络信息技术、软件系统、技术平台以及其他方面的内容。

4. 便利型

数字档案馆是在传统档案馆的基础上，利用信息技术管理一些数字化档案资源。这些数字化档案资源不再需要各种传统档案馆自行筹备资金进行信息化建设，同时能够为社会中需要利用数字档案资源的人提供了便利的服务，人们只需要通过固定的门户网站即可完成对所需要档案的利用。

5. 发展型

发展型是指数字档案馆在社会发展的进程中，能够满足社会发展所产生的各种需求。作为一种服务型数字档案平台，数字档案馆需要不断地完善，提升自身的业务。

6. 集中型

数字档案馆的集中型体现在它能够对数字化档案资源进行集中管理，而不论这些资源来自哪个地区，这对档案资源的开发和利用来说是一种有力的保障。其进行集中管理的手段主要是运用IT技术，集中管理的方式是集约化模式。在这种模式下，可以解决档案管理工作中所需要的人力、物力以及财力问题，同时为数字档案馆的运行和发展提供了稳定的保障机制。

二、数字档案馆的建设

建设数字档案馆就像是在建设一栋大楼，大楼最重要的就是它的地基，只有地基稳了，大楼才能稳。以上所论述的内容就是数字档案馆的地基，因此，上述因素对于数字档案馆的建设来说是需要着重考虑的因素。

在建设数字档案馆时，首先要考虑建设条件、建设方法、运行保证以及工作人员等方面，在建设的过程中要时刻保证都是按照最初确立的建设要求和建设规划所进行的。为了达成建好数字档案馆的最终目标，对建设的多个方面都要进行考量和监测。

（一）建设理念方法与原则

建设数字档案馆的主要领导部门是国家档案局，在建设过程中要遵循的基本原则是做到IT资源共建共享，并且保证系统建设能得到社会各界的帮助。这是根据国家信息化发展战略规划以及信息资源开发战略所确立的。在建设过程中还要遵循行业、国家、国际等一系列的技术标准和规范准则，主要针对的是档案管理工作的各个环节，如对IT资源的利用和维护、对档案资源的利用和存储等。关于数字档案馆的运行体系结构，建成的体系要能够对数字化的档案资源进行存储和提供利用服务，并且能够保证其安全性和有效性。

1. 建设理念

数字档案馆记录的是社会历史以及人们的精神文明，和传统档案馆不同的是，数字档案馆所记录的时代是一个信息社会急速发展的时代，其记录的档案载体为网络。这就决定了在建设数字档案馆时，其建设理念、管理方法以及运行模式等与传统档案馆都要有所区别。

本书从建设数字档案馆时所用到的各种建设理念中，选择了几种具有代表性的进行了介绍。

（1）信息论

信息论是一门用数理统计方法来研究信息的度量、传递和变换规律的科学。它主要是研究通信和控制系统中普遍存在着信息传递的共同规律以及研究最佳解决信息的获取、度量、变换、储存和传递等问题的基础理论。

利用信息的对象是不同的，有可能是一个团体，也可能是某一个组织。当面对同一个信息时，因为利用者的需求不同，所以对信息的利用是不同的。但是，对于信息的价值，只有在信息被正确使用时，才能够凸显出来，信息才能变得有意义。信息作为一种社会资源是可以再生的，再生的资源是不断增值的，并且信息可以通过各种形式进行传播，只是相比于其他的传播形式，网络传播的速度更快。

对于档案管理工作的展开，取决于档案信息的价值属性，并且档案管理工作的各个环节都要遵循信息论的指导。收录进数字档案馆的是有价值的档案资源，包括其收藏价值和使用价值等；而对于没有价值的档案资源在一开始就应该被筛选掉。因此想要丰富档案馆，需要对档案信息进行审核。

在管理这些信息的过程中，要有科学的管理办法，对有价值的信息进行有效的管理，保证其安全性和能够得到永久的保存；在使用这些信息的过程中，要把握这些信息的特征，充分挖掘其利用价值，并准确地展示给有需要的使用者。以上的内容都是值得深入思考的内容，是在建设数字档案馆的过程当中需要用到的信息论观点。

（2）资源论

当今社会，信息技术快速发展，并不断地被用于社会各个领域。在这一背景下，信息的价值得到了提升，变得极为重要，甚至判断一个国家信息基础的水平也是由利用数字化资源和网络化资源的程度所决定的。

在国家信息资源中，档案是极其重要的一个组成部分，它所记录的是一个国家的历史，记录的是人们的社会实践活动，并且这些记录的信息内容都是真实有效的，能够将这些信息作为一种原始凭证，用于社会各界查阅历史信息。档案所处的档案馆则是一个重要基地，它不仅能够保存档案，还负责收集、管理和提供利用服务，有五分之四的国家档案信息资源都被保存在了全国各级各类的档案馆中。由此可见，我国的档案事业要为档案管理工作人员树立正确的国家档案信息资源观，并且能够将先进的信息技术用于档案的各个工作环节中，以此来发挥档案馆的资源优势，并向社会各界提供优质的利用服务。

近年来，人们已经逐渐提高对于开发和利用档案信息资源的重视程度。无论是国家政府还是档案行政管理部门，都非常重视档案信息的开发和利用，这就使得我国档案资源在开发和利用方面得到了极大的发展与进步，并在我国的政治经济和社会各界中发挥着越来越重要的作用。

我国档案信息资源的开发和利用虽然已经得到了发展，但是在一些工作环节上仍旧没有办法满足国家政府和社会各界对于资源的需求。例如，在利用档案信息资源方面，没有先进的手法提供给社会各界，并且其社会化服务水平并不高；在开发档案信息资源方面，开发力度不足，没有使档案馆得到进一步的开发；在档案信息资源管理方面，也有需要提升的地方，尤其是用于保证档案信息资源的安全系统，还需要得到升级和优化。此外，在档案管理工作的各个环节，都要保证档案资源的安全性，尤其是要做到保密和保真等。

综上所述，要想解决档案管理工作的各个环节所遇到的问题，就需要建设数字档案馆，并提高数字档案馆对于信息资源的建设能力、管理信息资源的水平以及对信息资源的利用效率，同时还需要工作人员能够提升自己的工作责任感和紧迫感。

（3）整合论

整合论指的是IT资源整合，这一理论观点是从战略规划的角度确立的。IT资源整合既能够推动数字档案馆的建设，又符合科学发展观的宗旨，因此成了一项极其重要的理论观点。

IT资源整合是一个大的概念，其包含许多具体的整合内容，在档案资源方面是关于国家档案信息资源的整合；在设备方面是关于网络基础设施的整合，以及其他一些设备的整合；在系统方面是关于软件服务平台系统的整合等；在人才配备上还包括了对IT服务人员的整合。

支持国家档案资源整合实施的是"统一领导，分级管理"的体制。我国目前正处于档案信息化、政府信息化以及公共信息公开的一个时代，在这样的社会背景下，我国对于档案资源的整合工作并不是随意的，而是有规划地进行的。其整合工作内容主要是收集整理档案资源，并对资料进行鉴定，将具有价值的档案信息资源在经过整合之后，组成一个优质的信息资源体系，以满足社会各界对于档案信息资源的需求和利用。这些档案资源不仅是实体档案资源，还有经过数字化形成的档案信息，因此在数字档案馆的建设过程中，对于档案资源的整合也成为一项极其重要的工作。

需要注意的是，并不是所有的资源都可以进行IT资源整合，即IT资源整合所整合的资源也是有范围限制的。它所整合的是经过信息化后形成的资源，并且其整合的内容只能是在档案所在的行政管辖区内的内容。经过IT资源整合后，数字档案馆平台系统的服务范围也随之扩展开来。为了能够顺利完成IT资源整合，就要实行相应的集约化管理模式，这种模式不仅能将人力、物力和财力集中起来，并且能够节约资源，尤其是IT资源和信息化建设所需要的费用。因此，IT资源整合是完全符合节约型社会服务宗旨的。

实行IT资源整合的最终目的，就是想要打造出一个数字档案馆集成运行系统，在该系统的运行下，让更多的实体档案馆能够享受到IT资源和服务，实现真正意义的资源共享，从而为国家和社会各界都提供资源利用的服务，以及更加专业的IT服务。

（4）集成论

集成论针对的是在经过对档案管理工作的分析，以及对平台系统的分析之后研究出的结果，换言之，该理论主要针对的是数字档案馆的服务体系和运行平台，是在建设这个体系的主要指导思想。具体来说，在档案管理方面，数字档案馆主要是要进行业务集成；在系统方面，数字档案馆主要是要进行运行平台集成和信息系统集成；在档案资源方面，数字档案馆主要是要进行信息集成。下面将对这几种集成类型一一进行论述。

第一个是业务集成。业务集成就是将档案管理工作的各个环节紧密地联系起来，形成一个信息管理系统，并且这个系统在运行过程中运用的是集成理念，即在各项工作环节进行的过程中，通过对网络系统的运用，完成具体的工作内容；档案管理工作者的工作环境也变成了网络化办公环境，这样的工作环境更方便进行工作。根据上述内容，我们能够发现档案管理工作的流程是否连续决定了一个档案馆的管理信息系统是否运行良好，这就使得为了实现档案管理信息系统，就要实行业务集成。

第二个是运行平台集成。运行平台中有许多的内容，包括档案馆系统中的软硬件、系统平台和数据库平台等。这些运行平台都是存在于数字档案馆基础运行平台之中的，以保证数字档案馆的平稳运行。但是，这些平台内部的各项设备包括操作系统和数据库管理系统等都具有自身的独特性，虽然在引进使用的过程当中是严格按照国家和国际的标准来进行把关的，但各个运行平台依旧会有不完全兼容性。为了避免这种情况的发生，需要在建设数字档案馆基础平台体系的过程当中，尽量不去建设异构平台。

第三个是信息系统集成。信息系统指的是在数字档案馆的业务模型中的分系统和子系统，而所要集成的内容，就是这些系统的功能。用户在使用档案时，希望能够使用更为快捷且方便的方法，而并不会在乎这些操作界面是如何构成的，即用户所期盼的是能够为他们提供一站式的快捷服务。对于数字档案馆来说，建成一个软件系统是一个渐进的过程，要怎样完美地将分系统和子系统集成，为用户提供一个舒适且便利的操作界面，是在建设的过程当中就需要解决的问题。

第四个是信息集成。前三点的集成任务如果能够顺利完成，信息集成也就能够得到实现，因为集成的最终目的就是完成信息集成。建设数字档案馆的宗旨是提供更为方便的利用和共享服务，这也是要实行信息集成的真正原因。

2. 建设方法

一些发达国家已经建设成数字档案馆，并且其运行水平走在世界前列。这些发达国家通过这些数字档案馆，提升了自己国家档案信息资源的价值，再利用这些具有价值的信息资源，对一些已有的知识进行创新。例如，美国建设伊利诺伊州数字档案馆的主要目的，就是希望能够让用户获得更多关于伊利诺伊州的历史知识以及关于该州的现状信息。伊利诺伊州数字档案馆是由伊利诺伊州图书馆和当地行政部门联合建设而成的，参与建设和维护的机构共有15个。美国还为此数字图书馆编制出了一套档案检索系统，该系统最大的特点就是能够提供更为准确和全面的档案资源。该系统中对于检索关键词、定位以及数字化副本方面进行了提升，让用户只需要通过人名或机构名称等，就能够检索出自己想要的信息资源，既提高了用户使用的方便性，同时也提高了系统的检索速度。

再比如，美国的另一座数字档案馆——西北数字档案馆，参与建设和维护该档案馆的机构共有13个，其建设的主要目的是将信息通过在线检索的方式，为各类研究人员提供服务。关于该数字档案馆的建设，美国的国家人文基金资助了共35万美元，为期两年。

在发达国家，因为国家的基础设施本身就比较完善，关于建设数字档案馆的相关规范制度也比较健全，并且档案是开放的，所以在建设数字档案馆时，并不需要在这些方面做过多的考虑，大多数都是在研究如何才能提高检索效率，以及如何提升服务水平。我国在建设数字档案馆时，可以借鉴国外的建设经验，利用国外的成功经验，再结合我国的实际情况，推进我国数字档案馆的建设进程。

我国已经有一些省、市开始了数字档案馆的建设工作，但是由于各地区的实际情况不同，不同地区在建设数字档案馆时所做的基础工作也有所不同。例如，在深圳市，建设数字档案馆的基础工作是馆藏的数字化；在青岛市，建设数字档案馆的基础工作是对基础平台和数据库的建设；在天津市，建设数字档案馆的基础工作是对档案信息资源的保管等问题。

这些基础工作的成效对于数字档案馆的建设工作具有很大的促进作用，基础工作做得好，数字档案馆的建设才能有进一步的发展。在我国，这些基础工作已经有了显著的效果，但是从建设数字档案的总体规划上来看，还有许多内容需要进行深入的研究。例如，在建设数字档案馆的规范标准、保证数字档案馆有效运行的模式，以及如何实现同其他数字图书馆之间的互动交流等众多方面，都需要同社会各界一同寻找有效的实施办法。

相比于国外的数字档案馆的建设工程，由于不同国家的建设重点、建设角度各有不同，其建设方式也是千差万别的。下面将从不同角度出发，对数字档案馆的建设方法进行研究和论述。

第一，从项目论证和系统规划的角度出发。数字档案馆的建设可分为两类：一类是自主建设型，另一类是供应商依赖型。前者是依靠档案馆自身就能够完成建设，而后者则完全相反，其必须要有提供可行性方案的系统集成商，才能完成建设工作。如果没有系统集成商，也可以选用一些信息化顾问专家，或者是一些专业的项目团队，通过利用IT项目的管理方式，对数字档案馆的建设提供相关的规划方案。

第二，从系统设计的角度出发。在建设数字档案馆时，因为基础工作内容不同，首要解决的设计内容也是不同的。例如，一些数字档案馆在基层业务上有较多的需求，其系统设计就会先根据目前的档案管理工作需要应用什么样的系统来进行设计；一些数字档案馆具有战略需求，则需要从整体的角度对系统设计进行全局的分析，设计出一款能够满足于长远发展，同时具有通用性的平台系统。

对于数字档案馆的建设，可以根据不同的划分标准，分为不同的类型。例如，按照系统开发的方式不同，可以将数字档案馆的建设分为四种模式，分别为自主开发、外包开发、联合开发以及整体引进；按照运行管理和维护的方式不同，可以将数字档案馆的建设分为多种不同的管理方式，包括自主管理方式、委托管理方式以及租赁服务管理方式等。

综上所述，无论是利用哪一种方法建设数字档案馆，都需要有最基础的搭建结构和规范的建设标准等。建设数字档案馆是为了满足档案管理工作的变化需求、对档案资源的利用需求等，因此这项建设工程不是凭空进行的，在一开始建设的时候，就要有正确的建设方法和能够根据需求灵活变换的体系架构，为建设数字档案馆提供必要的基础。

3. 建设原则

建设数字档案馆是要遵循一定的建设原则的，并且这种建设原则是在节约型和谐社会的规范下制定的。下面将对数字档案馆的建设原则进行论述。

第一，经济节约原则。该原则主要是为了在建设数字档案的过程中节约更多的人力、物力和财力，避免发生重复建设的现象而导致资源的浪费。因此，在建设数字档案馆的过程当中需要有统筹的规划，能够按照全国档案事业发展的道路进行建设。

第二，协调发展原则。由于我国各地区的档案信息化水平不同，在建设数字档案馆时针对不同的地区，要实行不同的建设模式。例如，在档案信息化水平比较落后的地区，所要采取的建设模式是拉动模式，主要是为了加快落后地区的发展速度；而在档案信息化水平较高的地区，所要采取的建设模式是推动模式，主要是为了推动建设符合标准，推动资源的共享。这就是在建设时所要遵循的协调发展原则。

第三，共享共建原则。在数字档案馆中，共享就是指共同享用数字档案馆所提供的各项IT服务，共建就是指共同建设数字档案馆。也就是说，参与建设数字档案馆的多方人力资源，要共同对建设工作进行策划，以提升数字档案馆的服务水平，同时也要共同承担建设过程中所面临的各项风险。

第四，服务导向原则。数字档案馆和以往的传统档案馆不同，在档案馆的建设及档案的管理过程中都要用到最新的技术，以及最新的建设理念和方法，因此传统档案馆的管理思想已经不再适用于现代的数字档案馆。数字档案馆建设要遵循服务导向原则，其最终的目的是要建立一个全新的服务平台，为社会各界提供各类的档案信息利用服务。

第五，以人为本原则。在建设和维护数字档案馆平台系统的过程中，需要为档案管理工作者提供便利，以提高他们的工作效率和工作质量。因此，无论是在对档案的管理工作中，还是对平台及系统的维护工作中，都要时刻遵守以人为本的建设原则。

第六，持续发展原则。遵循该原则最主要的目的是保证数字档案馆长远、稳定地运行。对于数字档案馆来说，要能够满足档案管理工作各个环节的需求，并且可以根据需求进行不断的完善和优化，并在此过程中运用最新的信息技术，以推动自身的发展。

（二）基础保证工作的建设开展

下面以盖楼为例，对数字档案馆的建设工作进行分析。在一栋楼的建设工程开始之前，最重要的工作就是进行规划设计，尤其是对地基的建设。虽然人们只在乎建设好的楼是否好看，是否符合大众的审美，但是地基对于一栋大楼来说才是重中之重，是保证高楼稳固的关键，不然缺少地基的楼就成了"空中楼阁"，既无法存在，也不能使用。数字档案馆的建设也是同样的道理，在建设数字档案馆的过程当中，首要的重点工作就是打好"地基"。对于数字档案馆来说，"地基"就是那些基础性建设工作。在我国，某些数字档案馆的建设工作没有做好的原因，主要有两个：一是因为在建设数字档案馆的过程当中，本身对基础性建设工作缺乏足够的重视；二是因为人们对于基础性建设工作的误解。

关于数字化档案馆基础性建设工作，人们的第一反应往往是要购买很多的设备以及开发一些软件等，但事实上这些工作同基础性建设工作无关，反而会导致在建设数字档案馆的过程当中，浪费大量的IT投资。因此，为了能够做好基础性建设工作，首先要做的就是要纠正人们关于这项工作的误区，避免IT投资被浪费。

无论开展哪一项工作，基础性建设工作都是最重要的一个环节，是保证工作能够顺利开展的重要保障。从网络技术方面来看，数字档案馆在建设的过程当中包含网络工程建设以及软件工程建设等许多技术类工作，因此数字档案馆的建设工作是一项极其复杂的技术工程；从档案管理工作方面来看，数字档案馆包含收集档案以及保管档案等基础性工作，因此数字档案馆的建设工作是一项极具综合性质的业务工程；从整体来看，在数字档案馆的建设过程当中，要将信息技术融入档案管理工作，因此数字档案馆的建设工作是一项协同性工程。

通过分析数字档案馆的建设工程可以发现，数字档案馆的主要核心内容就是要做好档案管理工作，而辅助档案管理工作能够顺利完成的主要工作手段，就是通过信息技术的支持来开展档案管理工作，而实现这项工作最科学的方法就是将信息技术手段融入每一个档案管理工作的环节。基础性建设工作就是根据以上论述的核心内容、工作手段以及科学方法所确立的，主要工作内容包括设立一些工作中的标准规范、建设优质的管理环境和网络环境等基础性的准备工作，这样做的主要目的是辅助数字档案馆的建设工作顺利进行。

1. 管理环境建设

为了使档案信息化，就要在传统档案管理工作的各个环节中融入信息技术，从而将这些档案管理工作变得更加的程序化，而这些内容都不是仅仅在计算机上进行模拟就可以实现的。我们要真正地利用到信息技术的优势，使传统档案管理工作的各个环节得到优化，使档案管理工作人员的工作变得不那么复杂，从而提高工作效率和工作质量，并在档案信息资源方面提供更加便利的利用服务，实现档案信息资源的集成与共享。

为了使档案信息化得以顺利的实现，要对所运用的信息技术进行深入的了解并掌握，包括信息技术有哪些优点、信息技术具体有哪些方面可提升档案馆管理水平等。另外，要想通过信息技术对传统的档案管理工作进行升级优化，就要对原本的档案管理工作有深刻的把握，并针对各个工作环节进行重新规划，对档案馆中的各组成部分进行重新定位，包括组织机构和管理模式等，将档案管理工作的主要中心点转变为档案信息管理，为管理设立规范标准，以及建设适宜的管理环境。

在进行基础性建设的过程当中，档案管理工作人员是重要的因素，尤其是档案管理工作中的领导和优秀员工，不仅可以帮助档案实行信息化的转变，对管理软环境的工作建设，也是最重要的建设力量。传统档案馆中的一些传统观念、传统思想以及传统工作环节，都是从档案管理人员开始发展转变的。他们能够将管理方式变得更为科学，将工作思想变得更为开拓，通过接受新的思想观念和管理模式，推动信息化系统的发展，并满足档案管理工作以及社会上的各种需求。因此，档案管理工作人员面对档案信息化要学会接受与运用，并通过和开发人员之间的交流，对档案信息化有更深刻的理解，更好地掌握使用方法，保证信息化系统得以可持续发展。

关于改变档案管理的软环境，可以从三个方面进行说明。

首先要做的就是优化业务流程。业务流程是根据档案管理工作的需要所制定的，要想让业务流程更加规范，就要对处理信息时运用到的程序进行梳理，以及对档案信息流在输入和输出上的关系进行优化，其最主要的目的就是使档案管理工作的每一个环节都能够独立操作完成，又能够在整个档案管理工作中相互串联运作，并形成一个个的功能单元，最终对这些功能单元按照不同的操作方式进行组合。

其次要做的是进行机构重组。需要重组的机构主要包含传统档案馆的各个内部机构，需要对其重新进行定位和划分，对各组织机构的职能进行重新规定并明确。在划分机构时，要按照档案管理工作顺序进行，再根据各个功能单元，将各机构固定的负责岗位一同划分出来。

最后要做的是将管理工作程序化。如今管理是要在科学发展观的观念之下进行的，在对档案信息资源进行管理时也要更加科学，并改变传统的档案管理模式，针对管理的各个环节制定适合的规范制度，将档案管理工作程序化。

2. 标准规范建设

标准规范不仅是对建设数字档案馆的要求，也是建设数字档案馆的参照和依据。合理的标准规范可以加快数字档案馆建设的进程，可以提高数字档案馆的管理水平和服务水平。数字档案馆的标准规范体系，是在行业、国家以及国际标准规范体系的基础上，根据现代数字档案馆的现实状况所制定的，因此标准规范体系应该是具有合理性和科学性，并为建设档案信息化提供具有指导性和规范性意见的文件。下面具体从国际、国家以及行业的角度，对标准规范建设进行详细的分析和讲解。

从国际的角度来看，可供借鉴的标准规范包括系统模型、文件保管格式以及格式规范等。其中，系统模型指的是开放档案信息系统（OAIS）参考模型；文件保管格式指的是文档管理、长期保存电子文档的文件格式PDF/A（ISO 19005-1）；格式规范指的是数字图书馆的元数据格式规范。以上的这些内容在国际上都是已经公开发布和使用的体系内容。除此之外，其他能够使用的国家标准规范体系内容，对数字档案馆的建设也具有重要的指导意义。

从国家的角度来看，在建设数字档案馆的过程中可以将一些相关的法律法规作为标准规范体系的依据。例如，《中华人民共和国电子签名法》是为了规范电子签名行为，确立电子签名的法律效力，维护有关各方的合法权益而制定的法律，其中论述了电子文件也是具有法律效力的，并且和书面文书的法律效力是同等的。这一法律的颁布，为档案馆接受和管理电子文件提供了法律依据。事实上，关于数字信息资源，我国从1999年开始就已经制定了许多相关的法律内容，如《电子文件归档与电子档案管理规范》（GB/T 18894—2016）等，这些法律法规在建设数字档案馆的过程当中都可以作为参考和借鉴。

根据档案行业的特点，国家档案局也制定了相应的标准规范，这些标准规范主要是以地方为单位进行的，即这些标准规范都是根据当地档案馆的实际情况所制定的。以北京市为例，北京档案局是从2000年开始制定标准规范，主要包括数字化加工规范、照片档案管理规范以及数字资源保存规范等，具体的标准规范有《北京市档案数字化规范》《北京市数码照片归档与管理办法》以及《北京市综合档案馆数字资源管理规范》等。这些规范在档案管理工作中具有高指导性和强操作性的特点，有利于数字档案馆的建设工作。

除了上述的三个方面，针对数字档案馆本身的特点也有相应的标准规范，包括数字档案馆IT资源管理制度及数字档案馆运行维护管理制度等。这些内容的设立主要是为了给数字档案的运行管理以及维护工作提供参考。

3. 网络环境建设

网络其实就是一种可扩展空间，这个空间是通过网络设备、计算机、服务器以及存储设备连接而成的，其主要的传输介质是电缆或光纤，主要用于传递数据。在网络的七层协议中，最低层是物理层，而物理层的基本链路是由综合布线系统构成的。综合布线系统是网络弱电工程的主要内容，同时是信息化工程中的基础内容。在网络中，综合布线系统的存在主要是为了帮助硬件设备和软件系统发挥它们的作用，因此也可以称它为中枢神经系统。

档案管理工作人员虽然不涉及和网络布线工程相关的具体工作内容，但是应对网络的拓扑结构以及网络区域的划分方法与规则有所了解，具有区分并认识不同网络区域的能力，从而在面对不同的网络时能够知道该网络的主要作用，在工作过程中需要用到网络时也能清楚地知道自己应该使用哪个网络。此外，对于网络上的运行设备，档案管理工作者也要熟悉其性能特点，并对网络的安全局限性有足够的认识等。

档案管理工作人员在做同网络相关的工作时，需要对网络的环境有足够清晰的认识，同时还要加强网络意识，虽然档案管理工作人员不需要了解一些技术性的工作内容，但是还是要具备关于网络的一些基础知识以及网络安全意识。下面将对与网络相关的三点重要知识内容进行简单的概述。

一是网络基础连接与设置。档案管理工作人员需要知道连接客户端和局域网的基本工具是双绞线；在网络上能够找到计算机的标识，即计算机名、IP地址以及网络域名；对于计算机的一些基本操作也要能熟练掌握，如网络连接和上网设置等。

二是对于网络功能的了解。在互联网环境下，计算机能够提供许多的基本功能，如对于数字信息的传输和存储功能、对文件的管理功能以及浏览器的使用功能等，档案管理工作人员对此要有一定的了解。

三是关于网络的安全意识。计算机操作者在使用网络的同时也要时刻注意网络的安全问题。提升网络安全的方法有很多，包括对信息资源的妥善管理，在使用计算机的过程中要保证操作的规范性，在设置密码时要提高密码的安全级别，而不要设置过于简单的密码等。最重要的还是要加强安全意识，提升安全使用的技巧，这些都是档案管理工作人员必须要掌握的内容。

4. 档案信息资源建设

档案管理工作的主要对象是档案信息资源，数字档案馆的价值是通过档案信息资源的流动而凸显出来的，因此这些数字档案信息资源也被称作是数字档案馆的血液。因此，在筹划建设数字档案馆时，档案管理工作人员需要对数字档案信息资源有足够的了解，包括在数字档案馆中有哪些档案资源是要提供利用的以及这些档案资源都是什么类型的；同时需要掌握数据库管理知识，以便在建设档案基础数据库时，提前做好充足的准备工作。下面将论述三点档案管理工作者需要掌握的内容。

一是对档案描述性信息的准备。档案描述性信息就是档案标引信息，通常指的是案卷目录以及卷内文件目录信息。档案管理工作人员通过运用这些信息，可以方便检索，同时也可以掌握档案的保存状态。这些信息同档案一样，具备一定的基本内容，如档案的档案号以及归档单位等；对于档案的管理也有相应的描述信息，如档案的管理状态，主要包括档案的存址以及档案的介质类型等；还包括档案的管理过程，包括对档案的鉴定和利用等环节。这些描述信息需要经过著录和整合的工作，即档案目录信息的数字化工作，具体可以通过一些桌面系统软件和办公自动化软件开展，诸如Word、Excel等。

二是对档案内容信息的积累。在数字档案馆中，档案内容是指所保存的最具有保存价值的档案信息，通常这些档案内容由不同的载体进行保存和显示，并且一些档案由于载体的不同，在接受数字化加工时其处理方式也有所不同。因此，针对需要数字化的档案信息，需要提前了解清楚，并且将不同处理方式的档案资源进行归类，做好数字化工作的准备工作。此外，在运用档案时，会遇到使用权限的问题，对于这类的档案内容也是要提前了解清楚的。

三是管理性信息。这类信息不是档案内具体的保存信息，而是在档案的交接过程，以及档案在被修改时所产生的信息，所记录的是在对档案进行管理时所产生的责任链信息。虽然管理性信息不需要进行长期的保存，但是它同样能够作为一种凭证，为档案的管理工作以及决策工作提供依据和服务。管理性信息通常都是由系统自动记录下来的，但是在使用的过程当中，依旧需要人为地分析这些信息是不是都有保存的需要，在使用时其内容是否足够详尽等。

5. 人力资源建设

谢伦伯格曾对国家文明程度的判别做出明确的指示，认为要判断一个国家的文明程度，就要看这个国家对于档案的态度。除此之外，谢伦伯格还指出，这些态度会因受到人力资源的作用而发生改变。从我国目前的档案事业发展状况来看，同其他国家的档案事业相比，我国在人才建设方面依旧是处于低水平状态。

虽然我国的档案管理工作人员人数多，但是这些工作人员的思想大多过于传统，还在按照传统档案馆的档案管理工作状态进行工作，再加上档案管理工作人员的流动性不强，和其他行业之间也没有过多的交流，其他行业的工作人员对档案管理工作没有过多的了解。可以说，档案管理是一项极具封闭性和保密性的工作。但是在21世纪的今天，信息技术已经快速发展，继续沿用传统的档案管理思想和方式，对于档案事业的发展是不利的。为社会各界及政府提供档案信息的服务水平不高，其他档案管理工作的进展速度缓慢，已经引起档案管理工作人员的重视，以及其他行业人员对档案管理工作的关注。

当今时代已经是信息技术快速发展的时代，我国档案管理工作人员面对更多的将会是数字化的档案信息资源，其工作的环境也变成了网络环境，工作模式也不再是传统的档案管理模式，而是通过网络进行的现代化模式。由于我国许多的档案管理工作人员还不具备运用信息技术进行档案管理工作的能力，换言之，他们虽然具有档案管理工作的经验，以及熟悉档案管理工作流程，但是没有高水平的信息技术能力，这就会使得他们无法解决工作中遇到的许多问题。针对这一现象，我们要想办法进行改变。

第一，为了改变这种现状，首先要扭转社会各界对档案人员的错误定位。有学者曾将档案人员称作是档案的被动"保管者"，但这是一种错误的想法，真正的档案人员应该是"审计员"以及"监督者"。档案人员定位的转变，是要将档案人员从"保存者"转变为"塑造者"，从"保管者"转变为"干预者"。档案管理工作者不仅仅是在被动地看管着一些冷冰冰的文件，而是在积极主动地对一些文件进行保管和收藏。

要想完成角色转变，就要让档案管理工作人员的思想和技能都跟上这个时代的步伐，而最有效的一种方式，就是让档案管理工作人员继续学习新的知识来丰富自己的头脑，尤其是与信息技术相关的各类知识。除此之外，还要让档案管理工作人员有职业竞争意识，一旦踏入了文化产业的领域，就要同领域中的其他行业开始竞争，只有真正有能力的人，才能够在这个领域获得一席之地。因此，要想改变档案管理工作人员的传统思想与传统管理模式，就要让档案管理工作人员付出足够多的努力。

第二，为了改变这种现状，需要树立以人为本的管理理念。一项工作最基本的因素就是人，没有人的存在就没有办法完成工作。在档案管理工作中也是同样的道理，只有有了这些优秀的工作人员才能完成档案管理工作。为了完成档案管理的目标，有可能需要一个人的努力，也有可能需要团队协作的努力，但无论是以怎样的形式达到目标的，都离不开档案管理工作人员的付出。

因此，在档案管理工作中，对于工作人员的管理要时刻保持以人为本的管理理念，让他们在工作中变得更为积极主动，提升工作兴趣。树立以人为本的管理理念，就是要在工作中实现工作人员的价值，不损害工作人员的利益，不仅要满足工作人员在物质上的需求，还要满足工作人员在精神上的需求，以推动档案管理工作人员的内在动力，使他们对自己的职业感到骄傲，对自己的工作充满信心。

第三，为了改变这种现状，需要为人才创立优质的成长环境。我国并不缺少档案人才，但是这些人才很多在环境中被埋没了。在培养人才的过程中，环境是很重要的一个因素。我国要为档案管理工作人员创造一个和谐融洽的环境，使他们在这样的环境中提出自己的见解，根据不同的提议进行研究，从而讨论出更有价值的档案研究或者是更为有效的解决方案。

一些档案机构已经形成了"风正人和"的环境，形成这种环境就是为了使工作人员在工作的过程中，能够拥有更为舒适的环境。在这样的环境中，工作人员之间会相互理解、相互帮助、相互协作、相互尊重，在提升自身价值的过程中，提升自身的业务能力，从而成为更加出色的档案管理人才。

第四，为了改变这种现状，需要更为科学的引进机制。在档案人才队伍中，最合理的群体结构应该是由不同类型的人才按照一定的比例组成，并将不同的人才安排在合适的工作岗位上，让每一个人才都能够在自己的岗位上发挥出自己的优势，以调动工作人员的工作积极性。

因此，在构建人才群体时，要遵循多样化的原则，不仅要引进档案人才，包括其他专业方面的人才，如计算机或档案管理等方面的人才，也要引进群体之中，利用每个工作人员在专业方面的长处，使他们互相协助、互相启发，从而在工作中产生新的工作方法以及新的管理思路，推动工作的顺利完成。

第五，为了改变现状，需要为人才提供适当的奖励机制。在当今社会，众多行业都已经采用了竞争上岗的制度。同样，档案事业也可以实行竞争上岗制度，在对人员的管理方面建立竞争和奖励机制。

马斯洛曾提出过需求层次理论，并在理论中说明，每个人都具有创造力和挑战心，人们参加工作是为了享受在工作过程中所得到的乐趣。建立合理的激励机制，能够激发起工作人员的挑战心思，从而在工作群体中产生竞争，并以此形成档案事业发展的内在动力，推动档案事业长期平稳的发展。

第六，为了改变现状，要改善对工作人员的继续教育制度。针对这点将从四个方面进行论述。

首先，要想改善教育制度，就要提出更为合理的新政策，使继续教育有强有力的政策支持。需要注意的是，政策要对继续教育的对象、内容以及管理机构等各个方面做出明确的规定。

其次，继续教育的主体是档案管理工作人员，要想完成继续教育，就要充分调动档案管理工作人员学习的积极性，最有效的办法就是建立激励机制。例如，为接受继续教育的工作人员提供工作中晋升的机会，为继续教育的学习提供一定的压力和动力。

再次，要提高档案管理工作人员的自学能力，让他们能够更加积极主动地学习。因此，在教育的过程中，可以将工作人员的工作经验融入培训的内容中，并通过多种培训样式，如以小组的方式或者是通过实践的方式等，让每个工作人员都参与进来。

最后，对于继续教育的内容，需要保证其实用性，可以将工作中实际存在的问题作为教授的主题，通过理论与实际操作的结合，让工作人员能够更快地接受讲授内容，同时提高工作人员的工作效率和工作质量。

关于档案管理工作，无论是在人才队伍的建设上，还是在教育制度的规划上，都可以借鉴国外的成功经验。例如，一些国家对于继续教育已经有了法律上的一些规定，包括继续教育的地位、各个组织结构所要承担的义务以及可以享受到的权利等。新加坡设立了补助金用于继续教育的费用；美国和英国以及其他的一些国家，规定企业可以不用上缴继续教育费用所产生的税费；法国设立了相应的带薪假期，以促进档案管理工作者接受继续教育。除此之外，还有许多成功的经验都是我国可以借鉴的。

三、数字档案馆的使用与维护

（一）数字档案馆的使用

关于数字档案馆，很少有人会去关注它的最终用户是谁，事实上社会公众和档案管理工作者才是数字档案馆的最终用户，并且能够享受到数字档案馆所带来的效益。对此，我们需要有一个充分的认识，如果建设数字档案馆的最终目的是为社会公众提供服务，那么国家的各级政府就要提高对这项建设工作的重视程度；如果档案管理工作人员在应用数字档案馆的过程中能够获取利益，就需要档案管理工作人员积极主动地参与进工作中去，并提升自己的工作效率和工作质量。

在信息技术高速发展的时代，档案管理工作人员需要不断深入地开发和利用档案信息资源，为社会公众提供更为优质的资源使用服务。在数字档案馆中，档案管理工作人员可以通过运用先进的信息技术手段，以提高档案的管理水平，将研究出的档案信息通过现代化手段向社会展示，以此来提高社会公众的档案意识，提高档案信息资源的利用效能。为了达到上述的目的，在建设数字档案馆之前，就需要对这些内容做出明确的安排，从而成功建设数字档案馆。

1. 社会公众对数字档案馆的使用

在数字档案馆中，数字档案资源都是通过网络被社会公众所认知了解和查询利用的，但是由于互联网并不是完全安全的，再加上许多的档案资源都要保护其安全性，在数字档案馆中能够查询到的大部分资源都是已经向社会公众开放的信息资源。当社会公众在利用信息资源时，会根据数字档案馆分布建设的特点采取不同的方式进行查阅和利用。下面将介绍两种方式。

第一种是通过网络的方式利用档案。在数字档案馆中有档案服务窗口，档案馆中的档案资源都是通过这个窗口向社会公众提供的，包括档案的案卷目录、档案全文以及档案编研成果等。这些开放的档案资源可以通过专题的方式向社会公众进行展示，其展示的主题可以按照档案的门类进行，也可以按照档案的主题进行；社会公众想要利用这些开放档案时就可以通过该窗口进行档案检索，而且检索的方式有多种。除此之外，为了方便社会公众对档案资源的利用，通过窗口还能够对档案资源进行下载和打印等其他操作。

社会公众对于档案的需求是多种多样的，即使是通过网络的手段对档案资源进行利用，其需求也是不同，因此在保证数字档案馆中的各类信息组织和软件功能平稳运行的同时，还要对用户的操作界面进行优化，以方便用户使用。

第二种是直接到档案馆中，对档案信息进行利用。社会公众需要到档案馆中寻找档案资源，有两个方面的原因：一方面是因为一些需要保密的档案信息不能通过网络展现给社会，在网络上只能找到开放的档案信息；另一方面，对档案资源的开发本身就是一个漫长的过程，将档案资源放在网络上也需要一定的时间，因此人们会选择到档案馆中直接寻找需要的档案资源。

数字档案馆的建设针对以上两个方面将做出相应的改善，面对未公开的档案资源，提供档案馆的局域网，让用户在固定且安全的网络环境下对档案资源进行利用，并且对提供给社会公众的档案利用服务进行优化和提升。

2. 立档单位对数字档案馆的使用

在数字档案馆中还存在一类特殊的用户，即立档单位。立档单位是一个机构，它在形成新档案的同时，也经常利用产生出的新档案，并直接将这些档案交至档案馆中。

立档单位会通过数字档案馆移交新档案。在数字档案馆的系统功能中，包含接收档案的功能，这个功能不仅能辅助工作人员顺利完成接收档案的工作，同时也是立档单位通过网络移交档案的一种重要方式。针对数字档案信息资源，立档单位是通过和开发部门之间的程序接口进行档案的移交工作的，但这一工作依旧需要人工监控，以在移交的过程中及时发现异常情况；针对纸质档案，立档单位同样可以通过网络将档案进行移交，但是在网络上提交的内容只能包括档案的目录信息以及同档案相关的一些电子化信息。通过上述办法，在档案馆中可以得到同这些移交过的档案相关的信息，并反复使用。这个功能不仅是立档单位的工作，也是档案机构所特有的功能模块。

立档单位可以通过数字档案馆对档案进行利用。立档单位在数字档案馆中使用更多的是自己所产生的各类档案资源。针对这种情况，在建设数字档案馆的时候，为了方便立档单位对这些档案的利用，应该为其提供专门的功能模块，这也成为立档单位在利用档案资源时更为有效的手段。这种功能模块是将立档单位作为一类特殊用户进行功能开发的，只能提供给立档单位进行使用，并且会根据档案室的功能模块对其进行补充和改善，以满足立档部门的更多需求。

3. 档案管理工作者对数字档案馆的使用

使用数字档案馆的档案管理工作者也分为两类：一类是负责档案管理工作的人员，另一类是负责档案行政管理的工作人员。

数字档案馆按照档案管理工作的各个环节，将负责档案信息处理的各个部门以及岗位之间通过网络进行连接，这就使得档案管理工作人员只需要利用数字档案馆所提供的网络，就可以完成自己的本职工作。不同岗位的工作人员负责的工作内容是不同的，但是只要通过网络就能够看到属于自己的工作内容，以及自己处理工作的进度，对于有问题的工作环节还可以"返回"重新操作，在完成一个环节之后再进行下一个环节内容的处理，最终完全实现档案的网络化操作。例如，负责移交档案的工作人员，只需要通过系统将档案进行提交审核，负责审核档案的工作人员，就能够通过网络看到需要审核的档案，并且会有"待审核"的提示。如果档案符合通过审核的条件，就可以将档案"提交入库"，这就需要下一个环节的工作人员找到"待入库"的档案进行入库操作；如果档案不符合通过审核的条件，审核人员可以写明原因并将档案退回，这时移交人就需要重新处理被退回的档案。

在数字档案馆中，有一些档案依旧是通过"双轨制"的模式进行处理，通过网络进行处理的工作流程同上述的工作流程是相同的，但是多了一项将网上的信息同纸质档案进行核对的工作，因为通过网络的方式处理这部分工作会花费过高的成本，所以依旧需要人工进行操作处理。

以上的工作流程在数字档案馆中得到实现之后，会大幅提高档案管理工作人员的工作效率。在这样的工作流程中，档案信息资源依旧能够被共享，同时各个岗位上的工作人员通过网络进行的操作，会被系统的日志功能自动记录下来，为档案馆也提供了辅助其进行管理的信息内容。

上述内容是关于负责档案管理工作的人员对数字档案馆的使用，下面将论述档案行政管理人员是如何使用数字档案馆的。

档案行政管理人员可以分为两类：一类是档案机构中的各级领导，一类是同档案馆相关的行政辅助人员。

档案机构中的各级领导在使用数字档案馆时，通常使用的是办公自动化系统以及馆中的各项管理模块，包括对档案数据的查询、对档案资源进行分类统计等。运用这个模块主要是想对馆藏的各方面信息有所了解，尤其是档案管理工作方面，而且对于工作中出现的问题，也能找到更为科学的办法进行处理和解决。管理人员所得到的各类信息都是通过网络自动生成的，这些信息的内容对于解决问题方面会更加有针对性，并且会更加有效。

行政辅助人员通常只使用办公自动化系统，数字档案馆可以针对这一特点，单独设立一个行政辅助人员所使用的系统。在办公自动化系统中所产生的各类档案，如果具有保存价值同样也需要对其进行归档处理。因为办公自动化系统中的档案同其他的业务信息通常没有太大的关联，所以将办公自动化系统设立为数字档案馆中一个单独运行的功能模块这一想法是可行的。

（二）数字档案馆的维护

由于数字档案馆是在高新技术的支持下建立的，对数字档案馆进行维护时，需要由专业的信息技术人员进行操作，以保证数字档案馆能够长期稳定的运行工作。这项维护工作也就成了一项需要长期开展的工作。

数字档案馆的维护工作主要包括维护档案馆的IT资源管理、维护数字档案馆中的硬件设备和软件系统以及保证数字档案馆在网络的安全运行等。

1.网络基础设施及网络设备的管理与维护

对网络的维护工作包括对网络的管理和监控，对网络设备的监测与更新，在网络出现故障时及时进行处理等，这些维护工作实际上是网络管理员的日常工作。网络对于数字档案馆的运行来说，是极其重要的影响因素，只有保证网络技术的先进、网络环境的安全，并及时解决同网络相关的问题，数字档案馆的基础运行平台才能得到保障。在维护网络的同时，根据数字档案馆的实际情况，可以提出关于数字档案馆新的建设方法，以推动其发展。

2. 服务器与存储器的管理与维护

对服务器与存储器的维护工作主要包含两个方面的内容，一方面是日常管理与维护，另一方面是更新与升级，这两方面的内容属于系统管理员的日常工作内容。维护主要是维护正在使用的服务器与存储器，更新与升级是在扩展档案管理工作时所做的管理工作。但是，无论是哪种工作都要求管理人员具备专业的技术，以保证服务器和存储器的正常运行。

3. 操作系统与应用服务系统的运行维护

对系统的维护工作主要针对的是一些最基础的软件系统，其主要的工作内容是帮助系统进行安装和升级，及时解决系统中出现的一些问题，以及在计算机中安装一些安全防护软件，对系统进行安全防护，以保证系统的各项操作都能够正常进行。

4. 数据库管理系统的运行维护

除了对操作系统与应用服务系统进行维护之外，还应对数字档案馆中的数据库管理系统开展维护工作，这同样是系统管理员的日常工作。其具体的工作内容和其他的系统维护工作相似，包括要对系统进行升级，解决系统中出现的问题，同时还要将数据库中的档案信息资源进行备份。数据库管理系统内包含多种不同类型的数据库，对于这些数据库中的各类管理程序，也同样需要进行维护工作。

5. 应用软件系统的运行维护

在数字档案馆，还要对应用软件系统开展维护工作，包括在档案管理工作中会经常使用到的一些基础软件和档案管理信息系统等。维护这些系统的主要内容是将需要升级的软件、病毒库升级到最新版本，防止软件系统被病毒入侵。

6. 数字档案资源的管理与维护

在数字档案馆中，最需要维护的内容就是档案信息资源。对于档案信息资源的管理和维护，主要为了是保证资源的安全性，如通过不同的方式对档案进行实时的备份工作，并且将备份的内容进行迁移。这样一来，当数字档案馆中的档案资源出现问题时，就能够通过备份的数据进行修复。

7.数字档案馆系统的更新换代

数字档案馆所运用的信息技术在一定程度上具有局限性，这种局限性会因为所处的时期不同而产生不同的表现，这些局限性可能是项目资金的限制，可能同用户的需求相关，又或者是系统中自带的一些程序漏洞等。为了保证数字档案馆系统能够满足数字档案馆平稳发展的需求，就要随着社会上信息技术的发展，更新数字档案系统。这对于数字档案馆而言，无论是在建设期间还是发展期间都是一项十分重要的工作。

第三节　智慧档案馆的价值、特征与发展

一、智慧档案馆的价值

在智慧城市的时代，档案资源需要在不同的部门之间、不同的行业领域之间，甚至是在不同的区域之间进行共享和利用的；而在传统档案馆中，对档案资源的管理方式为"孤岛式"管理，即将档案资源分为不同的层次级别，以分散的形式进行管理，这样管理的档案是没有办法满足智慧城市对于档案的需求的。因此，为了同智慧城市的运营发展过程相适应，就需要改变传统档案馆的管理模式与结构体系等，让新运营模式下的档案馆在智慧城市的背景之下，依旧可以平稳的运行和发展。智慧档案馆就可以满足这一要求。

智慧档案馆的价值主要表现在三个方面，如图7-2所示。[①]

---

① 张宏斌. 关于构建智慧档案馆服务与管理的分析及研究 [J].城建档案，2020（12）：13-16.

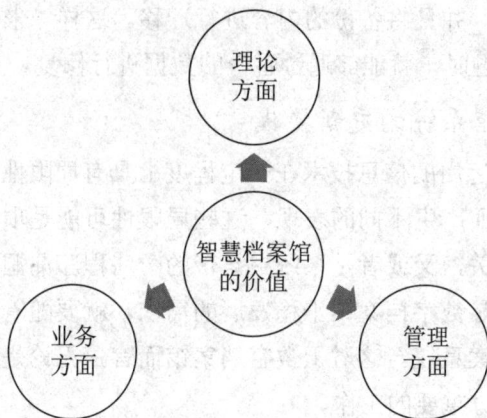

图 7-2　智慧档案馆的价值

（一）理论方面

为传统档案馆提供新的运营发展模式，同时对档案学的基础理论进行扩展。在智慧城市的背景下，智慧档案是一种不同于传统档案馆的档案馆，其保管的档案资源都是经过数字化处理后而形成的档案，并且这些档案无论是存在于档案馆中，还是在以后的发展过程中，都蕴含着符合智慧档案馆的"智慧"。在智慧档案馆中，基础设施可以实现共享，档案资源会经过统一管理，档案管理工作者会通过信息技术同其他部门之间的工作人员相互协助，同利用档案的人员相互联系。为了实现上述内容，就需要为智慧档案馆构建新的基础理论体系，用于优化档案馆的工作流程、提高档案馆的服务水平以及满足社会对于档案馆的要求等。

（二）在档案管理业务方面

智慧档案馆可以将档案的收集工作、档案的管理工作以及提供档案的利用服务相结合，并形成良好的发展趋势，让档案管理工作以及同档案相关的工作人员和使用人员之间形成良好的互动机制。在智慧城市中，智慧档案馆可以形成一种通过各类人员的协助，让收集、管理和利用三大主要服务工作能够相互辅助、相互连接的新的服务链体系，在这种体系下形成的档案信息资源将会是智慧城市中最具价值的信息资源。

（三）在档案社会服务方面

智慧档案馆中保管的档案资源同样是在记录社会的历史，为智慧城市提供服务；但同传统档案馆不同，智慧档案馆的工作体系是从数字生态和城市全局的角度进行建设的，并以此来提升智慧档案馆的功能。建设智慧城市，实际上是要建设一个具有先进技术、蕴含新行为思想的新型城市生态环境，在这个背景下建设的智慧档案馆同样十分重要。智慧城市能够为智慧档案馆中的档案管理工作提供规范的准则、先进的技术、安全的保障，以及更为系统化的框架体系。在此环境下，智慧档案馆的建设有效提升了国家档案馆的功能。

二、智慧档案馆的特征

智慧档案馆同传统档案馆和数字档案馆都不同，在智慧档案馆中使用最多的是现代信息技术，其被应用到档案管理工作的每个环节之中。智慧档案馆中的技术系统同其他两种档案馆相比，有着很大的差别，它的技术系统也是智慧档案馆的一大特征。正是因为这一特征，档案馆中的工作人员和档案所提供的服务模式，也同以往相比有了极大的改变。智慧档案馆的主要特征如下所示。

（一）智慧档案馆的基础架构特征

对于传统档案馆和数字档案馆的发展，人们一直以来都希望它们能得到平稳的运行，但是对于智慧档案馆的发展，人们更加希望它可以与社会同步发展，并呈现出一种动态的特征。从一方面来讲，无论是在建设智慧档案馆的过程中还是在智慧档案馆发展的过程中，所运用到的技术都是比数字档案馆更为先进的技术，并且需要不断地对这些技术进行优化，为档案管理工作的各个工作环节提供更智能和更个性的智慧能力。智慧档案馆中的档案所记录的依旧是一个城市在某一时代背景下所形成的历史，并对当时的文化进行传承，为社会公众提供档案服务。

从另一方面来讲，智慧档案馆是在网络发展的背景之下产生的，因此它的构造与运作同传统实体档案馆大为不同，智慧档案馆通过利用网络技术的方式，针对不同地域以及不同实体档案馆中的档案资源，在协同工作、集中管理和单点服务的模式下开展档案管理工作，并且智慧档案馆会随着智慧城市生态环境的变化，而改变其自身的系统结构及运营管理模式等，为满足社会的需求而不断进行调整和优化。

智慧档案馆的特征是通过它的基础体系结构所体现的，并在智慧城市背景下，采用全新的现代化的档案管理模式。智慧档案馆的体系结构主要分为两层：一层是技术层，一层是应用层。智慧档案馆在技术层面主要是将档案资源通过先进的网络技术，进行集中化管理；而智慧档案馆在应用层面上主要是为档案信息资源注入智慧，以满足智慧城市对智慧档案馆的要求。

以上这两个层次被称作是智慧档案馆的"双层四系统"。它作为智慧档案馆的基础模型，既能够符合智慧城市的背景需求，又能够对档案馆实行全面的现代化管理。在对智慧档案馆进行研究时，可以从智慧档案馆的技术层、应用层、主体和支撑保障体系四个方面出发。

1. 智慧档案馆的技术层

智慧档案馆中各组成因素的智能成分来自智能档案馆的技术层，并且技术层是用于支撑智慧档案馆的基础层面，其中还包含感知层、网络层和平台层。下面将对着三个层面分别进行论述。

（1）感知层

感知层可以被看作是人身上的皮肤或者五官。作为技术层的基本要素，感知层可以提升人的感知能力，帮助智慧档案馆解决各类型数据中的问题，并帮助档案馆中的工作人员和使用人员可以和不同类型的物质进行交流。虽然感知层是技术层的最低层，但它直接决定了智慧档案馆能否顺利建成。

在感知层中，人们能够通过各项具有高科技的技术和设备，对事物进行全面的感知，再将其得到的内容通过传感网络，提供给智慧档案馆，以辅助其进行管理和提供服务，这就是感知层最主要的功能。

在感知层中，可以感知档案馆中的工作人员以及利用档案的人员，也可以感知同档案馆相关的各类建筑、各项设备以及环境等。总的来讲，其主要感知对象既可以是人，也可以是物；主要的感知技术包括二维码技术以及传感器技术等。感知层主要是通过不同的设备与技术，对不同的感知对象进行自动的感知，并将通过感知获得的数据进行收集、整理和保管，再利用这些数据信息让智慧档案馆变得更加"智慧"。

例如，智慧档案馆可以通过感知层对身份进行感知，这种身份感知不仅包括对馆中的工作人员的身份和基本信息进行辨认，还包括对事物的地址及其静态特征进行感知，使得智慧档案馆朝着个性化的方向发展；智慧档案馆可以通过感知层对位置进行感知，这种位置既可以是绝对位置，也可以是相对位置，既能够感知到档案在馆中的所在位置，还能够感知到档案在馆中的状态；智慧档案馆还可以通过感知层对环境进行感知，为档案的保存工作提供更加适宜的环境，保证档案与档案馆的安全。

（2）网络层

网络层可以被看作是人的神经网络。作为技术层的中间环节，它可以连接技术层中的感知层和平台层，同时连接智慧档案馆中的技术层和应用层。传输数据是网络层的主要功能。

网络层传输数据的过程，是将智慧档案馆中的各层相互连接，并在各层之间形成用于处理数据的通道，先将从感知层得到的信息通过通道传送至平台层，在平台层内对收到的数据进行处理，再将处理完成的数据通过通道传送至应用层，之后再对到达应用层的数据继续进行处理。

网络层主要利用网络传输数据，包括互联网和物联网等，并且在各层之间可以对数据信息进行智能控制以及智慧管理等。

（3）平台层

我们可以将平台层比作是人类的大脑。它作为技术层的顶层，一方面要对应用层提供辅助，满足应用层的需要；另一方面当信息处理过程中出现问题时，进行解决。达到平台层的数据，需要进行处理，将数据变成一种指令或者是信息，再根据应用层最终的需要，做出下一步的工作。可见，平台层主要是为了将收集到的数据交给数据中心进行安全管理。

在平台层中会利用多种先进技术，包括云计算及人工智能等，对档案馆、数据、应用系统等进行管理，而且在管理的过程中，为了满足应用层的使用，还会构建出一种能力引擎。

在建设平台层的过程当中，为了对不同类型的档案实行一体化和交互化的管理模式，需要物联网技术的支持。这就要保证在管理的过程中，物联网技术所涉及的内容都可以正常使用和运行，从而使智慧档案馆中的档案管理工作变得更智能、更高效，并提升为社会提供档案利用服务的水平，以更先进的技术对数据进行处理和研究。

2. 智慧档案馆的应用层

在智慧档案馆中，应用层是智慧档案馆的顶部，其主要的功能是为使用智慧档案馆的用户提供一个使用界面。应用层上会形成一种应用网络体系，这种体系包含了各种子应用，这些子应用能够将获得的数据和要处理的工作进行整合，最终让各个子应用相互连接、相互辅助，形成一个智能的处理系统。

应用层是由两方面内容组成的：一是智慧管理体系，二是智慧服务体系。正是因为有这两个体系的存在，才会体现出智慧档案馆中的智慧"人"与智能

"物"，并将位于应用层的管理变得智慧化，将服务变得更加人性化。下面将对这两方面内容进行详细的论述。

（1）智慧管理体系

智慧管理体系的本质其实是数字档案馆的管理系统，只是在智慧档案馆中，通过应用物联网技术，这种管理系统变成了一种管理体系。其主要管理的内容包括数字档案信息资源、实体档案资源以及档案馆的环境等；其主要的管理方式是实行集成一体化管理，以保证档案管理工作的完成效率和完成质量。

在智慧管理体系下，档案馆中的各个部门可以通过协同合作，共享档案信息资源，同时档案馆中的工作人员也可以利用智慧管理体系，对档案馆中的信息资源实行数字化管理，在人和物之间形成一种良性互动，实现对事物的智慧管理。

（2）智慧服务体系

智慧档案馆中的"智慧"体现在智慧服务体系中。智慧服务体系的核心在于共享档案信息资源和利用档案信息资源。在该体系中，对于信息的利用更便利，在不同时空都能进行信息共享服务，而且在对数据资源和信息资源开展建设工作的同时，能够将信息资源进行整理并提供给社会公众。

在智慧城市中具有一种公共服务体系，要想让智慧档案馆加入该服务体系之中，最有效的办法就是建设智慧服务体系，同时这也是智慧档案馆建设的主要目的。智慧服务体系将档案馆同社会中的各个部门相连接，将档案信息资源在两者之间实现共享，对档案信息资源的开发工作也具有推动作用，能够满足社会对档案资源的各种需求。

智能服务体系是在利用其多样的服务方式、强大的服务能力以及丰富的服务内容服务于政府，将智能档案馆中的档案信息资源作为一种参考，为政府提供需要的内容；服务于社会，满足社会公众对档案信息资源的各种需求，同时提供丰富的知识内容，推动社会文化的建设进程；服务于企业，为各类企业提供它们所需要的档案信息资源，提升其工作效率，增强其产业能力。同数字档案馆中的服务体系相比，智能服务体系在服务能力方面更为优化。

3. 智慧档案馆的主体

在对智慧档案馆进行建设规划的过程当中，需要社会各界的多种力量参与帮助，包括国家政府、社会各类企业以及社会公众。它们不仅是智慧档案馆的最终用户，享受智慧档案馆提供的各类服务，同时也是智慧档案馆的主体，符合智慧档案馆的发展需求。下面将对这三类主体进行详细论述。

（1）政府

政府在智慧档案馆中是以倡导者的身份存在的，它倡导在对智慧城市的规划中，加入智慧档案馆的建设工程；它是以建设者的身份存在的，使智慧档案馆在建设的过程中，始终满足智能城市对档案服务的需要；它是以一种设计者的身份存在的，在对智慧城市进行规划的同时，将智慧档案馆与政府之间实现了档案共享，并在相互协助的条件下，推动了智慧档案馆的发展。同时，政府也是智慧档案馆的应用者。

（2）企业

由于智慧档案馆需要运用到许多先进的信息技术以保证其发展和平稳运行，在建设的过程当中就需要将这些信息技术融入其中。对于这些信息技术的应用和维护，以及对于基础设施的建设工作，都需要有专业的企业提供技术上的支持，尤其是涉及一些具体行业上的信息内容时，更需要有针对性的企业来提供帮助。因此，企业在智慧档案馆的建设过程当中，也是极其重要的一个主体。

（3）社会公众

社会公众可以直接参与进智慧档案馆的建设，是智慧档案馆的参与者；可以直接体验到智慧档案馆的建设成果，是智慧档案馆的体验者；可以享受智慧档案馆所提供的各项档案资源服务，是智慧档案馆的受益者。智慧档案馆的建设能够满足社会公众对于档案的各种需求，同时社会公众也会为完善智慧档案馆提供合理的建议，推动其发展。

4. 智慧档案馆的支撑保障体系

智慧档案馆的支撑保障体系包含了三个方面，分别是在制度保障体系、人力资源保障体系以及智慧产业支撑体系，下面将对这三个方面一一进行论述。

（1）制度保障体系

在该体系中，主要包含的是为智慧档案馆建设有关的法律法规以及各类的政策制度等。研究这些法律法规的主要目的是明确智慧档案馆在国家档案事业中究竟处于一个什么样的地位，在智慧城市的背景下数字档案馆是怎样运作的，以及智慧档案馆和时代背景又会有着怎样的联系。通过对智慧档案馆的各类规范制度的研究，可以保证档案馆中的各类资源即使其来源不同，内容复杂多样，但依旧能完成档案资源的共享，并实现与智慧城市的协作发展。

（2）人力资源保障体系

人力资源主要分为两类：一类是智慧档案馆的建设者，另一类是智慧档案馆的用户。建设者指的是能够从智慧城市的角度出发，在智慧档案馆的建设过程中确定其发展方向，通过运用先进的信息技术，对档案管理工作进行创新，对档案资源进行深度开发的人，这一类人通常是有利于智慧档案馆建设的复合型人才；用户指的是掌握档案管理工作各个环节工作的同时，还能对智慧档案馆中所具备的各类型软件系统进行熟练的操作的人，其主要利用的是智慧档案馆中的各类先进技术和应用系统，以完成对传统的实体档案馆进行管理，这一类人通常是应用型人才。无论是建设者还是用户，最终都是在推动智慧档案馆的发展，并将档案馆的"智慧"应用到社会大众之中。

（3）智慧产业支持体系

该体系在智慧档案馆中是一个十分重要的体系，它能够维护智慧档案馆的平稳运行、提升其能力和服务水平，还能够满足社会对档案馆可持续的要求。智慧档案馆本身就是一个服务体系，其智慧产业支持体系主要表现在信息技术和通信技术方面，因此它最需要的是来自物联网制造商以及信息产业服务商所提供的支持。例如，对于基础设施的建设和维护，对于档案信息资源的利用和保管，对智慧档案馆的建设和规划等多个方面，都需要得到这两者的支持。

（二）智慧档案馆的信息系统特征

信息系统是智慧档案馆全面实现现代化管理和智慧化服务的基础和前提，属于档案馆战略规划和顶层设计的范畴。智慧档案馆不仅包括如何管理档案馆内的档案资源，还需要围绕档案馆工作运行涉及的所有要素进行整体规划和顶层设计。其信息化系统建设和系统实施范围将全面覆盖档案馆所有工作人员（包括档案馆领导、行政事务管理人员、技术服务人员、档案管理人员和库房管理人员等）、所有档案数字资源（包括馆内所有的档案数字资源、档案管理过程记录、档案馆的办公设施、财务资产信息及其在管理和使用过程中形成的过程记录等）、所有档案馆内的实体资产（包括实体库房、办公环境、基础设施资源等）的信息化管理和运行监控，同时还包括与档案馆上游（档案移交单位及其人员）和下游（档案信息消费人员）等部门的利益相关者。其目标是对档案馆所有的业务实现全面信息化管理，通过流程优化、资源整合、协同办公来实现馆内管理运作的现代化、基于系统的管理控制和领导决策的科学化，减少传统管理中人为因素引发的主观性、滞后性和欠科学性问题。智慧档案馆的这一目标趋向与智慧城市建设发展的步调相一致的，具体体现在档案馆信息化管理的全面化、档案馆资源组织的精细化、档案馆业务实现的感知化、档案信息服务的知识化等多个方面。

1.档案馆信息化管理的全面化

与数字档案馆相比，首先，智慧城市背景下的档案馆将从档案资源信息化管理迈向档案馆业务全面信息化管理，借助智慧城市的新型生态环境和新型技术实现档案馆工作的全面信息化，从档案资源管理、档案馆设施管理、档案馆业务流程优化和基于系统的管理运作和质量改进，提升智慧档案馆的整体运行效率和决策水平，为智慧城市生态环境下全面管理电子文件储备专业技术能力，为智慧城市对信息消费的广度和深度需求提供专业服务能力。其次，需要建立档案文化社区，感知和发现电子文件形成的规律和特征，记录和传承档案人的经验智慧，捕获和分析档案用户的行为习惯，从而建立文件形成者、档案管理工作者和档案用户之间的服务链体系，营造智慧城市中记忆历史、传承文化、启迪新智慧的档案文化氛围。最后，需要借助各种新技术手段和方法，建立各种便于档案馆功能实现的智能工具集，向档案资源的聚合、档案信息的检索、档案知识的发现、管理过程的监管以及档案的长期保存引入技术手段。

档案感知与获取系统是档案馆主动获取智慧城市中各信息系统形成的有价值的、记录城市发展历史和承载人类智慧的电子记录的系统，需要采用物联网的智能化感知技术和工具来实现，需要采用集成化的方法进行系统迁移或格式转换，需要采用档案化的处理方法进行封装。可以说，这一系统是智慧档案馆中核心信息资源——电子档案的来源通道。

档案馆全面管理信息系统是面向档案馆所有业务最大限度地实现信息化管理，包括档案管理、设施管理、人员管理、行政管理、财务管理、库房管理、环境监控和辅助决策管理等。档案馆通过建立全面管理信息系统，能够实现业务工作的流程化衔接、过程化监管、质量化控制和学习型组织的建立，减少人为操作失误和人为管理粗放带来的不准确的辅助决策信息，从而可以在全馆范围内提升档案馆的现代化运作效率和整体管理水平。

档案智能服务系统是面向档案用户提供的信息服务系统，除了可以通过建立网站信息公布系统使用户查询和获悉档案信息资源外，还可以根据用户以往使用的档案信息为用户推送其感兴趣的档案信息与知识，并将馆内通过编纂编研而取得的工作成果通过网络进行展示和呈现。另外，还可以根据用户的个性化需求提供档案信息综合开发和定向服务，并通过数据挖掘和分析，深度开发档案信息资源，为社会公众提供能够启迪智慧、开拓创新的知识服务功能。

档案文化社区系统是档案管理工作得以发扬光大、深入智慧城市每个角落、营造城市档案文化氛围并影响每个人行为习惯的综合服务社区，它通过记录和宣传以往的档案管理工作经验和价值，分析和发现档案形成者和档案用户的行为规律和信息价值观，在智慧城市背景下形成广泛的档案服务价值链，使每位社会公民都能够从记载历史、延续文明的角度认识和理解档案管理工作的价值，形成档案文化意识，并自觉从文件创建和办理的任何流程环节记录其真实的行为、信息和成果，从而丰富智慧城市的文化内涵。

2. 档案馆资源组织的精细化

智慧档案馆系统的全面建成，将对档案馆内部数据库系统的构建提出新的要求。一方面，档案馆资源的来源范围将会逐渐扩大，不仅来源于传统档案馆内部形成的档案，还将范围扩大到云数据中心、社交媒体、电子商务网站等，对社会发展有重要推动和影响作用的服务社区或电子商业环境。智慧城市下的档案馆应对这些新型的并且未纳入以往传统档案收集范围的电子记录进行统筹安排和整体部署，确保智慧城市下人类智慧和信息技术支撑下的各种新形态、新事物、新发明能够被记载到社会发展的历史中，为子孙后代进行财富再造提供全面的信息和知识。另一方面，从档案馆收集、处置、保存和提供档案利用的业务的角度来看，档案资源库的建设将不仅仅局限于接收进馆的档案信息库（以往数字档案馆建设的主要数据库）的建设，还需要建立支撑档案馆基础设施、库房和环境管理，行政办公、财务、技术服务和档案管理等所有业务活动的数据库，同时还应根据档案管理各个业务环节的特点对档案信息库实施精细化管理，以满足智慧档案馆系统运营的新要求。

3. 档案馆业务实现的感知化

智慧城市生态环境最典型的特征是通过物联网、云计算、互联网，使人、物、系统、数据库彼此之间实现互联互通和智能化联动，并通过建立广泛的感知系统，赋予技术系统以分析、判断和预测功能，使静态的物体、系统和数据库具有感知功能。智慧档案馆的信息系统建设过程也将呈现出这样的智慧特征和人类特有的高级能力。

数据感知器是系统内部数据库之间进行数据集成、迁移、转换和交换的感应系统，它通过智能化数据中心各类处理技术实现相关数据库之间的同步、传递与迁移。

系统与数据库之间的感知器是系统与数据库之间实现业务智能处理和自动感知的系统，它通过专用组件、中间件、数据整合、系统集成和语义处理技术等实现系统与数据库之间数据的自动存取与高效率访问。

系统感知器（S感知器）是系统和系统之间实现智能交互和业务协同的感知系统，基于工作流、Web服务、配置策略等技术和方法实现系统间的沟通与交互，它支持不同部门之间的业务协同和流程优化，能够从档案馆全局的角度提升工作效率。

行为感知器是人与系统进行自动沟通和相互匹配的中间件。系统通过对人的以往行为进行捕获，采用数据挖掘、分析和知识处理等方法，可以使系统具有分析、判断、预测甚至感悟等智慧功能。

总而言之，智慧档案馆信息系统在对物联网、互联网以及数据智能分析与自动处理技术进行全面应用的基础上，能够使智慧档案馆中静态的物体、系统、数据拟人化，使之成为可以主动思考的智能对象和活动实体；能够将信息技术方法和人的智能行为实现充分的融合，使档案馆的业务和系统从平面走向立体，从被动地使用走向主动地提供智能化服务；能够将基础设施、应用工具、工作过程实现自动化、智能化和协同化。

4. 档案信息服务的知识化

档案管理的最终目的在于为社会提供全面的信息服务，通过记载以往人类在业务活动过程中形成的成果和开展业务的背景要素，发现和挖掘以往的智慧行为和经验方法，为社会的持续发展提供源源不断的信息和知识。网络信息技术的快速发展使档案馆能够将馆藏资源不断数字化，通过建设数字档案馆，提供档案资源的目录和原文的信息检索和全文内容享用。在智慧型城市的背景环境下，数据分析与挖掘、语义分析与知识发现、智能处理和感知设施的广泛应用，将再一次推动档案信息服务的水平，使其提升到一个更高、更广和更深的层次和高度。这将使档案馆在建立立体数据仓库和数据挖掘系统的基础上，面向馆内组织机构提供综合查询和辅助决策支持，面向智慧城市中的各行各业和社会公众以往的行为、需求和要求提供个性化的知识推送与专门化的定制等能够体现档案馆预知、判断和分析能力的智慧型服务。

基于知识管理方式提供档案信息的智慧化服务，首先需要对档案数字信息进行知识化处理，采用语义分析、搜索引擎和数字仓库等技术建立用于挖掘、分析和发现档案相关知识的档案知识库，然后再参照用户的信息消费需求，对知识进行有效地组织，并利用信息技术手段通过多种服务方式将档案知识传递到用户终端。这样一来，就可以大大提升档案信息服务的能力和水平，使服务方法更多样、服务内容更丰富、服务工作更人性、服务程度更精细，最终实现档案服务模式由传统向现代的转变。

（三）档案仓储管理的虚拟化特征

在智慧城市生态环境下，城市楼宇和档案馆舍环境都将发生质的变化，互联网、物联网、射频识别技术、智能传感器和智能监控技术将逐渐得以广泛推广。例如，利用射频识别技术通过将电子标签嵌入员工的工作证、用户的借阅卡等之中，实现对员工基本信息的管理，为员工学习提升、员工权限管理等提供依据；通过对用户利用基本信息、特征、位置等信息的管理，可以实现个性化服务和对档案的安全监控，进而对档案馆的一切人、建筑、环境、设施设备进行安全的全面智能化控制管理，实现人力和物质资源的优化配置。

另外，通过使用智能传感器对档案馆基础设施设备、建筑、环境等的全面感知，可以实时掌握设备设施的基本信息、运行状态，实现对馆内各种机器设备等的智慧化程序控制及综合管理，为设备购置、维护、检修提供强有力的支撑。另外，通过智能控制调节档案馆环境温湿度、光照度等，可以为档案馆营造低碳、环保、人文的生态环境。总而言之，通过采用智能楼宇技术和系统，不仅可以监测档案馆建筑类安全隐患，实现智能管理，还可以监测档案实体的保管环境、绝对和相对位置状态，实现对涉及档案实体安全因素的智慧监控和管理。当然，还可以将智能楼宇技术与数字档案馆系统建设工作结合起来，建设虚拟库房，实现对所有馆藏档案（包括档案实物和档案数字资源）的智能化管理。

三、智慧档案馆的发展

当前，我国档案领域在智慧档案馆方面的研究和实践，为智慧城市背景下档案资源的整体聚合、科学保管和高效利用注入了良好的档案文化意识、技术系统环境和专业操作技能，为提升档案馆的"智慧"水平提供了基础资源条件，营造了专业业务氛围。[1]但是，这些研究和实践在以下几个方面还存在进一步深入和探索的空间。

首先，在组织层面，缺乏从国家、城市数字化发展的整体角度对数字档案资源整合服务的规划和安排，缺乏城市层面档案管理的组织架构和工作体系的

---

[1] 彭忱. 国内智慧档案馆研究述评 [J].兰台世界，2020（12）：36-38.

全局部署。依附于单个实体档案馆而架构的智慧档案馆系统，难以实现城市乃至全国全部档案资源的系统化整合、统筹化管理和高效化利用。

其次，在理论层面，现有的研究多局限于档案管理模式、运行机制、资源整合的宏观构想以及系统功能的中观要求，而智慧档案馆的构建需要有在创新技术应用环境下的制度安排、业务模式和运作机制等一套完整理论体系的支撑，才能高起点、高水平地引领档案事业的发展方向，指导档案管理的工作实践。

最后，在实践层面，缺乏深入系统功能实现、文件对象控制、档案资源聚合和组织管理运作等各个层面的完整的智慧档案馆的实施方法和操作规程，而且当前指导性的功能要求和宏观描述，难以支撑智慧档案馆的全面实现。

从档案学理论构建、档案馆未来发展的角度来看，档案领域在智慧档案馆方面的研究应侧重于以下几方面（但不限于）。

首先，智慧档案馆的生态特征与基础理论研究。基础理论是智慧档案馆建设与实施的统领和指南，我们需要在理解智慧城市新型生态环境的特征及其对信息资源管理与信息消费整体要求的基础上，分析智慧档案馆的发展趋向和生态特征，明确智慧档案馆的基本概念、组织形态和工作体系，研究其内涵、特征、构成要素、组织结构、职能分工及其在智慧城市中的定位、作用和发展，并在此基础上进一步探索智慧档案馆的结构优化和组织变革。

其次，智慧档案馆技术系统的框架结构。技术系统是智慧档案馆的核心构成要素，是档案资源安全保存和提供利用服务的平台工具。构建智慧档案馆技术系统的框架结构，应从制度、业务、资源、技术、服务和人员六个维度研究智慧档案馆的基础体系结构及协同工作机制；从档案管理工作的全程控制性、档案业务的制度遵从性、档案资源的统筹管理性、档案服务的社会多元性、馆员技能的综合性要求和管理实现的技术支撑性等角度全面设计智慧档案馆的体系结构以及六个维度之间相互关联与制约的协作机制。

最后，智慧档案馆整体构建的实施方法。实施方法是理论得以落地的重要保障。要想探索和研究智慧档案馆整体构建的实施方法，就应从智慧人、智慧系统、智慧工作和智慧服务等多个层面研究和分析智慧城市生态系统对智慧档案馆的基础要求和资源依赖；从管理制度建设、电子档案聚合、业务流程优化、人员能力提升、系统集成架构和IT服务管理等方面研究智慧档案馆的实现原理和实施方法，并结合智慧城市的生态环境和档案资源管理的要求，提出一套能够用于指导智慧档案馆建设与实施的整体设计方案，结合现实环境中的智慧档案馆建设工程进行验证和改进。

　　总而言之，智慧档案馆的研究是一个全局性、开拓性、动态性和持续性的课题，其研究内容涉及理论、方法、业务、工程和系统构建等方方面面。因此，应在国家档案事业统筹规划和整体部署的基础上，将学术界、档案行业专家、信息技术应用领域的研究人员和工程师们的积极性调动起来，只有这样才能逐步实现预期的愿景。

参考文献

[1] 冯惠玲. 论档案馆的"亲民"战略 [J]. 档案学研究，2005（4）：31.

[2] 李国兰. 提高档案管理科学化水平的路径选择 [J]. 山东社会科学，2014（1）：174-176.

[3] 周毅. 全面准确地认识档案信息化建设 [J]. 档案学通讯，2002（4）：8-10.

[4] 冯惠玲. 档案信息资源在国家经济社会发展中的综合贡献力 [J]. 档案学研究，2006，89（3）：13-16.

[5] 张卫东，王萍. 档案用户需求驱动的个性化服务模式研究 [J]. 档案学通讯，2007（2）：82-86.

[6] 曹瑞，罗慧，段毅. 大数据时代医院档案信息化构建研究 [J]. 兰台内外，2021（6）：26-27.

[7] 郭楠. 信息技术在事业单位档案管理中应用存在的问题及对策 [J]. 兰台内外，2021（6）：40-41.

[8] 倪丽娟. 档案治理问题思考 [J]. 档案学研究，2021（1）：58-63.

[9] 刘佳. 新时期档案管理信息化建设创新研究 [J]. 中国高新科技，2020（22）：17-18.

[10] 杨咪咪. 基于大数据环境下的高校档案信息化建设分析 [J]. 兰台内外，2021（5）：7-9.

[11] 谢利芳. 加强干部人事档案工作的有效策略 [J]. 办公室业务，2020（6）：159.

[12] 李飞荣，邓振华，朱国庆. 基于文档一体化管理的电子公文档案管理系统建设与实践——以国防科技大学为例 [J]. 北京档案，2021（2）：39-41.

[13] 龚李静. 基于信息化时代下高职院校学生档案管理工作研究 [J]. 兰台内外，2021（5）：46-48.

[14] 王宪敏. 档案信息化建设与档案管理的几点思路 [J]. 办公室业务，2017（23）：52.

[15] 胡丽娟. 彼得德鲁克知识管理思想为企业档案工作带来的启示 [J]. 兰台内外，2021（6）：8-10.

[16] 兰家友. 信息化背景下高校会计档案管理研究 [J]. 纳税，2020，14（25）：81-82.

[17] 马清兰，江巧，季晓毓. 浅谈会计电算化档案管理 [J]. 山东农机化，2021（1）：45-46.

[18] 李光. 加强会计档案管理，充分发挥会计档案作用 [J]. 纳税，2021，15（5）：89-90.

[19] 张静. 解析纸质档案在档案信息化管理中的重要作用 [J]. 兰台内外，2020（28）：25-27.

[20] 构建安全可信的会计档案全流程数字化管理系统 [J]. 中国总会计师，2020（6）：16-17.

[21] 程刚. 企业网络数字档案信息资源归档探究 [J]. 城建档案，2020（11）：25-28.

[22] 王偲璇. 创新档案管理理念实现档案管理信息化 [J]. 办公自动化，2021，26（5）：55-56，38.

[23] 陈恩满，李锦兰. 从校史网站看高校校史档案的编研工作 [J]. 兰台世界，2020（10）：122-126.

[24] 管丹丹. 基于用户体验的档案网站可用性评价研究 [D]. 长春：吉林大学，2019.

[25] 张菲菲. 基于用户体验的高校档案网站设计 [J]. 设计，2019，32（4）：140-142.

[26] 李蕴佟. 信息时代档案管理新思路探索 [J]. 无线互联科技，2021，18（2）：88-89.

[27] 孙弘. 谈信息时代事业单位档案管理工作改革和创新 [J]. 兰台内外，2020（36）：47-48.

[28] 柴艳宾. 基于大数据环境下的高校档案信息化建设分析 [J]. 大众标准化，2020（13）：27-28.

[29] 王源. 基于大数据环境下的档案管理工作研究 [J]. 办公室业务，2017（14）：87.

[30] 蔡盈芳. 让科研档案成为创新的重要支撑 [J]. 中国档案，2021（2）：58-59.

[31] 宋莹. 企业数字档案馆（室）建设理论与实践 [J]. 机电兵船档案，2021（1）：64-66.

[32] 张翀. 基于 ESB-SOA 模式的高校数字档案馆管理系统的设计 [J]. 电子设计工程，2021，29（2）：43-47.

[33] 展倩慧，杨智勇，杨鹏. 基于数字孪生技术的智慧档案馆模型建构研究 [J]. 浙江档案，2021（2）：50-52.

[34] 张宏斌. 关于构建智慧档案馆服务与管理的分析及研究 [J]. 城建档案，2020（12）：13-16.

[35] 彭忱. 国内智慧档案馆研究述评 [J]. 兰台世界，2020（12）：36-38.

后　记

本书系河北省人力资源和社会保障厅项目"高校人事档案管理数字化建设研究——以河北省为例"（项目编号：JRSHZ-2021-02109）和河北省教育厅青年基金项目"新媒体环境下高校档案价值实现路径研究"（项目编号：SQ191134）的研究成果。

不知不觉间，本书的撰写工作已经到了尾声，对此作者颇有不舍之情，但一想到本书的出版能够为我国信息时代的档案管理及发展工作做出些许贡献，尽自己的一份绵薄之力，作者便倍感欣慰。同时，本书的创作过程得到了社会各界人士的广泛支持与厚爱，在此表示深深的感激与感谢！

本书是作者在深入研究信息时代档案管理工作理论与发展之后得到的成果。在撰写本书的过程中，作者通过大量的材料收集与理论辅佐，对本书进行了整体的框架探讨，并在保证本书内容生动且丰富的基础上，对信息时代档案管理工作展开了多方面的分析，随之进行了层层论述。同时，本书着重介绍了档案管理工作的现代化发展道路，以求能够找到适合我国档案管理工作的良性发展之路。

作者要感谢在本书撰写期间所有帮助过作者和给予作者鼓励与支持的人。由于人数众多，不胜枚举，在此不再一一致谢！